**회사는 어떻게
사람에게 집중하는가**

| 일러두기

- 본문 중 숫자 첨자는 저자의 주를 표시한 것입니다. 자세한 내용은 미주에서 확인할 수 있습니다. 괄호 안 옮긴이 주의 경우에는 '-옮긴이'로 표기하였고, 나머지 괄호주는 모두 저자 주입니다.
- 본문에 소개된 외서 중 국내 출간의 경우 한글 제목만, 국내 미출간의 경우 원서 제목을 함께 표기하였습니다.

図解 人的資本経営
ZUKAI JINTEKI SHIHON KEIEI

Copyright ⓒ 2024 by Luvir Consulting inc.
Original Japanese edition published by Discover 21, Inc., Tokyo, Japan
Korean edition published by arrangement with Discover 21, Inc., Tokyo, Japan

이 책의 한국어판 저작권은 EYA(Eric Yang Agency)를 통한
Discover 21, Inc.사와의 독점계약으로 ㈜알에이치코리아가 소유합니다.
저작권법에 의하여 한국 내에서 보호를 받는 저작물이므로 무단전재 및 복제를 금합니다.

HUMAN CAPITAL

회사는 어떻게 사람에게 집중하는가

최고의 조직을 만드는 인적 자본 경영의 시작

MANAGEMENT

오카다 코지 지음 | 박재영 옮김

프롤로그

'인적 자본 경영'이란 결국 무엇을 해야 하는가?

이 책을 읽어주셔서 감사합니다.
이 책은 다음과 같은 의문을 풀기 위해서 썼습니다.

- '인적 자본 경영'이란 무엇인가? 무엇을 해야 하는가?
- 자신의 회사는 '인적 자본 경영'이 어디까지 완성되어 있는가?
- '인적 자본 공시'를 위해 구체적으로 무엇을 해야 하는가?

 인적 자본 경영이나 인적 자본 공시에 직접 관여하지 않는 분이라도 사람이나 조직에 관하여 다음과 같이 고민하는 분이 많지 않나요?

- 조직으로서 성과를 더 올리려면 어떻게 해야 하는가?
- 인재가 부족하거나 이직이 많을 때 어떻게 대처해야 하는가?
- 사원의 역량과 업무 의욕은 어떻게 높일 수 있는가?

이 책을 읽으면 이러한 고민이나 문제를 해결할 힌트 또한 발견할 수 있을 것입니다.

저는 루비어 컨설팅 주식회사의 오카다 코지입니다.

지금까지 쌓아 온 경력을 간단히 소개하자면 일본 맥도날드 주식회사에서 인사를 경험한 후 딜로이트 토마츠 컨설팅 합동회사에서 조직·인사 컨설턴트로서 경력을 쌓았습니다. 그 후 독립하여 현재의 회사에서 공동경영자를 맡고 있습니다. 지금까지 지원해 온 클라이언트의 매출 규모를 전부 합산하면 60조 엔이 넘습니다.

절대로 대기업만 지원한 것이 아니라 지방의 기업, IPO 전후의 벤처 기업, 기업 회생 중인 기업 등 다양한 기업이 인적 자본 경영을 실천하도록 도왔습니다.

최근 기업들이 다음과 같은 고민을 상담하는 일이 늘어났습니다.

- 인적 자본 경영이나 인적 자본 공시에 관하여 여러 방면으로 조사해 봤지만 결국 무엇을 해야 할지 모르겠다
- 다른 회사의 사례를 보고 충분히 이해하기는 하지만 막상 도입하려고 하면 자사에 맞지 않아서 좌절하고 만다

이러한 난항은 어떤 의미에서 어쩔 수 없다고 할 수 있습니다.

인적 자본 경영에서 해야 할 일을 한마디로 표현한다면 '사람과 조직을 건전(건강)한 상태로 만들어서 기업의 목적을 실현하는 데 최대한 공헌하게 하는 것'입니다. 이렇게 생각해 보면 절대로 새로운 일을 바라는 게 아닙니다.

또한 인적 자본 경영에서 '해야 할 일'을 파고들면 다음의 2가지로 집약할 수 있습니다.

> ◆ **자사로서의 인재와 조직의 이상적인 모습(건전한 상태)을 결정한다**
> (다이어트로 말하면 '체중을 ×kg으로 유지하기로 결정한다')
> ◆ **이상적인 모습을 실현하기 위해서 자사에 적합한 대처법을 결정해서 실시한다**(다이어트로 말하면 '탄수화물을 ×g 이내로 섭취한다', '매일 ×km 걷는다')

매우 단순하지 않나요? (당연히 다이어트와 마찬가지로 억제해야 하는 점이 있습니다)

지금까지 인적 자본 경영에 관한 수많은 서적은 이런 내용을 복잡하게 소개했습니다. 그리고 대부분이 '인적 자본 경영에서는 ○○을 해야 한다'라는 '의무론'이나 'A사에서는 이런 최첨단 방식으로 대처한다'와 같은 일부만 골라낸 사례를 시종일관 설명했습니다.

확실히 의무론은 맞는 말이고 사례는 이해하기 쉽습니다. 그러나 그것만으로는 '건강해지려면 낫토를 먹어야 한다', '유명한 A 씨는 이 건강보조식품을 먹는다'라는 정보와 별 차이가 없습니다. 즉 이런 뜻입니다.

- 여러분의 건강에 낫토가 반드시 좋다고 할 수 없다
- 유명한 사람이 먹는 건강보조식품이 반드시 좋다고 할 수 없다

자신의 이상적인 건강 상태를 명확히 알고 나서 건강을 위해서 '노력해야 할 일'의 큰 그림을 알 때 효과적으로 건강 정보를 활용할 수 있을 것입니다. 그렇지 않으면 오히려 수많은 정보로 인해 혼란해지는 원인이 되고 맙니다.

그럼 어떻게 해야 할까요? 결국 앞에서 언급한 2가지를 성실하게 밝혀나가는 수밖에 없습니다.

◆ 인재와 조직의 이상적인 모습은 무엇인가?
◆ 이상적인 모습을 실현하기 위해서 자사에 필요한 대처법은 무엇인가?

'왠지 추상적이라서 잘 모르겠다', '어려워 보인다'라고 느낀 분도 문제없습니다. 이 책에서는 가장 빠르게 생각을 정리하는 방법을 준비했습니다.

그 방법은 '질문'의 활용입니다. 이 책에서는 '인재·조직으로서 이상적인 모습', '이를 실현하기 위한 대처법'을 명확하게 하기 위해서 '생각해야 하는 질문'을 포괄적으로 순서를 정해서 표시했습니다.

또한 각 질문에 대한 '**해답을 내놓는 방법**(사고방식·프레임)'을 제시한 후 '**구체적인 사례**'도 참고 정보로 소개했습니다.

이러한 '질문', '해답을 내놓는 방법', '사례'를 골고루 활용해서 '여러분만의 해답'을 순조롭게 얻을 수 있게 했습니다.

그렇게 내놓은 해답을 정리하면 여러분 회사의 '인재·조직의 비전'과 '인사 전략'이 완성되도록 구성했습니다.

'질문'은 왜 중요한가?

그렇다면 '질문'을 왜 활용해야 할까요? 여기에는 3가지 이유가 있습니다.

① 각 회사에 적합한 '해답'을 찾아낼 수 있다
② 일반론이나 다른 회사의 '해답' 혹은 '대처'를 아는 것보다도 환경 변화에 맞춰서 다시 생각할 수 있다
③ 사고를 깊이 하고 고정관념에서 빠져나오기 쉬워진다

특히 ①이 중요합니다.
이를테면 목표 몸무게(이상적인 몸의 모습)를 정하려고 생각하면 자신의 나이나 체격, 달리기를 하고 싶은가, 아니면 헬스를 하고 싶은가에 따라 목표 지점이 완전히 달라집니다.
'여러분, 일단 60kg을 목표로 합시다'라고 할 수 없습니다.
인재·조직의 이상적인 모습을 결정할 때도 마찬가지입니다. 여기에 절대적인 정답은 없습니다. 기업의 특성이나 사명·전략을 근거로 해서 '당사에서 원하는 바람직한 인재와 조직의 모습은 무엇인가?'라는 커다란 질문에 해답을 내놓아야 합니다. '당사에 적합한 대처법은

무엇인가?'라는 문제를 생각할 때도 그렇습니다. 이러한 '해답'을 정리해서 '사람·조직의 비전'과 '인재 전략'을 만들어 실행해 나간다. 여기까지의 과정이 인적 자본 경영에서 해야 할 일입니다.

'인적 자본 공시'는 여름날 해변에 가는 것과 같다?!

건강을 위한 대처는 실행하지 않으면 의미가 없습니다. '당질 제한이 정말로 효과가 있는가?', '실제로 목표 몸무게에 근접했는가?' 등을 제대로 확인하고 필요에 따라 방식을 바꿔야 합니다. 사람과 조직에 관해서도 마찬가지입니다.

사람과 조직이 이상적인 모습에 다가갔는지, 대처법이 성공했는지 확인한다. 그리고 그 결과를 다른 사람에게 설명해서 피드백을 받아 개선한다. 이런 행동이 인적 자본 공시입니다.

즉 인적 자본 공시는 '여름날 해변에 가는 것'과 같습니다. 여름날 해변에 가기로 하면 먼저 '남에게 노출해도 될 만큼 몸이 만들어져 있는가'가 신경 쓰일 것입니다. 그렇다면 '군것질 양을 줄이자', '헬스클럽에 가자' 등 진지하게 목표로 하는 모습을 만들기 위한 대처법을 생각하기 시작하지 않나요? 또한 막상 해변에 가서 남에게 몸을 드러내면 '아아, 더 노력해야겠다…', '상체 근육이 좀 더 붙었으면 좋았을 텐데…'라고 반성하고 그런 생각이 다음 행동으로 이어집니다.

이렇게 생각하면 인적 자본 경영이나 공시라는 것은 매우 단순합니다. 하지만 기업에 따라 목표로 하는 모습이나 대처해야 할 사항이 다른 점이 이를 어렵게 만들 뿐입니다.

   이 책에서는 여러분의 회사에서 무엇을 어떻게 생각하고 무엇부터 실행해야 하는지 '질문'을 통해서 확인합니다.

   이 책을 활용해서 인적 자본 경영이나 공시에 대한 '질문'의 해답을 찾아내면 사람에 관한 고민거리를 해결할 수 있고 인재와 조직의 퍼포먼스 향상을 위한 과정이 명확해질 것입니다.

이 책의 구성

   여기서 이 책의 구성을 소개하겠습니다.

   1장은 인적 자본 경영과 공시의 '왜'와 '무엇'을 다룹니다. 인적 자본(사람)을 왜 중요하게 여겨 왔는가, 인적 자본 경영이나 공시에는 어떤 장점이 있는가, 인적 자본 경영이란 무엇인가, 중요한 점은 무엇인가에 관하여 설명합니다. 이미 이해하고 있거나 관심이 없는 분은 건너뛰어서 2장이나 3장부터 읽어도 상관없습니다.

   2장부터는 실천 편입니다.

   먼저 2장에서는 사람·조직의 비전과 인사 전략을 그리기 위한 질문에 대답합니다. 기업의 목적 실현에 최대한 공헌하게 하려면 사람과 조직의 바람직한 모습이 어때야 하는가, 이를 어떻게 실현하는가. 여기에서 답해야 할 큰 '질문'은 다음의 7가지 영역으로 정리할 수 있습니다.

1. 사람과 조직의 이상적인 모습은 어떤 것인가?
2. 사람을 어떻게 조달할 것인가?
3. 사람을 어떻게 육성할 것인가?
4. 사람의 활약을 어떻게 촉진할 것인가?
5. 사람을 어떻게 유지할 것인가?
6. 사람이 지닌 위험 요소를 어떻게 줄일 것인가?
7. 이 1~6을 실행하는 인사 체제를 어떻게 정비할 것인가?

1~7의 각 영역에서 논점을 더욱 구체화하여 질문 26가지로 분해했습니다. 각 질문의 사고방식·프레임, 사례를 설명했으니 잘 활용하길 바랍니다. 질문 26가지에 답해가며 이 장을 다 읽으면 여러분 회사에서 사람·조직의 비전과 인사 전략의 구체적인 시안이 완성됩니다. 이를 실천하면 인재의 조달(채용), 육성, 활약, 유지 및 위험 요소 절감이 실현되는 정도와 성과가 높아질 것입니다.

또한 사람이나 조직에 관하여 특정한 고민이 있는 분은 목차에서 '관심이 있는 질문'을 찾아서 그 페이지를 살펴보는 것도 좋습니다. 또 각 질문에는 '다른 어느 질문과 관계가 있는지' 표시했습니다. 자신이 관심 있는 질문부터 시작해서 관련된 질문을 찾아가는 '질문의 미궁'을 즐기며 읽는 방법도 재미있을 것입니다.

3장에서는 인적 자본 공시를 준비합니다. 2장에서 그린 사람·조직의 비전과 인사 전략이 어느 정도 되어 있는가, 인적 자본이 기업의 사명과 전략 달성에 어떻게 공헌하는가. 이러한 질문에 대답합니다. 여기에서 대답해야 할 질문은 다음의 8가지 영역으로 정리할 수 있습니다.

그림 0-1 인적 자본 공시를 위해서 대답해야 할 영역 8가지

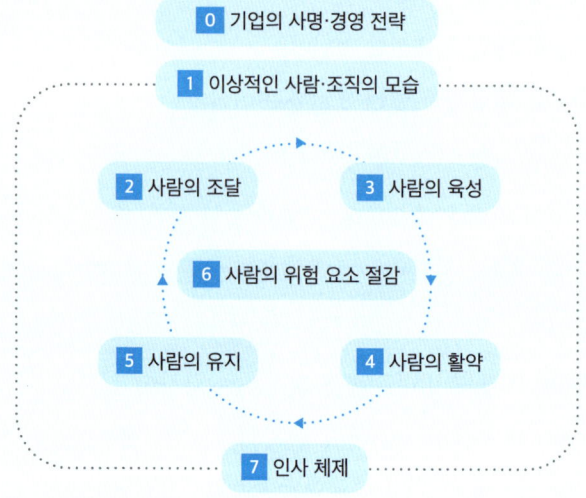

0 인적 자본은 무엇에 어떻게 공헌하는가?
1 바람직한 사람과 조직의 모습이 실현되었는가?
2 사람을 적절하게 조달했는가?
3 사람을 적절하게 육성했는가?
4 사람의 활약을 적절하게 촉진했는가?
5 사람을 적절하게 유지했는가?
6 사람이 지닌 위험 요소를 적절하게 줄였는가?
7 인사 체제를 적절하게 정비했는가?

　3장에서도 각 분야에서 파악해야 할 사항을 좀 더 세세하게 정리해서 24가지 질문으로 분해했습니다. 이 질문들에 대답하면 인사 전

략의 진척 상황이나 그 공헌도를 알 수 있습니다. 또한 단순한 결과를 파악하는 방법뿐만 아니라 어떻게 해야 수준이 더 올라가고 목표로 하는 모습에 다가갈 수 있는지 효과적인 수단이나 개선 포인트도 설명했습니다. 이 질문들에 대답할 준비가 되면 인적 자본 공시의 우량 기업이 될 뿐만 아니라 인사 전략의 PDCA 사이클(Plan(계획), Do(실행), Check(검토), Act(개선) – 옮긴이)이 돌기 시작합니다.

이 책의 핵심이 되는 2장에서는 각 질문을 '문장에 따른 설명＋도해'와 함께 설명합니다. 시간이 없는 분은 도해 페이지만 읽어도 정리할 수 있게 구성했습니다.

그 외에도 이 책의 특징으로 다음의 2가지가 있습니다.

① 2~3장의 '질문'에 대한 답을 정리할 수 있는 템플릿을 다운로드 할 수 있다('인사 전략 포맷', '인적 자본 가시화·공시 포맷')
② '인적 자본 경영 실천도 진단'을 각 영역의 마지막에 수록해 놓아서 여러분의 회사 수준을 진단할 수 있다

이러한 수단도 효과적으로 활용하길 바랍니다.

세계적으로 인적 자본에 관한 주목도가 높아지고 각 회사에서도 심도 있는 대처법이 앞으로 계속 실행될 것으로 예상됩니다. 인적 자본 경영이나 인적 자본 공시에 대하여 지금 당장 진지하게 생각해서 실행해야 그러한 움직임에 한 발 앞지를 수 있습니다.

여러분 회사의 사람과 조직의 힘을 최대한으로 끌어내기 위해 '질문 50가지'를 뚫고 나가며 '자사만의 해답'을 찾는 여행을 떠나보세요.

목차

프롤로그 · 4

1장 인적 자본 경영의 '왜?'와 '무엇?'

왜 이제 와서 인적 자본(사람)을 중요시하는가? · 21
왜 지금 인적 자본 경영과 인적 자본 공시가 필요한가? · 29
인적 자본 경영이란 무엇인가? '사람 중심 경영'과의 차이는 무엇인가? · 34
인적 자본 경영을 실천하려면 어떻게 해야 하는가? · 38
프로 스포츠팀을 만들 듯이 생각한다 · 41

2장 사람을 끌어들이는 '인재·조직의 비전'과 '인사 전략'을 작성하자

비전·전략 작성의 흐름과 아웃풋 이미지 · 51

영역 1 사람과 조직의 이상적인 모습은 어떤 것인가?
질문 01 전략을 실현하려면 어떤 인재가 필요한가? · 57
질문 02 어떤 행동을 구현하게 하고 싶은가? (어떤 조직 문화를 만들까?) · 63
질문 03 이상적인 사람·조직(문화)을 만들기 위해
        무엇을 중시할 것인가? · 72
응용편 '전략 기점형' 인재 포트폴리오 작성 방법 · 81

영역 2   사람을 어떻게 조달할 것인가?

질문 04   무엇을 당신 회사의 매력으로 설정할 것인가? · 89

질문 05   어떤 메시지를 후보자에게 보낼 것인가? · 96

질문 06   메시지를 후보자에게 어떻게 전할 것인가? · 101

질문 07   어떤 수단으로 인재를 조달할 것인가? · 108

영역 3   사람을 어떻게 육성할 것인가?

질문 08   필요한 인재 스펙을 어떻게 정의할 것인가? · 117

질문 09   어떤 사람의 정보를 어떻게 '가시화'할 것인가? · 125

질문 10   인재를 어떻게 배우고 성장하게 할 것인가? · 131

질문 11   어떻게 리스킬링할 것인가? · 138

영역 4   사람의 활약을 어떻게 촉진할 것인가?

질문 12   인재의 퍼포먼스를 어떻게 높일 것인가? · 147

질문 13   인재와 일을 어떻게 어울리게 할 것인가? · 154

질문 14   좋은 팀을 어떻게 만들 것인가? · 162

질문 15   다양성과 그 효과를 어떻게 실현할 것인가? · 169

영역 5   사람을 어떻게 유지할 것인가?

질문 16   인재의 인게이지먼트를 어떻게 높일 것인가? · 179

질문 17   개개인의 퍼포먼스를 어떻게 평가할 것인가? · 186

질문 18   활약·성과에 걸맞은 대가를 어떻게 줄 것인가? · 194

질문 19   유연한 업무 방식을 어떻게 제공할 것인가? · 200

질문 20   기업의 신진대사를 어떻게 촉진할 것인가? · 208

영역 6   사람이 지닌 위험 요소를 어떻게 줄일 것인가?

질문 21   건강을 어떻게 유지·향상할 것인가? · 217

질문 22   직장의 안전을 어떻게 보장할 것인가? · 225

질문 23   사람 사이에서 일어나는 문제를 어떻게 방지할 것인가? · 231

영역 7　인사 체제를 어떻게 정비할 것인가?

- **질문 24**　인사 조직을 어떻게 만들 것인가?　· 241
- **질문 25**　인사 직원의 능력을 어떻게 향상시킬 것인가?　· 248
- **질문 26**　사람과 조직의 데이터를 어떻게 활용할 것인가?　· 255
- **정리 파트**　답을 정리해서 '인사 비전', '인사 전략'을 만든다　· 264

3장　인적 자본 경영을 진화시키는 '인적 자본 공시'를 하자

인적 자본의 가시화·공시의 '왜?'와 '무엇?'　· 269
가시화·공시의 흐름과 아웃풋 이미지　· 289

영역 0　인적 자본은 무엇에, 어떻게 공헌하고 있는가?

- **질문 27**　당신 회사의 존재 의식은 무엇인가?　· 299
- **질문 28**　가치를 제공하기 위한 전략이 있는가?　· 306
- **질문 29**　경영 전략과 인사 전략을 어떻게 연결하는가?　· 313
- **질문 30**　인적 자본은 전략 실현에 어떻게 공헌했는가?　· 322

영역 1　'바람직한 사람과 조직의 모습이 실현되었는가?' 지표 검토와 분석·대책

- **질문 31**　어떤 인재가 사내에 모여 있는가?　· 333
- **질문 32**　이상적인 조직 문화가 정착했는가?　· 333

영역 2　'사람을 적절하게 조달했는가?' 지표 검토와 분석·대책

- **질문 33**　자사의 매력을 어필했는가?　· 343
- **질문 34**　필요한 인재(양·질)를 신속하게 확보했는가?　· 343
- **질문 35**　인재 획득에 적절한 비용을 들였는가?　· 343

영역 3 '사람을 적절하게 육성했는가?' 지표 검토와 분석·대책

질문 36 전략 실현에 필요한 능력이 있는 인재를 충족했는가? • 355

질문 37 전략상 중요한 지위를 담당하는 인재를 적절하게 육성했는가? • 355

질문 38 육성 비용·노력을 적절히 들였는가? • 355

영역 4 '사람의 활약을 적절하게 촉진했는가?' 지표 검토와 분석·대책

질문 39 활약하는 사원은 높은 비율로 존재하는가? • 369

질문 40 다양성(DEI)은 확보되었는가? • 369

질문 41 개개인이 만들어내는 가치의 크기는 어느 정도인가? • 369

영역 5 '사람을 적절하게 유지했는가?' 지표 검토와 분석·대책

질문 42 인게이지먼트는 높은 상태인가? • 383

질문 43 인재는 정착했는가? • 383

질문 44 적절한 업무 방식을 실현했는가? • 383

질문 45 인건비가 적절한가? • 383

영역 6 '사람이 지닌 위험 요소를 적절하게 줄였는가?' 지표 검토와 분석·대책

질문 46 건강하고 안전한 직장이 만들어졌는가? • 399

질문 47 컴플라이언스를 위반하는 수는 줄었는가? • 399

질문 48 사람에 관한 문제 수는 줄었는가? • 399

영역 7 '인사 체제를 적절하게 정비했는가?' 지표 검토와 분석·대책

질문 49 인사로서 공헌도가 높은가? • 415

질문 50 인사 조직으로서의 인원수(생산성)는 적절한가? • 415

정리 파트 답을 정리해서 가시화·공시의 지표와 시스템을 만든다 • 423

에필로그 50가지 질문 끝에 있는 것 • 426

미주 • 436

회사는 어떻게 사람에게 집중하는가
최고의 조직을 만드는 인적 자본 경영의 시작

도서 구매 특전

이 책을 구매하신 여러분께 인적 자본 경영 실천에
도움을 주는 포맷 도구를 드립니다.

- 인사 전략 포맷
- 인적 자본 가시화·공시 포맷

오른쪽 QR코드로 접속하여
다운로드 할 수 있습니다.

- 이 특전은 사전 통보 없이 서비스를 종료할 수 있습니다.

1장

인적 자본 경영의 '왜?'와 '무엇?'

왜 이제 와서
인적 자본(사람)을 중요시하는가?

사람이란 기업의 '승리(경쟁력)'를 결정하고
기업이 '가치'를 제공해야 하는 존재

여러분에게는 어떤 보물이 있나요? 도쿠가와 이에야스는 도요토미 히데요시가 이 질문을 했을 때 이렇게 대답했습니다.

"저는 시골 출신이라 진귀한 보물은 없지만 저를 위해 목숨을 아끼지 않는 군병이 5백 명 정도 있습니다. 이것이야말로 저의 가장 소중한 보물입니다."

일본에서는 예부터 '사람은 보물'이라는 생각이 존재한 듯합니다.

그러나 왜 새삼스럽게 이제 와서 사람의 중요성에 주목하며 인적 자본 경영을 요구할까요?

사실 일본뿐만 아니라 세계적으로도 사람의 중요성에 주목하고 있습니다. 그 이유는 다음의 2가지입니다.

① 기업의 경쟁력(승리)을 만들어내는 원천이 사람을 포함한 무형 자산으로 이동했다
② 기업이 만들어내는 사회적 가치(사회 일원으로서의 의무)도 중시되고 있다

이 항목에서는 이 2가지 '승리'에 관하여 설명하겠습니다.

① 기업의 경쟁력(승리)을 만들어내는 원천이 사람을 포함한 무형 자산으로 이동했다

미국 주식시장의 시가 총액 중 90퍼센트가 '무형 자산'으로 구성되어 있다는 데이터[1]가 있습니다. 즉 대부분의 기업 가치를 기계나 상품과 같은 유형 자산(보이는 자산)이 아니라 무형 자산(보이지 않는 자산)으로 얻고 있습니다.

당연히 보이지 않는 자산에는 소프트웨어·데이터베이스와 지적 재산·브랜드 등도 포함됩니다. 바로 사람이 그런 것을 만들어내는 근원이며 기업에 있어 최대의 자산이라는 점은 이미 세계적으로 공통

된 생각입니다.[2]

'기업에 사람이 중요하다는 게 얼핏 이해되기는 하지만 수치적인 근거가 있을까요?'

이렇게 생각하는 분도 있을 것입니다. 그런 이과적 사고를 하는 분을 위해서 통계학을 이용해 입증한 유명한 조사를 소개하겠습니다. 1991년 이후 실시된 선행 연구 66가지를 통합적으로 분석한 결과 '인적 자본의 수준 정도와 실적은 양의 상관관계가 있다'라는 통계적인 결과가 나왔습니다(그림 1-1).[3]

그림 1-1 인적 자본의 수준 정도와 실적은 양의 상관관계가 있다

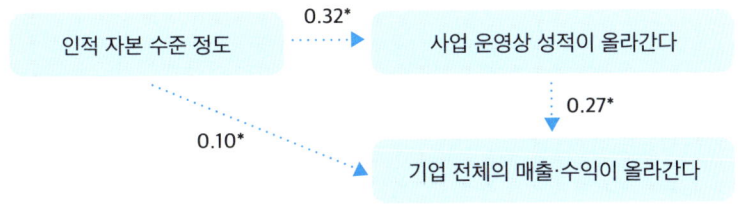

수치는 상관계수이며 1.0에 가까울수록 강한 상관관계이며 0이면 상관이 없다고 간주합니다. 0.2~0.4는 일반적으로 '조금 상관관계가 있다'라고 해석합니다.

이 분석에서 말하는 '인적 자본 수준'이란 인재의 능력 정도나 많은 경험치 등을 정량화한 것입니다. '인적 자본 수준'이 높으면 신규 세품 개발 속도가 빨라지거나 고객 만족도가 향상되는 등 사업 운영상 수치가 좋아집니다. 그것이 최종적으로 기업 전체의 매출·수익 성

장을 가져온다는 사실을 알았습니다. 그와 동시에 이는 경쟁력을 높이고 '승리'을 얻기 위한 중요한 무기가 되었습니다.

이 연구에서는 또 하나 흥미로운 점이 발견되었습니다. '독자적인 인적 자본을 형성하는 것이 중요'하다는 것입니다. 다시 말해 노동 시장에서 쉽게 얻을 수 없는, 모방하기 어려운 능력이나 지식을 쌓아갈수록 실적이 플러스로 작용한다는 사실을 알았습니다.

이를테면 영업 이익률 50퍼센트 이상이라는 경이로운 숫자를 내놓는 주식회사 키엔스KEYENCE를 생각해 보겠습니다. 키엔스는 특수한 전자기기를 판매하며 종종 '일본에서 급료가 가장 높은 회사'로 소개되는 일본을 대표하는 우량 기업입니다(평균 연봉 2,279만 엔).[4]

그 강점 중 하나가 신출귀몰하다는 영업사원입니다.

'어떻게 거기까지 알고 있지?'라고 생각할 정도로 고객의 사정에 밝아서 원하는 바를 앞질러 제안하는 영업력. 그리고 가려운 곳을 긁어주는 듯한 유연한 대응과 다른 회사를 압도하는 빠른 속도. 이를 실현할 수 있는 이유는 인재 육성에 투자를 많이 하기 때문입니다. 높은 급여를 주는 것도 그렇지만 '다른 회사의 10년차 베테랑을 3년 만에 만들어낸다'라고 할 정도로 성장에 대한 투자도 놓치지 않습니다. 예를 들면 다음과 같습니다.[5]

- 상사와 거래 이야기를 날마다 적어도 10~15분씩 시뮬레이션한다
- 거래를 하러 가기 전과 후에 반드시 '외출 보고서'를 작성하고 어떻게 준비했는지 상사에게 상세히 보고해서 피드백을 받는다
- 제품이나 기술에 정통해서 영업 담당이라도 간단한 프로그래밍

이 가능할 정도로 교육받는다(거래처에서 문제를 해결하기 위해서)

우수한 영업사원이 많다고 하면 열심히 일만 하는 성과주의라고 생각할 수도 있는데 사실 철저한 '과정주의'입니다. 이를테면 하루에 돌린 전화 건수 등 '행동하면 확실히 할 수 있는 것'을 지표로 해서 보수를 받습니다.

키엔스에서처럼 전략적이고 철저한 영업을 할 수 있는 인재는 노동 시장에서 쉽게 볼 수 없습니다. 그래서 키엔스의 독자적인 '자산'이 되어 성공한 기업으로서 우위에 있는 경쟁력을 유지하고 있습니다.

경쟁력의 원천으로 사람이 중요한데도 '사람에 관한 정보'는 지금까지 기업에서 거의 공개하지 않았습니다. 인건비나 평균 나이 정도만 겨우 알 수 있었고 구체적으로 사람을 어떻게 대우하는지는 명확하지 않았습니다. 이는 기업에 투자하려고 하는 주주·투자자의 입장에서 볼 때 매우 불친절한 상황입니다.

어떤 의미에서는 낡은 아파트를 사고 싶은 사람에게 매달 들어가는 유지 관리비만 보여주고 '구매하시겠어요?'라고 하는 것과 다름없습니다. 그러면 구매할 결심이 서지 않겠지요? 방 배치는 어떻고 설비는 무엇이고 어떻게 보수해 왔는지 정말로 알고 싶은 정보가 산더미처럼 많을 것입니다.

주주·투자자는 회사의 가치와 경쟁력을 알기 위한 중요한 정보를 분석해서 투자할지 말지를 결정합니다. 따라서 그 판단에 중요한 '사람에 관한 정보'도 확실히 공개하고 설명해달라는 요청이 세계적으로 높아졌고 일본에서는 2023년에 인적 자본 공시가 의무화되었습니다.

② 기업이 만들어내는 사회적 가치
(사회 일원으로서의 의무)도 중시되고 있다

여러분도 '기업은 누구의 것인가?'라는 질문을 들어본 적이 있을 것입니다. 그렇다면 이 질문에 어떻게 대답할 수 있을까요?

한때 미국에서는 '주주의 것이다'라는 절대적인 답이 존재했습니다. 그러나 2019년에 전환점이 찾아왔습니다. 미국의 경영자 단체인 비즈니스 라운드 테이블 Business Round Table(우리나라의 한국경제인협회와 유사한 조직 - 옮긴이)에서 다음의 방침이 발표되었습니다.

> **지금까지의 주주 제일주의에서 벗어나 고객과 종업원, 공급자, 지역사회를 포함한 모든 기업 이해관계자를 중시한다**

지금까지의 주주 제일주의에서는 단기적인 기업의 이익을 먼저 고려한 나머지 장기적인 지속가능성이 희생된 면이 있었습니다. 그 반성에 따른 방침 전환이었습니다.

또한 종업원에 대해서도 적절한 투자(공정한 보수나 교육 등의 제공)를 하는 것이 표명되었습니다. 주주 중시에 지나치게 쏠리면 이익을 늘리기 위해서 사람에 대한 투자를 줄일 가능성이 있습니다. 그러한 사태를 피해서 주주와 종업원, 다른 스테이크홀더 stakeholder(거래처를 포함하는 기타 이해관계자) 모두를 똑같이 소중하게 대하라고 표명했습니다.

이러한 상징적인 움직임에 더해서 2006년 UN(국제연합)이 주장한 '투자에 대한 원칙'도 중요한 역할을 했습니다. 여기에서는 기관 투자자에게 환경Environment·사회Social·기업 지배 구조Governance와 같은 장기적인 지속가능성의 관점도 고려해서 투자하도록 요구했습니다. 이 세 단어의 이니셜을 딴 것이 이른바 ESG입니다. 또한 S(사회)에는 종업원의 인권, 노동 관리 등도 포함되어 있습니다.

한편 2015년 국제연합UN 정상회의에서는 지속가능하고 다양성과 포괄성이 있는 사회를 실현하기 위하여 '2030년까지 세계가 달성해야 할 목표'를 17항목으로 제시했습니다.[6] 이것이 SDGSSustainable Development Goals(지속가능 발전 목표)입니다. 그 목표 중 하나로 '지속가능한 경제 성장을 실현하면서 모든 사람을 위해 일하는 보람이 있는 인간다운 일을 추진하기'가 제시되었습니다.

이러한 흐름을 그림 1-2 로 정리해 봤습니다.

그림 1-2 인적 자본 공시의 흐름과 배경

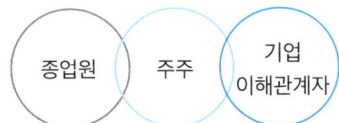

미국의 움직임	세계의 움직임
2019년 비즈니스 라운드 테이블 주주 제일주의에서 벗어나 모든 기업 이해관계자를 중시 (종업원 / 주주 / 기업 이해관계자) 종업원에 대한 적절한 투자(공정한 보수와 교육 등의 제공)를 하도록 표명	**2006년 국제연합 투자에 대한 원칙 (책임 투자 원칙)** 지속가능성을 고려한 투자를 요구했다 E(환경) S(사회) G(지배 구조) **2015년 국제연합 정상회의 SDGs** 17항목 중 1항목 '지속가능한 경제 성장을 실현하면서 모든 사람을 위해서 일하는 보람이 있는 인간다운 일을 추진한다'

최근에는 기업으로서 '지속가능한 사회에 대하여 공헌하는' 것이 기업 가치를 높일 수 있습니다. 일시적으로 많은 이익을 얻은 회사라고 해도 그 돈이 다른 사람을 속여서 얻은 것이거나 사회에 민폐를 끼친 형태로 얻은 것이라면 파탄에 직면할 것입니다.

예를 들어 리먼 브러더스 홀딩스는 1999년부터 자금 회수가 불가능한 위험성 높은 금융상품을 판매하기 시작합니다. 이 일로 2005년에는 최대 투자은행으로 약진했습니다. 그러나 2008년 주택 버블 붕괴를 계기로 위험 요소가 터지면서 회사가 파산에 이르게 됩니다. 이것이 이른바 리먼 쇼크입니다.

이러한 과거의 트라우마와 같은 사건으로부터도, 기업은 '사회의 일원'으로서 사회에 공헌하는 자세를 보여주는 것이 강하게 요구되었고, 그중에는 종업원의 만족이나 성장을 위한 투자도 포함되어 있습니다. 이는 피할 수 없는 추세입니다. '우리 회사는 상관없다'라고 생각하고 사람에 대한 투자를 게을리하면 언젠가 '사회의 적'으로 몰릴 수도 있습니다.

지금까지의 설명을 통해 **사람은 기업의 '승리(경쟁력)'를 결정하는 존재이며 기업이 '가치'를 제공해야 하는(투자해야 하는) 존재**라는 점이 이해됐나요? 이런 점을 근거로 해서 인적 자본 경영과 공시의 필요성에 관하여 알기 쉽게 설명하겠습니다.

왜 지금 인적 자본 경영과
인적 자본 공시가 필요한가?

인적 자본 경영·공시는
'모두에게 좋은 사이클'을 돌린다

그럼 구체적으로 기업 입장에서 인적 자본 경영과 공시를 하면 어떤 장점이 있을까요?

이 항목에서는 인적 자본 경영·공시가 '있을 때'와 '없을 때'를 비교해 보겠습니다. 등장인물은 경영자, 주주(투자자), 인재, 고객입니다.

먼저 인적 자본 경영·공시의 장점을 정리하면 이렇습니다.

- 경영자: 인재 확보·실적 향상
- 주주(투자자): 안심하고 투자할 수 있다, 주가·기업 가치 향상
- 인재: 일하는 환경이 좋아진다
- 고객: 가치·만족도가 올라간다

구체적으로 인적 자본 경영·공시가 '있을 때'와 '없을 때'에 무슨 일이 일어나는지 설명하겠습니다.

먼저 인적 자본 경영·공시가 '있을 때'의 좋은 시나리오부터 시작해 볼까요(그림 1-3)?

그림 1-3 인적 자본 경영·공시가 이루어졌을 때 생각할 수 있는 좋은 시나리오

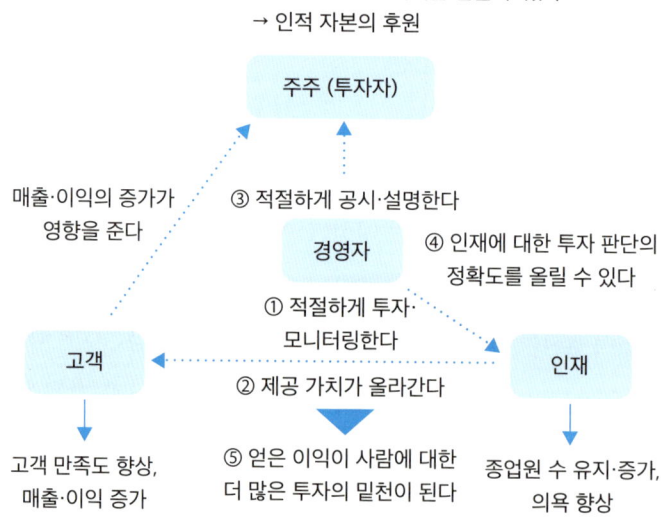

① 경영자가 인재에 대하여 적절하게 투자하면 인재의 유지·확보, 의욕 향상 및 활성화로 이어진다
② 결과적으로 고객에 대한 제공 가치가 올라가고 고객 만족 향상, 매출·이익이 증가한다
③ 또한 경영자가 인재에 대한 투자에 관하여 주주(투자자) 등에게 적절히 공시하면 투자에 대한 이해를 얻을 수 있다 (이는 기업에 대한 투자 후원과 가치 상승으로도 이어진다)
④ 덧붙여 인적 자본의 적절한 공시 전제에는 인적 자본의 가시화·모니터링이 있다. 이것이 적절히 이뤄지면 경영자도 인재에 대한 투자 판단의 정확도를 올릴 수 있다
⑤ 또한 앞에서 말한 매출·이익의 증가와 기업에 대한 투자가 인재에 대한 더 많은 투자의 밑천으로 활용된다

이와 반대로 '없을 때'에 일어날 수 있는 나쁜 시나리오에 관해서 소개하겠습니다(그림 1-4).

① 경영자가 인재에 대하여 적절히 투자하지 않으면 인재의 유지·확보가 어려워지며 의욕 저하가 발생한다
② 결과적으로 고객에 대한 제공 가치가 떨어지고 고객 만족 저하가 발생해서 매출·이익이 감소한다
③ 또한 경영자가 인재 투자에 관해서 적절한 설명을 주주(투자자) 등에게 하시 않으면 투자에 대한 이해를 얻기 어려워진다
④ 그 결과 매출·이익 감소와 더불어 인재에 대한 투자가 더욱 한

그림 1-4 인적 자본 경영·공시가 이루어지지 않을 때 생각할 수 있는 나쁜 시나리오

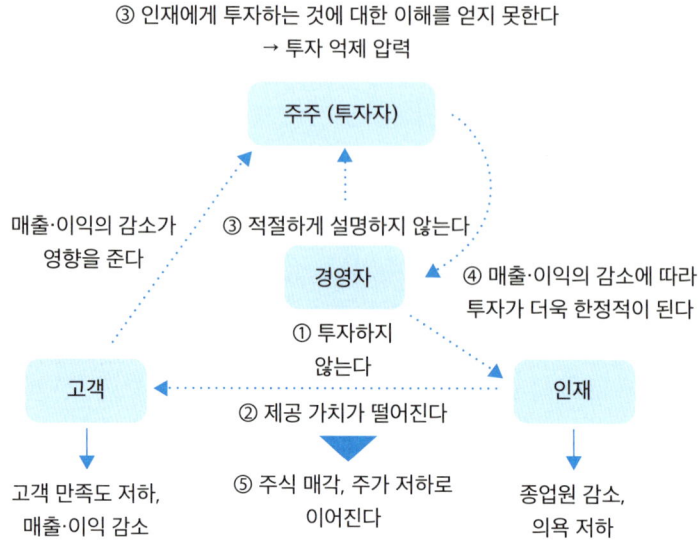

정될 가능성이 있다

⑤ 최종적으로는 투자 철수(주식 매각), 주가 저하에 이를 수 있다

물론 현실 세계는 그리 단순하지 않습니다. 하지만 인적 자본 경영과 그 공시가 주는 장점이 직관적으로 이해되지 않았나요? 다시 한번 정리하면 인적 자본 경영과 공시는 인재·고객·경영자·주주 '모두에게 좋은 사이클'을 돌리는 것입니다.

사실 '종업원'이 아니라 '인재'라고 한 점에도 의미가 있습니다. 당연히 그 회사에서 일하는 종업원에게도 좋은 영향이 있지만 지역 고용이나 활력 창출 등 기업 밖에 있는 인재나 사회에도 영향력을 줄

수 있습니다.

인력 확보에 관하여 조금 심도 있게 설명하겠습니다. 어느 조사에 따르면 취직·이직 활동에서 구직자 63.9퍼센트가 기업 리뷰를 참고로 한다는 결과가 나왔습니다.[7] 최근에 취직이나 이직을 경험한 분은 리뷰 사이트 등을 보고 가고 싶은 회사가 어떤 기업 풍토이며 일하기 편한 회사인지 확인하지 않았나요?

기업으로서는 취직을 희망하는 사람의 눈에 띄는 이러한 정보를 도구로 삼아 회사의 호감도를 올리거나 실제로 회사에 지원하게끔 만들어야 합니다.

그러나 대외적으로 슬로건이나 이념을 홈페이지에 올리는 것만으로는 의미가 없습니다. 리뷰 사이트에 올라오는 글은 내부 사람이나 한때 일했던 직원과 관련이 있는 경우가 많으며 아무리 주의해도 이런 글을 배제할 수 없습니다. 결국은 인적 투자에 관하여 철저하게 대처하고 외부에도 그 정보를 적극적으로 공개해야 좋은 결과를 얻을 수 있습니다. 이러한 인적 자본 경영에 대한 성실한 대처 방식이 취업 희망자의 눈길에 닿아서 최종적으로 인재를 확보할 수 있습니다.

이처럼 사람에 대한 투자는 경영자에게도 많은 장점을 부여합니다. 좋은 영향은 고객, 주주, 기타 관계자, 더 나아가서는 사회 전체로 물결처럼 퍼져나갈 것입니다.

인적 자본의 경영이나 공시는 당신 회사의 경쟁력을 높일 뿐만 아니라 경영자·주주·인재·고객에게도 더 나은 사회가 되기 위한 대처법과 시스템입니다.

인적 자본 경영이란 무엇인가?
'사람 중심 경영'과의
차이는 무엇인가?

인적 자본 경영은 '이성'과 '인정'이라는
양쪽 바퀴로 조직을 움직인다

일본 경제산업성에 따르면 인적 자본 경영의 정의는 다음과 같습니다.

> 인재를 '자본'으로 파악하고 그 가치를 최대한으로 끌어내서 중장기적인 기업 가치 향상으로 이어지는 경영의 이상적인 자세

이 문장을 봤을 때 '지금까지의 일본적인 경영과 무엇이 다른가', '이른바「사람을 소중히 하는 경영」과 무엇이 다른가'라고 의문을 느낀 분도 있지 않나요?

실제로 어떤 조사[8] 결과에 따르면 경영자 74퍼센트가 '인적 자본 경영이란 사람을 소중히 하는 것과 뜻이 같으며 뭔가 새로운 일을 진행하는 대처가 아니다'라고 인식하고 있습니다.

또한 일본 기업의 52.6퍼센트는 '직능 자격 제도'라고 해서 사람의 능력 향상 정도에 따라 경력을 올릴 수 있는 인사 제도를 도입하고 있습니다.[9] 이러한 점에서 봐도 '사람이나 그 성장을 소중히 한다'는 생각이 현재도 남아 있기 때문에 '신규 대처법은 필요 없다'라고 느끼는 회사도 많은 듯합니다.

그러나 인적 자본 경영과 지금까지의 '사람을 소중히 하는 경영'에는 다른 점이 있습니다. 그 차이는 인적 자본 경영의 정의에 있는 '인

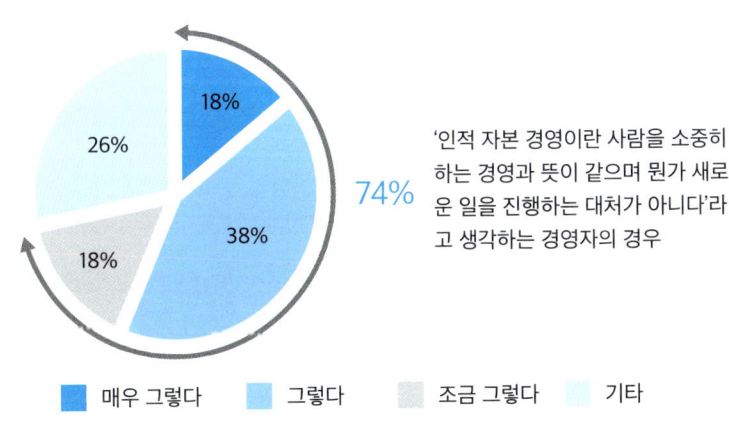

그림 1-5 인적 자본 경영은 지금까지의 일본적 경영과 같다?

재를 「자본」으로 파악'한다는 문장에 나타납니다.

일반적으로는 '자본'은 '자원'처럼 소비되거나 비용으로 취급되는 것이 아니라 수익을 만들어내는 원천이라고 설명합니다. 즉 인재는 연필이나 노트와 같이 소비되는 물건이 아니라 지적 재산이나 브랜드 등과 마찬가지로 이익을 만들어내는 존재입니다. 따라서 '인적 자원'이 아니라 '인적 자본(또는 인적 자산[10])'이라는 설명이 많습니다.

그렇다고 대부분의 기업이 지금까지 사람을 '소비되는 물건'으로 취급해 온 것이 아닙니다. 오히려 앞에서 말했듯이 '회사의 보물로 소중히 다뤄왔다'고 생각합니다. 기존 경영과의 본질적인 차이는 그 점이 아니라 **사람은 투자하는 양에 따라 가치가 달라지는 자산**(가변 자본[11])으로 파악해야 한다는 점입니다.

투자 경험이 있는 분은 잘 알겠지만 투자할 때는 '무엇에 얼마나 투자해야 하는가', '수익이나 위험 요소가 어느 정도인가'를 차트나 숫자를 봐 가며 매우 신중하게 판단합니다.

인적 자본 경영에서는 투자와 마찬가지로 냉정하고 합리적인 눈으로 사람에 대한 투자를 판단해야 합니다. 이것이 인적 자본 경영에서 필요한 '이성' 부분입니다. 사람의 투자에서 얻은 수익(목표)을 내걸고 어떤 대처에 돈과 노력을 투자해서 최대의 효과를 만들어내는가. 이러한 것을 정량적·논리적으로 판단해야 합니다.

하지만 한 쪽 바퀴로 자동차가 움직이지 않는 것과 마찬가지로 '이성'만으로는 좋은 결과를 얻을 수 없습니다. 지금까지의 일본적 경영처럼 '사람을 소중히 한다'라는 '인정人情'의 측면도 반드시 필요합니다.

인간성을 존중하지 않고 합리성만을 추구하면 무슨 일이 일어날까요? 이는 20세기 초의 미국을 돌이켜보면 알 수 있습니다.

당시 공장의 작업은 노동자의 경험이나 감, 암묵지로 운영되었습니다. 미국의 경영학자 프레더릭 윈즐로 테일러^{Frederick Winslow Taylor}는 '과학적 관리법'을 그곳에 가지고 들어옵니다. 구체적으로는 작업 과정을 세세하게 나눠서 매뉴얼화하고 노동자를 기계처럼 다뤄서 비약적인 생산 효율 개선을 이뤄냅니다. 그러나 한편으로 의욕 저하와 인권 문제, 노동자와 경영자의 깊어진 골 등을 야기하게 됩니다.

현대에서는 이러한 인간성을 무시한 경영을 지속하면 '사축(자신의 의지와는 상관없이 회사의 가축처럼 길들어서 일하는 직장인 - 옮긴이)', '악덕 기업' 등의 부정적인 말로 표현되어 기업 이미지를 떨어뜨릴 수 있습니다.

따라서 이성적이면서도 인정을 갖춘 '인재 매니지먼트'를 하는 것이 중요하며 이 양쪽 바퀴를 소중히 하는 것이 인적 자본 경영입니다.

인적 자본 경영을 실천하려면 어떻게 해야 하는가?

'사람에 대한 투자 계획서'를 작성하자

여러분은 주식 투자나 투자 신탁을 한 적이 있습니까?

최근에는 NISA(우리나라의 ISA 계좌 - 옮긴이)나 iDeCo(개인형 퇴직연금 - 옮긴이) 등이 알려져서 많은 분이 이용하는 듯합니다. 주식이나 투자 신탁 등을 구입할 경우에는 '계획서'라는 서류가 반드시 배부됩니다. 이는 투자 판단에 필요한 중요 사항을 설명한 서류입니다.

사람에 대한 투자가 중요하다는 것을 지금까지 설명했는데 이를 단순히 '지금까지보다 돈과 노력을 투자하는' 정도로만 해석하면 안

됩니다. 사람은 기업의 승패, 더 나아가서는 존속을 좌우하는 소중한 투자 대상입니다.

예를 들어 여러분이 보유한 대부분의 돈을 투자할 경우 어떤 점을 고려해야 할까요? 아마 앞에서 잠깐 언급했듯이 다음과 같은 점을 신중하고 열정적으로 확인하지 않을까요?

- 투자 대상의 특징이나 성질은 어떠한가?
- 투자하면 어떤 수익이 있는가?
- 어떤 위험 요소가 있는가?

사람에 대한 투자도 마찬가지입니다. 투자 판단에 필요한 정보를 명확화해서 엄격하고 주의 깊게 판단하는 것이 중요합니다. 투자 신탁 '계획서'에 다음과 같은 내용이 실려 있습니다.

A) 펀드의 목적: 어떤 성과를 목표로 하는가?
B) 투자 방침과 구조: 성과를 얻기 위해서 어떤 방식으로 투자·운용을 하는가?
C) 위험 요소: 어떤 투자 위험이 있는가?
D) 운용 실적·추이: 결과가 어떻게 되었는가(예전과 비교해서 어떻게 되었는가)?

이러한 A~D 항목을 사람에 대한 투자에 적용해보면 다음과 같이 정리할 수 있습니다.

A) 인적 자본 투자의 목적: 어떤 사람과 조직을 만들어서 기업 가치를 높이는가?
B) 투자 방침과 구조: 목표로 하는 모습을 실현하기 위해서 무엇을 하는가?
C) 위험 요소: 인적 위험 요소에 어떻게 대응하는가?
D) 운용 실적·추이: 결과가 어떻게 되었는가(예전과 비교해서)?

A~C는 2장에서 다루는 인적 자본 경영을 위한 '사람·조직의 비전'과 '인사 전략', D는 3장에서 다루는 '인적 자본 공시'에 해당합니다.

사람에 대한 투자라고 해도 지금까지는 연수나 임금, 인원 보충 등 알기 쉬운 것에 치우친 회사도 있을지 모릅니다. 또한 그 투자 대비 효과도 '종업원 만족도나 퇴직률 등의 알기 쉬운 지표만 확인하고 끝'나는 경우도 있지 않았나요?

그러나 이는 기업의 소중한 돈과 노력을 효과적으로 활용하지 않았을 뿐만 아니라 정말로 얻고 싶은 이익을 얻을 기회를 놓친 상태입니다. 다이아몬드 원석을 감에 의존해서 계속 깎는 것과 다름없습니다. '어떻게 깎고 연마해야 더 밝게 빛나고 가치가 높아질까'를 진지하게 생각해야 합니다.

인적 자본 경영의 확실한 지침을 갖고 실행하는 것은 당신 회사의 경쟁력을 높일 뿐만 아니라 경영자·주주(투자자)·인재·고객에게도 큰 이익을 줍니다. 인적 자본 경영이나 공시의 대처를 잘 활용하여 '성공하는 그룹'이자 '사회적으로 가치가 있는 회사'가 되기를 목표로 합시다.

프로 스포츠팀을
만들 듯이 생각한다

2장에서는 인적 자본 경영을 실현하는 인사 전략 등을 다루는데 각 문제에 대한 답은 회사마다 다양합니다. 절대적인 정답은 없습니다.

하지만 답의 정확도(만들어내는 성과)를 떨어뜨리는 사고방식의 질문도 존재합니다. 이는 각 질문을 '기업과 인재의 관계성은 지금까지와 같다'라는 전제에서 생각해버리는 것입니다.

지금까지의 일본 기업과 인재의 관계성은 어떤 의미에서 '레트로적'이었습니다. 기업(부모나 가족)에 대한 일방적인 충성을 요구하며 신규 졸업자(미성숙한 단계)부터 육성해서 평생 함께하는 것이 전제였습니다.

그러나 그런 관계도 현재 붕괴하고 있습니다. 잘못된 전제를 토대로 사람이나 조직에 관한 대처를 생각한다면, 맞지 않는 나침반을 보며 길을 걸어가듯이 말도 안 되는 장소에 도착할 가능성이 있습니다.

그럼 앞으로의 기업과 인재의 관계성은 어떤 것일까요? 한마디로 말하자면 '프로 스포츠팀'의 관계성이 되어 갈 것입니다. 프로 야구단이나 프로 축구팀의 고용 관계를 연상해보면 좋습니다. 팀과 개인의 관계는 일방적인 것이 아닙니다. 수평적인 관계성(업무 위탁 관계)에서 팀의 사명 달성, 즉 승리를 목적으로 한 집단입니다. 개개인이 자율적(전문적)이며 자신의 스타일에 맞지 않으면 다른 팀(조직)으로 이적하는 것도 꺼리지 않는 관계입니다(그림 1-6).

그림 1-6 기업과 인재의 관계성, 지금까지와 앞으로

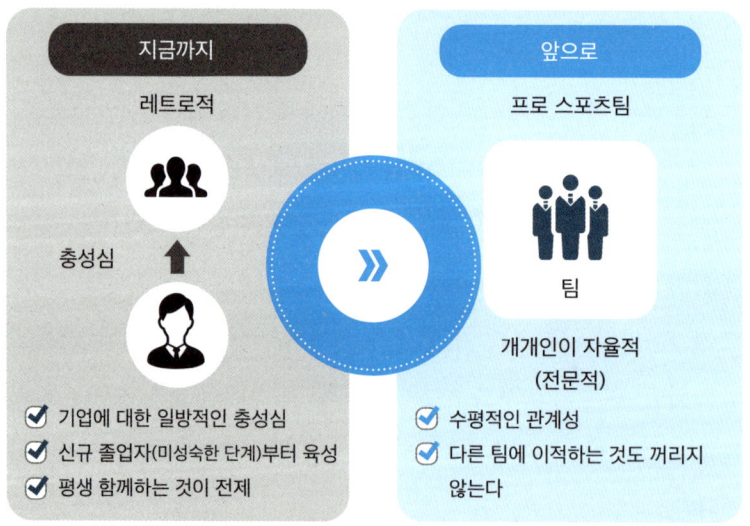

앞으로의 시대는 기업과 인재도 이러한 전문적인 관계성에 접근할 것입니다. 그 이유는 지금까지의 고용 형태와 취업자의 지향성에 큰 변화가 생겼기 때문입니다. 그 변화란 다음 5가지입니다.

① '직접 고용되는' 것을 고집하지 않는다
② 기업의 사명^{purpose}(목적)을 중시한다
③ 경력이나 일하는 방식에 관하여 자율적으로 결정하고 싶어 한다
④ 자신(개개인)에게 알맞은 체험을 바란다
⑤ 이직에 대한 심리적인 장벽이 낮아졌다

이러한 변화를 파악하면 질문에 대한 답의 정확도가 높아집니다. 자세히 살펴보겠습니다.

① '직접 고용되는' 것을 고집하지 않는다
'직접 고용되는' 것 이외의 선택지란 업무 위탁이나 청부의 계약 형태를 말합니다. 특히 최근 들어 긱 워커^{Gig Worker}(초단기 근로자)라고 하는 형태가 늘어나고 있습니다. 알기 쉬운 사례가 음식 배달 등을 하는 배달원입니다. 길거리에서도 자전거나 오토바이로 짐을 옮기는 사람의 모습을 흔히 볼 수 있게 되었습니다. 수입의 불안정하지만 일하는 방식의 유연성이나 자율성이 높아서 선택지에 넣는 사람도 늘어났습니다.[12] 이 점은 프롤로그의 그림 0-1 에서 나타낸 [2 사람의 조달]이나 [5 사람의 유지]를 생각할 때 중요해집니다.

② 기업의 사명을 중시한다

일본의 어떤 조사[13]에서는 이직할 때 '경영 이념을 중시하는 사람'의 비율이 70.2퍼센트라는 결과가 나왔습니다. 또한 다른 세계적인 조사[14]에서는 61퍼센트가 '회사의 신념·자세와 자신의 신념·가치관이 일치해야 그 회사나 일을 선택한다'라고 대답한 결과도 있습니다. 다시 말해 회사의 '목적의식이나 자세'가 중요한 시대가 되었습니다. 이 점은 그림 0-1 에서 나타낸 [0 기업의 사명·경영 전략]이나 [1 이상적인 사람·조직의 모습], [2 사람의 조달]을 생각할 때 중요해집니다.

③ 경력이나 일하는 방식에 관하여 자율적으로 결정하고 싶어 한다

최근의 조사를 보면 젊은 사원·중견 사원(25~44세)의 약 80퍼센트가 '자율적·주체적으로 경력·업무 방식을 결정하고 싶다'라고 생각하고[15] 있습니다. 즉 경력의 책임은 자신에게 있고 가치관을 바탕으로 일이나 업무 방식을 선택하고 싶어 합니다.

이 조사 결과에서 젊은 사원·중견 사원의 경력 자율 의식이 높은 한편 '이를 회사로부터 강요받고 싶지 않다'라고 생각하는 점이 재미있습니다. '회사가「자율적·주체적인 경력 형성」을 요구하는 것에 스트레스와 답답함을 느낀다'라고 대답한 사람이 64.8퍼센트에 달합니다. 한편「자율적·주체적인 경력 형성」을 지원해주는 회사가 일하는 보람이 있다'라고 대답한 사람은 76.2퍼센트나 됩니다(그림 1-7).

즉 경력 형성을 촉진하는 '밀당'의 균형에 유의해야 한다는 뜻입니다. 이 점은 그림 0-1 에서 나타낸 [3 사람의 육성]을 생각할 때 중요해집니다.

그림 1-7 젊은 사원·중견 사원은 경력을 자율적으로 결정하고 싶지만 이를 강요받고 싶지는 않다

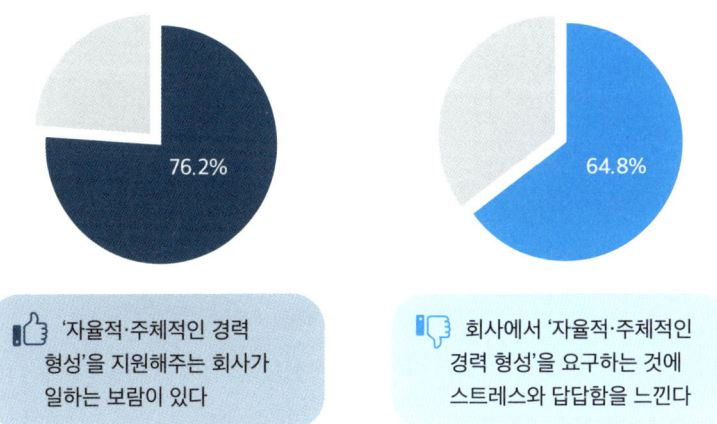

④ 자신(개개인)에게 알맞은 체험을 원한다

이는 먼저 소비자의 입장에 서보면 알 수 있습니다. 여러분이 받고 싶은 서비스, 이를테면 음식점이나 여행 계획을 선택할 때를 생각해 보세요. 어떤 기준으로 선택하나요? 거기에서 얻는 체험이 자신의 요구(욕구나 과제)에 알맞은가, 거기에서 어떤 가치(만족감·행복감)를 얻을 수 있는가를 중시하지 않나요? 이와 마찬가지로 일하는 사람들도 '그 기업에서 일하는 것을 통해서 얻을 수 있는 체험이 자신의 요구에 맞는가', '어떤 만족감·행복감을 얻을 수 있는가'를 신중하게 살펴보기 시작했습니다.[16] 이 점은 그림 0-1 에서 나타낸 [4 사람의 활약]이나 [5 사람의 유지]를 생각할 때 중요해집니다.

⑤ 이직에 대한 심리적인 장벽이 낮아졌다

이는 일본의 경우 정직원 이직률(최근 1년 동안 이직한 사람의 비율)을 보면 확실합니다. 정직원 이직률은 2016년 3.68퍼센트에서 2021년 7.03퍼센트로 늘어났는데 거의 두 배가 되었다는 결과[17]가 있습니다. 특히 20대가 현저한데 20대 남성·여성의 각 이직률은 2016년 4.7%·5.8%가 2021년에는 14.2%·12.5%로 상승했습니다(그림 1-8). 다른 조사[18]에서도 Z세대라고 하는 1990년대 후반부터 2012년 무렵에 태어난 세대의 40퍼센트가 '근무하는 기업을 2년 이내에 이직할 것이다'라고 대답했습니다. 이런 점을 봐도 특히 젊은 사람의 이직 장벽이 낮아졌음을 알 수 있습니다. 이 점은 그림 0-1 에서 나타낸 [5 사람의 유지]를 생각할 때 중요해집니다.

여기까지 ① 다양한 고용 형태 도입, ② 목적 중시 경향, ③ 경력 자율 의식 향상, ④ 자신에게 알맞은 체험·가치 중시, ⑤ 이직에 관한

그림 1-8 젊은 사원의 이직 장벽이 낮아졌다

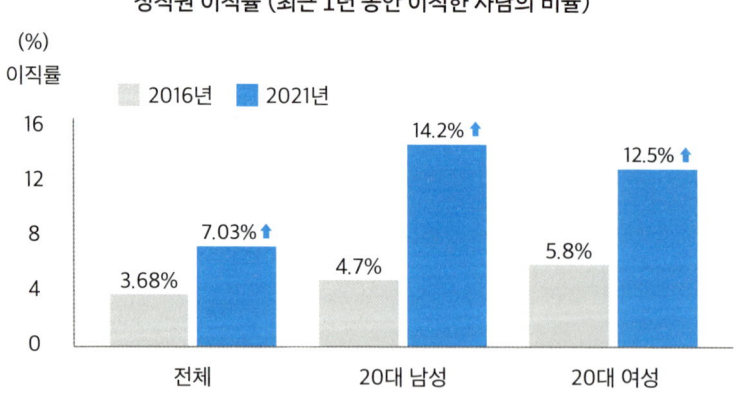

심리적 장벽 저하라는 5가지 의식 변화에 관하여 설명했습니다.

　이런 점을 정리하면 고용되는 것에 고집하지 않고 '기업의 목적'이나 '자신이 이 회사에서 일하는 것의 의미'를 신중하게 확인해서 자율적으로 선택하는 사람이 늘어났다는 뜻입니다. 이러한 사람의 의식 변화에 따라 기업과 사람의 관계성도 '프로 스포츠팀'과 같은 것에 가까워지는 것입니다. 이 점은 그림 0-1 에서 나타낸 [1] 이상적인 사람·조직의 모습]을 생각할 때 중요해집니다.

　여기까지 설명한 변화를 파악하면 다음 장에서 설명하는 '질문의 답(사고방식)'을 이해할 수 있는 동시에 앞으로의 시대에 알맞은 인사 전략을 만들어낼 수 있습니다.

2장

사람을 끌어들이는 '인재·조직의 비전'과 '인사 전략'을 작성하자

비전·전략 작성의 흐름과
아웃풋 이미지

이 장에서는 '사람·조직의 비전'과 '인사 전략'을 구체적으로 만들어가기 위해서 7개 영역의 질문 26가지에 대답하겠습니다.

'26개나 대답해야 하나……'라고 느낀 분도 있을지 모릅니다. 안심하세요. 여러분 회사에서 중요하게 부각된 질문을 중심으로 생각해봐도 괜찮습니다.

문제를 특정할 때는 이 책에서 준비한 '인적 자본 경영 실천도 진단'(각 영역의 마지막에 수록) 시트를 활용할 수 있습니다. 이 시트에는 각 질문(항목)을 어느 정도의 수준에서 실천할 수 있는지 점수로 측정해 진단합니다. 그중에서 특히 점수가 낮은 항목(기준으로는 3점 미만)

그림 2-1 비전·전략 작성의 흐름 (답해야 할 질문의 영역)

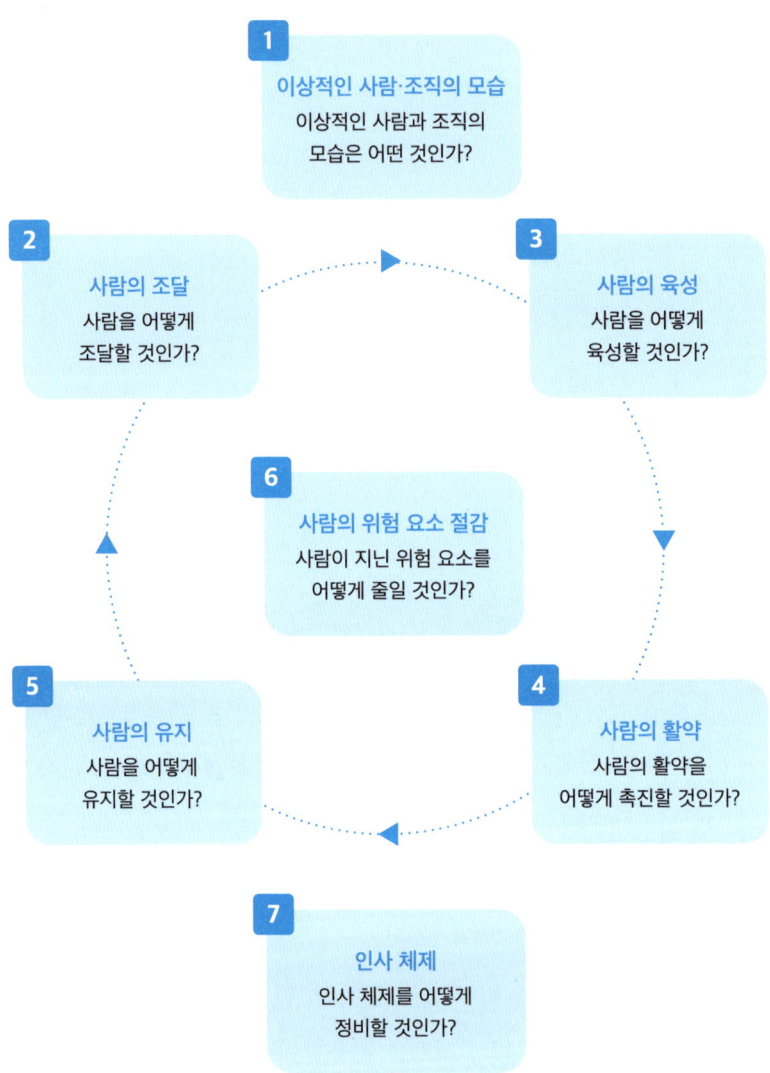

을 중심으로 검토하는 것도 좋습니다. 당연히 이미 여러분 회사에서 문제가 명확하다면 그 항목을 먼저 검토하세요.

사람에 대한 투자를 중시하고 시간과 비용을 투자할 여력이 있는 기업에서는 최대한 모든 질문에 대답하길 바랍니다. 그러나 그렇게 하기 어려운 회사에서는 이러한 추출 방식도 효과적입니다. 실천할 수 있는 사항부터 앞으로 나아가는 것이 중요합니다.

그럼 앞으로 어떤 흐름으로 진행할 것인지 먼저 전체적인 느낌을 확인해볼까요?(그림 2-1)

먼저 [영역 1]에서 '사람·조직의 비전'을 만들 것입니다. 이는 경영 전략을 기점으로 생각하게 됩니다. '경영 전략이 별로 명확하지 않다'라고 느껴질 때는 3장의 [질문 28(가치를 제공하기 위한 전략이 있는가?)]에서 경영 전략을 정리하는 방법을 소개합니다. 그쪽을 먼저 읽어보면 좋습니다.

[영역 2] 이후에서는 사람·조직의 비전을 어떻게 실현할 것인가에 대한 대처법(사람과 조직을 다루는 방법)을 생각할 것입니다. 구체적으로는 사람을 어떻게 조달(채용)하고 어떻게 육성하며 어떻게 활약을 촉진하고 유지할 것인지 결정합니다.

이는 [영역 1]에서 생각한 것이 토대가 됩니다.

[영역 2~5]가 '공격' 방침이라고 한다면 [영역 6]의 사람의 위험 요소 줄이기는 '수비'의 방침입니다.

사람, 물건, 돈, 정보 등 경영에 필요한 요소 중에서 불확실성이 가장 높은 것은 사람입니다. 그 불확실성이 긍정적인 방향으로 쏠릴 때도 있습니다. 이를테면 예상을 뛰어넘는 퍼포먼스를 내거나 새로운 혁신을 일으키는 등의 사례입니다.

그러나 예상치 못한 상태에 빠지거나(건강을 해친다) 예상 밖의 행동을 하는(불안전한 행동을 한다, 규범 위반이나 노무 문제 등을 일으킨다) 부정적인 방향으로 쏠리기도 합니다. 한 사람의 행동이 회사의 평판을 뒤흔드는 사건을 여러분도 방송에서 종종 봤을 것입니다.

[영역 1~6]에서 '사람·조직의 비전'과 그 실현을 위한 대처법이 명확해지는데 그것으로 그쳐서는 안 됩니다. [영역 7]에서 그 실현을 이끄는 인사 체제를 정비하는 것도 반드시 필요한 요소입니다.

물론 경영진이나 사업 리더에게도 인적 자본에 관한 대처를 실현할 책임이 있습니다. 하지만 인사 부서가 필요한 시스템이나 제도를 정비하고 매니지먼트의 활동·판단을 지원할 수 있는 힘을 부여해야 합니다.

제가 실제로 체험한 바로도 인사 체제를 정비할 필요성을 통감하는 경우가 많습니다. 훌륭한 인사 전략을 세운 기업에서 "각 대처법은 누가 주도합니까?"라고 물어보면 "아니, 그게……"라는 반응이 돌아오는 사례도 수두룩합니다. 따라서 인사 전략을 실현하기 위해서 필수적인 요소로 검토해야 할 것입니다.

또한 이 책을 구매한 여러분에게는 특전으로 '인사 전략 포맷'을 준비했습니다. 18쪽의 URL에서 다운로드할 수 있으니 꼭 활용해 보세요. 이 '인사 전략 포맷'에 [영역 1]에서 [영역 7]의 질문에 대한 답을 적용하면 생각을 더욱 잘 정리할 수 있을 것입니다.

그럼 먼저 [영역 1 (사람과 조직의 모습은 이상적인 어떤 것인가?)]부터 생각해보겠습니다.

영역 1

사람과 조직의
이상적인 모습은
어떤 것인가?

Q01 전략을 실현하려면 어떤 인재가 필요한가?

프로 스포츠팀과 같은 '인재 포트폴리오'를 만든다

여러분의 회사에서는 '이상적인 인재상'이나 '바라는 인재상'이 정해져 있나요?

'자율적인 인재', '도전할 수 있는 인재' 등 표현이 다양한데 회사마다 각기 다양한 형태로 인재상을 갖고 있을 것입니다. 경영 전략과 인재상이 제대로 연동하는 회사는 어렵지 않게 이 인재상을 기점으로 인사 전략을 검토할 수도 있습니다.

그러나 '이길 수 있는 조직'으로 만들려면 최대한 한 발 더 파고들어야 합니다.

예를 들어 프로 축구팀으로 생각해 볼까요? 팀에서 필요한 선수상을 정의할 때 '점수를 낼 수 있다'와 같은 추상적인 표현으로 고정하는 일은 없습니다. 축구는 골키퍼나 포워드와 같은 포지션이 있어서 전략 전술에 따라 포지션에 요구되는 역할도 변화합니다. 일반적으로는 그 역할별로 속도, 스태미나, 기술 등 다양한 관점에서 필요한 소양(질)과 인원수(양)를 구체적으로 정의합니다.

왜 이렇게까지 할까요? '이길 확률을 1퍼센트라도 더 올리기 위해서'입니다.

여러분의 회사에서도 '경쟁에서 이기려면' 같은 것이 필요합니다. 즉, 프로 스포츠팀과 마찬가지로 구체적으로 필요한 사람의 양과 질을 '인재 포트폴리오'로 정해야 합니다.[1]

그렇다고 해도 사실 이 '인재 포트폴리오'에는 명확한 정의가 없습니다. 다양한 곳에서 '이것이 정답이다'라고 해서 조금 혼란이 있는 것처럼 보입니다.

이렇듯 넘쳐나는 정보를 정확히 정리하면 인재 포트폴리오는 대략 3가지 유형으로 분류할 수 있습니다.

① **개념형**: '개인·조직', '운용·창조' 등의 개념적인 축으로 인재를 구분한 것
② **개인의 상태 분류형**: '능력', '특성', '잠재력', '성과' 등 구체적인 사람의 성질·상태를 기반으로 해서 인재를 구분한 것
③ **전략 기점형**: 부문의 전략을 기초로 해서 '어떤 종류(유형)·수준

질문 01의 개요 도해

세 유형의 인재 포트폴리오

① 개념형

```
          창조
     XX인 │ XX인
개인 ─────┼───── 조직
     XX인 │ XX인
          운용
```

개념적인 축으로 인재를 구분한 것

② 개인의 상태 분류형

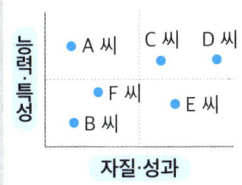

구체적인 사람의 성질·상태를 기초로 해서 인재를 구분한 것

추천

③ 전략 기점형

부문 A	기획	영업	…
6	XX명	XX명	…
수준 …			
2	XX명	XX명	
1	XX명	XX명	

➡ 필요한 사람의 양과 질을 정할 수 있다

'어떤 종류·수준의 인재'가 어느 정도 필요한지를 밝힌 것

인재 포트폴리오의 작성 순서

- **Step 1** 인재 포트폴리오의 중심축 설정
- **Step 2** 부문별 장래의 인재 총량 검토
- **Step 3** 부문별 장래 포트폴리오 검토
- **Step 4** 현재의 적용과 차이의 명확화

☑ 몇 명을 채용해서 보충할 것인가?
☑ 몇 명을 내부에서 육성할 것인가?

계획을 세우기 쉬워진다

⬆ 현재와의 차이를 가시화한다

2장 사람을 끌어들이는 '인재·조직의 비전'과 '인사 전략'을 작성하자

의 인재'가 어느 정도 필요한지를 밝힌 것

비즈니스에서도 프로 스포츠와 같은 '전략 기점형'이 효과적이다

지금까지 제 경험상 가장 효과적이고 제대로 운용할 수 있는 것은 ③ 전략 기점형입니다.

이는 앞에서 설명한 축구팀을 만드는 이미지와 같습니다. '부문의 전략·전술은 무엇인가?' → '이를 실현하는 역할(인재의 종류나 수준)은 어떤 것인가?' → '각 역할에는 어떤 소양이 필요한가?', '몇 명 정도 필요한가?'로 알기 쉽게 하는 작업입니다.

구체적으로는 다음의 4단계로 만듭니다.

[1단계] 인재 포트폴리오의 축과 운용 방법의 설정 (사람의 분류 축 결정)
[2단계] 부문별 장래의 인재 총량 검토 (전략 KPI에서 결정)
[3단계] 부문별 장래 포트폴리오 검토 (전략에서 사람의 질을 결정)
[4단계] 현재 인원의 포트폴리오 적용과 차이의 명확화

특히 3단계의 '장래'와 4단계 '현재'와의 차이를 가시화하는 것이 중요합니다. 예를 들면 '연구 개발 부문의 리더층은 앞으로 30명이 필요한데 현재는 10명뿐이다'라고 알면 몇 명을 채용해서 보충하고

몇 명을 내부에서 육성할 것인지 계획을 세우기 쉬워집니다.

이렇듯 인재 포트폴리오는 앞으로 필요한 사람의 양·질과 채용이나 육성의 필요성을 명확하게 할 수 있습니다. 특히 기업으로서의 방향성을 전환할 때는 효과적인 수단이 됩니다.

네덜란드의 금융기관인 ING 그룹은 2015년 사업을 대규모로 전환했습니다. 이때 인재 포트폴리오의 책정과 재검토도 시행했습니다. 앞으로의 전략에 필요한 지식이나 경험, 사고방식 등을 다시 정의하는 동시에 장래 포트폴리오를 책정해서 종업원 2,500명의 40퍼센트 이상을 이전과 다른 일에 재배치했습니다.[2]

'이런 극적인 변화에 종업원은 순응할 수 있었을까?'라고 생각할 수도 있습니다. 이 회사의 분석에 따르면 재배치 후 종업원의 관계성이 높아지고 생산성도 향상된 듯합니다. 사실 장래 포트폴리오는 고객에게 더욱 공헌하기 쉬운 이상적인 조직·팀 체제를 기반으로 책정되었습니다. 개개인이 공헌하고 있다고 느끼는 체감 향상이 이러한 성과를 가져온 하나의 원인이 되었다고 생각할 수 있습니다.

'③ 전략 기점형'의 인재 포트폴리오를 만드는 방법은 뒤쪽의 응용편(→ 81쪽)에서 구체적으로 설명하는데 작성에 시간과 노력이 드는 것도 사실입니다. 설명을 읽으면서 '끝까지 실천하기 어려워 보인다'라고 느낄지도 모릅니다. 그런 경우에는 먼저 주요 부문만 시행착오 삼아 해보거나 '개념적인 인재상'을 기점으로 다음 질문을 생각해도 문제없습니다. 일단 할 수 있는 것부터 진행해 보세요.

이 작업을 통해서 장래에 필요한 사람의 양이나 질을 알 수 있습니다. 그러나 필요한 사람의 양과 질이 갖춰졌다고 해도 그것만으로는 전략이 실현되지 않습니다. 개개인이 '바람직한 행동'을 해야 비로소 모든 일에 진전이 있습니다.

다음은 [질문 02]에 관하여 생각해 보겠습니다.

관련된 질문

질문 04 무엇을 당신 회사의 매력으로 설정할 것인가?
질문 05 어떤 메시지를 후보자에게 보낼 것인가?
질문 06 메시지를 후보자에게 어떻게 전할 것인가?
질문 07 어떤 수단으로 인재를 조달할 것인가?
질문 08 필요한 인재 스펙을 어떻게 정의할 것인가?
질문 09 어떤 사람의 정보를 어떻게 '가시화'할 것인가?

Q02 어떤 행동을 구현하게 하고 싶은가?
(어떤 조직 문화를 만들까?)

'판단', '자유', '지혜'의 관점에서 언어화한다

"사장님의 안건은 솔직히 촌스럽습니다."

2023년 7월 우리 회사에서는 새로운 회사명을 생각하기 위해 모든 사원이 모여서 논의했습니다. 거의 사장의 안건으로 기울어가는 분위기에서 3개월 차의 신입 여사원이 이런 말을 내뱉었습니다.

각 회사에는 전략이 있고 그 전략을 실현하기 위해서 인재가 '구현해야 하는 행동'이 있습니다. 새로운 시장을 개척해 나가는 전략이라면, 도전이나 속도에 중점을 두고 행동을 촉구해야 합니다. 한편 현재의 시장에 깊이 파고들어서 고객을 늘려 나가는 전략이라면 문제 분석과 고객 만족 개선을 위한 행동이 중요해집니다.

우리 회사처럼 컨설팅 회사라면 어떨까요. 이곳에서는 개개인의 '사고력'이나 '상대방에게 전달하는 힘'이 성과와 직결됩니다. 그러한 능력을 높이려면 '자신만의 생각'을 정리해서 그 생각을 다른 사람에게 전달할 기회를 최대한 늘리는 것이 중요합니다. 이런 의도로 특히 사내 미팅에서는 직위나 경험과 상관없이 자신의 생각을 내놓도록 요청했습니다.

이는 어떤 의미에서 「누가 말했는가」가 아니라 「무슨 말을 했는가」를 중시하는' 문화를 양성하는 것이 목적이었습니다. 또한 '논리만 중시하지 않고 감각적·감정적인 것도 소중히 하는' 문화도 만들려고 했습니다. 그래서 앞에서처럼 오히려 '분위기 파악 못한 발언'을 매우 반겼습니다.

조직 문화라는 것은 조직의 '성격'이나 '분위기'라고도 말할 수 있듯이 눈에 보이지 않는 것입니다. 그러나 개개인의 행동 원리나 사고방식에 큰 영향을 줍니다. 조직 문화의 효과[3]는 다음 3가지로 볼 수 있습니다.

① 판단의 근거 (이렇게 해야 한다)
② 자유 부여 (이것은 해도 된다)
③ 지혜로서의 활용 (이렇게 하면 성공한다)

이를테면 첫머리의 발언을 이 3가지에 적용해 보겠습니다.

질문 02의 개요 도해

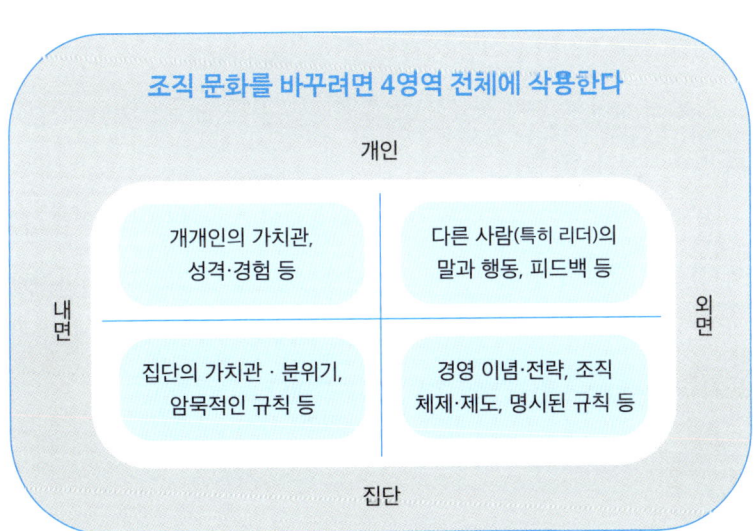

①에 관해서는 '감각적·감정적인 것을 소중히 한다'는 문화에 따라 '사장의 안건을 감각적·감정적으로 받아들일 수 있을 것인가'라고 생각해서 '촌스럽다'라는 판단에 이르렀다고 볼 수 있습니다. 어떻게 해야 할지 망설여질 때 조직 문화가 뿌리내려 있으면 조직으로서 바람직한 판단을 촉구할 수 있게 됩니다.

다음의 ②는 '무슨 말을 했는가'를 중시하는 문화에 따라서 '눈치를 안 보고 발언할 수 있는 권리'가 암묵적으로 부여되었다고 볼 수 있습니다. 조직으로서 '이렇게까지 해도 괜찮다', '이제부터는 상사의 판단이 필요하다'라는 경계가 보이므로 그 범주에서는 자유롭게 행동하기 쉬워집니다.

그리고 ③은 '이렇게 하면 성공한다'라는 유익한 지혜를 무의식적으로 활용할 수 있는 것입니다. 예를 들어 무슨 일이든 논리만으로 사람의 마음을 움직이기란 어려우며 정情의 측면도 고려해야 모든 일이 잘 진행된다는 것도 유익한 지혜라 할 수 있습니다.

이렇듯 자사의 조직 문화를 잘 활용하는 것은 전략을 실현하는 강력한 촉진제가 됩니다.

실제로 PwC PricewaterhouseCoopers가 실시한 2021년 국제적 조사[4]에 따르면 코로나 팬데믹에서도 변화에 잘 대응한 기업의 88퍼센트가 '조직 문화는 사내 변혁을 실현할 수 있게 한다', 81퍼센트가 '조직 문화는 경쟁 우위의 원천이 되었다'라고 대답했습니다.

밸류(행동 규범)를 정할 때의 3가지 시점

그럼 이상적인 '조직 문화'는 어떻게 정의해야 할까요? 이상적인 조직 문화를 언어화한 것을 **밸류(행동 규범)**라고도 합니다. 밸류에는 앞에서 설명한 전략 실현을 위한 것, 다시 말해 '강한 회사'가 되기 위한 것과 '좋은 회사'가 되기 위한 것이 있습니다.

후자는 예를 들면 '성실함', '공평성' 등입니다. 이러한 요소가 밸류에 포함되어 있어도 당연히 상관없지만 이 책에서는 전자, 즉 '강한 회사'가 되기 위한 밸류를 정하는 방법을 설명하겠습니다.

이는 앞서 설명한 조직 문화의 3가지 효과에서 소개한 시점을 활용할 수 있습니다. 기업의 사명과 전략을 실현하려고 '이렇게 해야 한다', '이렇게 해도 된다', '이렇게 하면 성공한다'의 시점에서 밸류를 정의해 봅시다.

이를테면 다음과 같이 적어서 정리하겠습니다.

① 이렇게 해야 한다: 무엇보다 속도를 중시한다, 망설여질수록 스스로 불안한 길을 선택한다 등
② 이것은 해도 된다: 상사의 명령이라도 전제가 수상하면 의심한다, 과잉 품질은 버리자 등
③ 이렇게 하면 성공한다: 고객의 의견을 먼저 듣는다, 팀원이 성과를 낼 수 있도록 행동한다 등

상반되는 것도 나올 텐데 그런 경우에는 어느 쪽을 중요시해야 할

지 결정하세요. 또한 현재 있는 인재의 특성과 동떨어진 밸류를 정해 버리면 '장식용 액자'로 끝나고 맙니다.

그런 경우에는 지금 있는 인재가 행동으로 옮기기 쉬운 표현이나 내용으로 조정하는 것도 좋을 것입니다. 예를 들면 '어떤 상황이라도 포기하지 않고 매달리는' 문화의 형성이 필요하다고 합시다. 그러나 현재 대부분의 인재가 패기가 적을 경우에는 '포기하기 전에 다시 한 번만 해 본다'라는 등의 표현으로 변경하는 방법도 있습니다.

여기에서 딱 하나 주의할 점이 있습니다. 밸류를 정하는 방법에 따라서는 부정이 발생하기 쉬워질 수 있습니다. 행동, 신속함, 속도처럼 밸류에 이러한 '성급한' 문구가 많이 나오는 회사는 윤리 위반 건수가 많다는 조사 결과[5]가 있습니다. 재촉이 계속될 때 '좋지 않은 판단'을 하고 마는 경험이 여러분에게도 있지 않나요?

그래서 지나칠 정도로 성급함에 치우치는 문구는 피하거나 [영역 6 (사람의 위험 요소 줄이기)] 파트에서 그 대응을 생각해야 합니다.

또한 밸류가 지금의 전략과 적합한지 정기적으로 재검토하는 것도 중요합니다.

예를 들어 2010년 무렵 비즈니스용 휴대전화는 블랙베리로 통했습니다. 당시 블랙베리사에서는 '보안'을 가장 중요한 밸류로 내걸었습니다. 스마트폰이 보급되는 중에도 그 밸류를 고집해서 편의성 개선이나 애플리케이션 등의 개발이 적극적으로 이루어지지 않았습니다. 그 결과 시장 점유율을 크게 잃어버리고 맙니다.[6]

조직 문화는 4가지 영역에 작용해서 실현한다

다음으로 밸류로 정한 조직 문화를 어떻게 실현할 것인가를 생각하겠습니다.

조직 문화라는 것은 여러 요소가 복잡하게 얽혀 있습니다. 이를테면 첫머리의 발언도 개인의 성격이나 리더의 말과 행동, 직장의 규칙 등 다양한 요소가 얽혀서 생깁니다. 이러한 복잡하고 다면적인 것을 파악하려면 '통합 이론 Integral theory'이 적합합니다.

'통합 이론'이란 미국의 현대 사상가 켄 윌버 Ken Wilber가 고안한 이론인데 모든 일을 통합적·포괄적으로 파악하기 위한 틀입니다. 유명한 '틸teal 조직'도 이 개념을 토대로 만들어졌습니다.

쉽게 말하자면 모든 일을 [개인-집단], [내면-외면]의 시점에서 4가지로 정리합니다. 조직 문화는 다음과 같이 정리할 수 있습니다 ([질문 02]의 개요 도해 참조).

[개인·내면] 개개인의 가치관·성격·경험 등
[개인·외면] 다른 사람(특히 리더)의 말과 행동··피드백 등
[집단·내면] 집단의 가치관·분위기·암묵적인 규칙 등
[집단·외면] 경영 이념·전략·조직 체제·제도·(명시된) 규칙 등

어떤 의미에서 [집단·외면]이 조직 문화 자체라고 할 수 있는데 다른 영역이 강하게 영향을 줍니다. 또한 조직 문화 자체도 개인의 가치관이나 말과 행동 등에 영향을 받습니다. 즉 어딘가의 영역에만 작

용하는 것만으로는 부족하며 조직 문화를 바꾸려면 4가지 영역 전체에 작용해야 합니다.

예를 들면 [개인·내면]으로는 채용 기준의 변경이나 경험의 부여, [개인·외면]으로는 리더 교육이나 커뮤니케이션 연수를 생각할 수 있습니다. [집단·내면]으로는 조직 체제와 인사 제도의 변경 등을 생각할 수 있습니다. 이처럼 이상적인 조직 문화를 실현하기 위해서 해야 할 일은 [영역 2 (사람의 조달)]~[영역 6 (사람의 위험 요소 줄이기)]의 대처법까지 여러 방면으로 나뉩니다.

이렇게 포괄적으로 대처해서 성공을 거둔 기업 사례가 건설 기계 시장 점유율 세계 2위를 자랑하는 코마츠 제작소 小松製作所입니다. 2012년부터 이 회사에서는 조직 문화의 조성과 관계성 향상에 관한 대처를 본격적으로 시작합니다. 먼저 예전부터 내걸었던 '코마츠웨이'라는 가치관·행동양식을 재편하여 13개 국어로 번역한 소책자로 정리하는 동시에 다음과 같은 활동을 실시했습니다.[7]

- 코마츠웨이를 기초로 하는 연수 체계 구축과 연수 프로그램 설계
- 사장이 일본 각지에 직접 가서 매니지먼트층의 방식 이해를 촉진
- 직장에서 정기적으로 세대 간 소통을 촉진하는 모임을 마련해 전승·정착을 촉진

이렇게 대처하기 전에는 몰입도 engagement survey 점수가 33점이었는데 이후에는 70점이 되었고 이직률도 33퍼센트나 감소했다는 결과가 나왔습니다.[8] 이처럼 조직 문화 실현에 필요한 사항을 포괄적으

로 정리해서 대응하면 조직 문화의 변혁이 가능해집니다.

조직 문화의 조성과 변혁을 위해서는 대처할 사항이 여러 방면으로 나뉩니다. 따라서 [영역 2 (사람의 조달)] 이후에서 개별적인 대처를 고려하기 전에 한번 정리해두면 좋습니다.

또한 개별 영역에 들어가기 전에 또 하나 생각해야 할 것이 있습니다. 대처의 '전체 방침'입니다. 이는 다음의 [질문 03]에서 생각하겠습니다.

참고로 앞에서 발언한 신입사원 이야기로 돌아가자면, 그녀가 대안으로 내놓은 Livir(루비어)라는 명칭이 최종적으로 새 회사명으로 채택되어 현재에 이릅니다. 라틴어 'Lumen(빛)'과 'Vir(사람)'을 합친 회사명 그대로 모든 '사람'에게 빛을 밝힐 수 있는 조직 문화를 키우고 있습니다.

관련된 질문

- **영역 2** (사람의 조달)의 모든 질문
- **영역 3** (사람의 육성)의 질문 08~09
- **영역 4** (사람의 활약)의 모든 질문
- **영역 5** (사람의 유지)의 질문 16~19
- **영역 6** (사람의 위험 요소 줄이기)의 모든 질문

Q 03 이상적인 사람·조직(문화)을 만들기 위해 무엇을 중시할 것인가?

일관성 있게 인재 매니지먼트 방침을 언어화한다

'이상하다? 지난번에는 이런 방향으로 이야기했을 텐데……'

제가 예전에 겪은 실패담인데 고객과 인사 전략이나 제도에 관해서 대화를 나누다가 여러 번 이런 혼란에 빠진 적이 있습니다. 원인을 확인해 보니 대부분이 '전체의 방침을 합의하지 않은 상태로 개별 건을 논의한' 점에 문제가 있었습니다.

어떤 회사에서 일하는 장소와 시간의 유연성에 관하여 검토했을 때 일어난 일을 예로 들어보겠습니다. 먼저 일하는 장소에 관하여 '원격 근무를 할 수 있는 부서만 적극적으로 인정할 것인가', '불공평하다고 느껴질 수 있으므로 전 직원이 일률적으로 대응할 것인가'를 논의했습니다. 그때는 '불공평하다고 느껴지지 않게 하고 싶다'라는 사장·임원의 방침으로 '전 직원이 일률적'으로 대응하게 되었습니다.

그 후에 일하는 시간에 관해서도 '유연 근무를 할 수 있는 직장만 적극적으로 인정할 것인가', '전 직원이 일률적으로 대응할 것인가'를 논의했습니다. 일하는 장소를 논의할 때는 '불공평하다고 느껴지지 않게 하는' 것이 중시되었기에 당연히 일하는 시간도 '전 직원이 일률적으로 대응'하는 방향일 것으로 생각했습니다. 그러나 사장·임원의 방침은 결론적으로 '가능한 부분은 자유롭게 하면 된다'는 것이었습니다.

물론 여러 가지 사정이 얽힌 판단이기는 하지만 대처법의 방향성에 일관성이 없으면 온갖 혼란이 일어날 수도 있습니다.

이러한 사태를 피하려면 인사 전략을 검토하기 위한 '전체의 방침'을 미리 확실하게 합의해야 합니다. 이와 같은 '전체의 방침'을 '인재 매니지먼트 방침'이라고 합니다. 이는 [영역 2 (사람의 조달)], [영역 3 (사람의 육성)], [영역 4 (사람의 활약)], [영역 5 (사람의 유지)]에 관한 대처법을 고려할 때 무엇을 중시할 것인지를 언어화한 것입니다.

딜레마를 의식하며 논의하고 확고히 한다

전체 방침이라고 해도 무엇을 어떻게 언어화할 것인지 상상하기 어려울 수 있습니다. 또한 방침이라고 해도 '공평성을 중시한다', '사람을 소중히 한다'와 같은 무난한 말만 늘어놓으면 별로 소용이 없습니다.

그럼 어떻게 해야 할까요? 절대적인 정답은 없으니 딜레마가 생길 듯한 포인트 12가지에 관하여 '무엇을 중시할 것인가', '무엇을 포기할 것인가'를 논의해서 정리해 봅니다. 구체적으로는 대립축 12가지를 나타낸 표([질문 03]의 개요 도해 참조)를 사용해서 자사의 방침을 정리하는 것입니다.

이러한 '아슬아슬한 포인트'를 사전에 경영진이 합의해 놓으면 판을 뒤엎는 일을 방지할 수 있습니다. 또한 '절대적인 정답'이 없는 주제이기 때문에 심오하게 논의해볼 수 있어서 각 경영진의 생각을 확실히 알 수 있습니다.

사람의 조달이나 육성을 어떤 방침으로 시행할 것인가

먼저 사람을 조달할 때는 애초에 직접 고용할 것인지, 외부에 위탁(업무 위탁 등)할 것인지를 생각합니다.

현재 대부분의 기업에서 업무를 위탁하는 비율은 조사 결과[9]에 따르면 10~20퍼센트라고 합니다. 그러나 '이상적인 미래'로서 업무 위탁 비율은 20~30퍼센트이며 업무 위탁도 효과적인 선택지가 되었음을 알 수 있습니다.

업무 위탁을 주로 고려하는 직종으로는 엔지니어나 사업 기획, 마

질문 03의 개요 도해

인재 매니지먼트 방침 대립축 12가지

구분	좌측	우측
사람의 조달	직접 고용을 중심으로 한다	외부에 적극적으로 위탁한다
사람의 조달	장기적인 관계성과 육성을 지향한다	단기적인 관계성과 활용을 지향한다
사람의 육성	전문성·능력의 넓이를 중시한다	전문성·능력의 깊이를 중시한다
사람의 육성	조직 주체의 육성을 중시한다	개인 주체의 육성을 중시한다
사람의 활약	적재적소를 중시한다	적소적재를 중시한다
사람의 활약	조직 주체의 이동을 중시한다	개인 주체의 경력 형성을 중시한다
사람의 활약	능력·행동을 중시한다	결과·성과를 중시한다
사람의 활약	안정적인 보수 지급을 중시한다	탄력적인 보수 지급을 중시한다
사람의 유지	비금전 보수로 마음을 끈다	금전 보수로 마음을 끈다
사람의 유지	업무 방식의 공평성을 중시한다	업무 방식의 개별성과 유연성을 중시한다
사람의 유지	사람의 유지를 중시한다	사람을 적극적으로 외부에 내보낸다
사람의 유지	한 번 고용한 사람은 오랫동안 보살핀다	활약이 어려운 사람은 부득이 엄격하게 대응한다

2장 사람을 끌어들이는 '인재·조직의 비전'과 '인사 전략'을 작성하자

케팅, 전문직 등 다양합니다(그림 2-2).

다음으로 사람을 육성할 때 흔히 하는 논의인데 '전문성의 넓이와 깊이 중 어느 쪽을 선택할 것인가'를 미리 결정해 봅니다. 구체적으로는 '사업', '지역', '직능·직종(영업, 연구 등)'의 축에 대하여 여러 가지를 경험하게 할 것인지, 특정 영역에서 육성할 것인지를 생각합니다.

예를 들어 야마토 운수에서는 입사하면 처음 3년 동안 영업소, 물류 거점, 관리 지점 등 다양한 직종·지역의 시점에서 현장을 경험하는 로테이션을 시행합니다. 이는 '고객과 가장 가까운 환경에서 어떤 고민이 있는지 이해하고 서비스 개선과 지역 공헌에 도움이 되는 힌

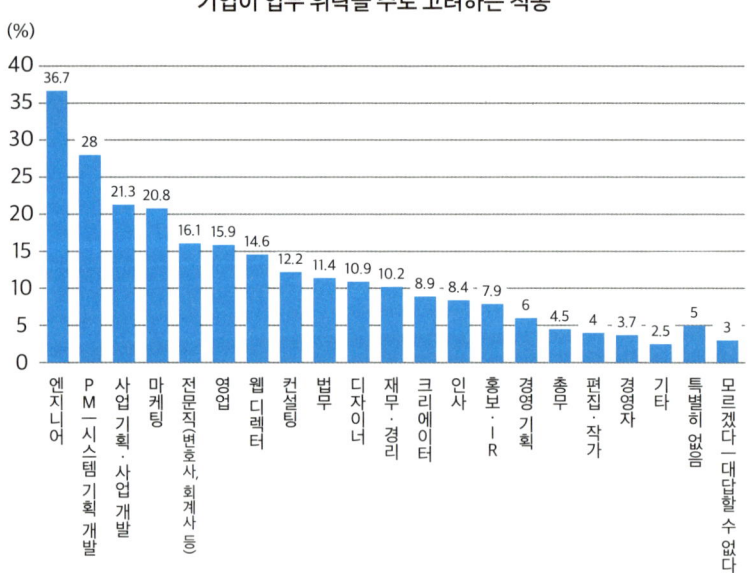

그림 2-2 기업의 업무 위탁 이용에 관한 실천 조사 (2022)

기업이 업무 위탁을 주로 고려하는 직종

트를 얻게 하고 싶기' 때문입니다.[10]

　한 지역에 국한하지 않은 경험은 인재 육성에 효과적이지만, '전근하고 싶지 않다'고 생각하는 인재도 세상에는 50퍼센트 가까이 존재합니다[11]. 따라서 개인의 사정(마음)과 회사 방침의 균형을 잡는 방법을 모색하는 것이 중요합니다. 최근에는 미쓰비시UFJ은행이 이사까지 하며 이동한 사원에게 월 3만 엔을 지급하는 것이 뉴스[12]에 나왔는데 금전적으로 보충하는 방법도 선택지가 될 것입니다.

사람의 활약이나 유지를 어떤 방침으로 시행할 것인가

　사람의 활약에서는 '적재적소'와 '적소적재' 중 어느 쪽을 선택하느냐가 중요합니다. 즉 '그 사람의 능력에 알맞은 직무를 만들 것인가', '조직·직무를 만들어서 그곳에 사람을 채워 넣을 것인가'를 결정해야 합니다. 전자는 '직능주의(사람 주체)', 후자는 '직무주의(직업 주체)'의 사고방식입니다.

　특히 관리직의 처우에서 두 사고방식의 차이를 잘 알 수 있습니다.

　생각해 보세요. 당신의 회사에서 과장으로서 능력이 충분한 인물이 있는데 지금의 조직에서는 과장 자리가 가득 찼다면 어떻게 하겠습니까?

　직능주의에서는 과장으로 승진시켜서 어떠한 일을 줍니다. 직무주의에서는 자리가 없으므로 과장이 될 수 없습니다.

　직능주의는 사람의 성장을 촉진하고 동기 부여를 유지하는 데 적합하지만 인건비가 쉽게 증가합니다. 이와 반대로 직무주의는 인건비를 관리하기 쉽지만 자리가 꽉 차면 장기적으로 동기 부여를 유지하기가 어렵습니다.

일본의 경우 2022년 현재 관리직에서 직무주의의 등급 제도를 도입한 기업은 15.8퍼센트이며 2017년에 비해 세 배 정도 늘어났습니다.[13] 이른바 '직업형 인사' 도입의 유행이 원인인데 직능주의·직무주의의 선택은 인재 매니지먼트의 구조 전체에 큰 영향을 미칩니다. 각각의 특성을 근거로 해서 신중하게 선택해야 합니다.

사람의 유지에 관하여 '사람을 잡아두기 위한 대처'는 수많은 회사에서 열정적으로 시행할 것입니다. 한편 '사람을 조직이나 회사 밖으로 내보내는' 것에 관해서는 눈 가리듯 외면해 오지 않았나요? 하지만 '사람을 밖으로 내보내는' 일이 절대로 부정적이기만 한 것은 아닙니다.

예를 들면 맥킨지McKinsey & Company사에서는 사람을 적극적으로 외부에 내보냅니다. 이 회사를 퇴직한 졸업생은 '맥킨지 마피아[14]'라고 하기도 하는데 회사의 고위층이나 기업가를 많이 배출했습니다. DeNA의 난바 도모코南場智子 회장이나 오이시쿠스 라 다이치의 다카시마 고헤이高島宏平 사장이 유명합니다. 이러한 실적 덕분에 '이 회사에 들어가면 압도적으로 능력이 오른다'라는 이미지가 떠올라서 훌륭한 인재 확보에 한몫 단단히 합니다. 또한 곳곳에서 활약하는 졸업생이 이 회사에 프로젝트를 가져다주는 효과도 있습니다.

채용이나 고용 형태가 크게 변화하는 현재 상황에서는 이처럼 '인재 배출 사이클을 만드는' 것도 하나의 방향성으로 검토해야 하는 요소입니다.

한편 부정적인 측면도 두려워하지 말고 잘 생각해 보세요. 아무리 해도 실적이 오르지 않거나 조직에 맞지 않는 사람에게 어떻게 대응할 것인가. 지금까지는 모호하게 대응했을지 모르지만 이러한 상태를 계속 방치하면 본인이나 회사도 불행한 일입니다.

미국의 넷플릭스Netflix사를 예로 들겠습니다. 여기서는 매니저가 '키퍼 테스트'라는 것을 사용해서 부하 직원을 일일이 평가합니다. 이는 '부하 직원이 다른 회사의 비슷한 직책으로 이직을 고려한다면 붙잡으려고 노력할 것인가?'를 묻는 테스트입니다. '붙잡을 필요가 없다'라고 판단한 사원에게는 충분한 퇴직금을 제시합니다. 그리고 더 적합한 인재를 찾아내서 팀을 한층 더 강화합니다.[15]

하지만 이러한 결정이나 통지를 갑자기 하는 것은 아닙니다. 평소에도 당연히 솔직한 피드백과 상호 인식을 공유합니다.

당연히 일본의 법률상 퇴직을 강요하는 듯한 대응은 위험이 커서 전부 도입하기란 어렵습니다. 그러나 본인에게 제대로 솔직하게 피드백하거나 적절히 낮게 평가해서 개선을 촉구하는 등 '(감정적으로는) 하고 싶지 않지만 할 수 있는 일'이 많을 것입니다. 어떻게, 어디까지 대응할지 회사로서 결정해 놓아야 합니다.

정해진 방침을 넓은 시야로 바라본다

지금까지 '전체 방침' 안에서 중요한 내용을 설명했습니다.

눈치를 챈 분도 있을 텐데 [질문 03]의 개요 도해(75쪽 참조)에서 소개한 대립축의 왼쪽이 지금까지의 일본 기업에 가까운 이미지입니다. 어떤 의미에서 친절이 넘치는 매니지먼트라고 할 수 있겠네요.

한편 오른쪽이 서구권 기업에 가까운 이미지입니다. 엄격함과 자율성을 중시한 매니지먼트라고 할 수 있습니다.

이러한 인재 매니지먼트 방침을 확실히 해서 관계자끼리 합의해 놓으세요. 그렇게 하면 서두에서 언급한 혼란을 피할 수 있는 동시에 대처 간에 일관성이 생겨서 효과가 높아집니다. 요리시 식재료나 향신료의 양을 적절하게 조절하면 음식이 매우 맛있어지는 것처럼 말입니다. 사람의 조달 → 육성 → 활약 → 유지의 사이클이 잘 돌아갈 때 비전·전략을 실현할 수 있습니다.

여기까지의 [질문 01~03]을 정리하면 '사람·조직의 비전'이 완성됩니다. 다음 영역 이후에서는 이 '사람·조직의 비전'을 실현하기 위한 인사 전략을 만듭니다. 먼저 [영역 2 (사람의 조달)]에 관하여 생각해 보겠습니다.

관련된 질문

- 질문 09 어떤 사람의 정보를 어떻게 '가시화'할 것인가?
- 질문 20 기업의 신진대사를 어떻게 촉진할 것인가?
- 영역 2 (사람의 조달) ~ 영역 5 (사람의 유지)의 모든 질문

'전략 기점형' 인재 포트폴리오 작성 방법

1단계 인재 포트폴리오의 중심축 설정 (틀 작성)

1단계에서는 인재를 분류하는 축을 설정합니다. 다양한 방법이 있는데 표 세로 항목에 '인재의 수준(높이)', 가로 항목에 '인재 유형(종류)'의 축을 설정하는 형태를 추천합니다.

여기에서 핵심은 계속 운용할 수 있는 축을 만드는 것입니다. 인재 포트폴리오는 한번 만들면 끝이 아니라 장래의 모습이나 현재 상황도 정기적으로 재검토해서 동적인 것으로 만들어야 바람직하기 때문입니다.

세로축 '인재 수준'은 여러분의 회사에서 현재 사용하는 '부장', '과장 대리' 등의 등급 단계를 그대로 사용하면 됩니다. 등급 단계가 너무 많은 경우에는 크게 묶으면(이를테면 부장 등급, 과장 등급, 주임 등급, 부원 등급 등) 운용하기 쉬워집니다.

　가로축 '인재 유형(종류)'은 '직종'이나 '부서(부문 바로 밑의 조직명)'를 설정하면 좋습니다.

　이렇게 하면 인재 포트폴리오의 '틀'이 완성됩니다.

2단계 부문별 장래의 인재 총량 검토

　다음 단계에서는 '구상하는 전략이 그대로 실현된 경우 각 부문의 인재 총량이 어느 정도 필요한가'를 생각합니다. 그때 그 부문의 '인원 영향 지표'와 '인적 생산성 지표'가 중요한 역할을 합니다.

　영업 부문을 예로 들어 설명해 보겠습니다. 먼저 영업 부문의 인원수에 가장 영향을 주는 지표는 무엇일까요? '무엇이 늘어나면 영업사원을 늘려야 할까요?'라고 바꿔 말할 수 있습니다.

　맞습니다. 매출액입니다. 이것이 일반적인 '인원 영향 지표'입니다. 업종에 따라 판매 건수 등이 더 적합한 경우도 있을 것입니다.

　이 지표를 인원수로 나누면 한 사람당 '인적 생산성 지표'(영업사원 1인당 매출)가 나옵니다. 이 2가지로 장래의 총인원을 예측합니다.

- 인원 영향 지표: 부문 전략을 실현했을 때(3년 후 등) 어느 정도가

되었는가?

(예: 매출 10억 엔이 목표)

- 인적 생산성 지표: 예전의 추이나 부문 전략, 기타 요인(디지털화, 외부 위탁화 등)을 근거로 했을 때 어느 정도가 되었는가(되고 싶은가)?

(예: 영업사원 한 사람당 매출이 현재로는 3천만 엔이지만 5천만 엔에 도달하고 싶다)

이 경우 3~5년 후의 총인원은 10억 엔÷5천만 엔=20명이 나옵니다. '인원 영향 지표'를 판매 건수로 바꿔보거나 목표치를 바꾸는 등 여러 가지 시나리오로 검증하면 정확도가 더욱 높아집니다.

3단계 부문별 장래 포트폴리오 검토

부문의 총인원을 알면 다음으로 그것을 '인재 유형(종류)', '인재 수준'으로 나눕니다.

먼저 '인재 유형(종류)'을 검토합니다. 예를 들어 앞으로의 전략을 근거로 하면 회사 전체에 기획직, 사무직, 영업직, 연구직 인재가 필요한데 그중에서 영업 부문에는 기획직, 영업직이 필요하다고 합시다.

일단 영업 부문은 두 직종의 인원 비율이 현재 어느 정도인지 계산해 보세요. 그런 다음 예선의 추이와 부문 전략, 기타 요인(디지털화, 외부 위탁 등)을 근거로 해서 3년 후의 비율을 추정합니다. 현재는 기

획:영업이 2:8이라고 해도 앞으로 DX^(Digital Transformation)나 외부 위탁으로 영업직 인원수가 줄어들 것을 가정하면 3:7이나 4:6으로 하는 방법도 생각할 수 있습니다.

다음에는 '인재 수준'별 비율을 고려합니다.

예를 들어 세로축을 '지사장 수준', '지점장 수준', '리더 수준', '부원 수준'으로 설정했다고 합시다. 이쪽에서도 먼저 현재의 인원 비율을 파악한 후 부문 전략과 기타 요인도 고려하여 장래의 비율을 설정합니다.

이에 더해서 '관리 범위'도 고려해야 합니다. 관리 범위란 관리직 한 명이 매니지먼트(관리)하는 부하 직원 수입니다. 업무의 복잡성이나 성질에 따라 다르겠지만 대략 6~10명 정도[16]가 표준입니다. 이 관리 범위의 관점에서도 적정한지 확인하여 인재 수준별 비율을 설정합니다. 현재 지사장 한 명이 리더 세 명을 관리한다고 가정한다면 지사장 수준의 인원수를 조금 줄여도 괜찮습니다.

총인원에서 인재 종류의 비율과 인재 수준의 비율을 사용하면 각각의 단위별 인원수를 계산할 수 있습니다. 하지만 숫자 계산(이론)뿐만 아니라 감각적으로 검증하는 방법도 추천합니다. 숫자에서 위화감이 느껴지지 않는지, 부문 운영이 잘 돌아갈 듯한지 상상해 보고 수치를 다각적으로 검증하는 것도 중요합니다. 의외로 이러한 인간적인 작업에서 숫자만으로는 보이지 않는 것을 찾을 수 있습니다. 이런 방법으로 '장래의 인원수'를 명확히 합니다.

4단계 현재의 적용과 차이의 명확화

마지막으로 '현재의 인원수'도 인재 포트폴리오에 적용해서 정리합니다. 이는 인사 데이터를 활용하면 즉시 할 수 있습니다. 이 '현재의 인원수'와 3단계까지 책정한 '장래의 인원수'를 비교해서 그 차이를 보면 '양적'으로 과부족을 알 수 있습니다.

덧붙여서 '질적'인 차이도 확인해 보세요.

3단계에서 인재 유형·수준별 필요 인원수를 검토했는데 아울러 장래에 그 인재 유형·수준에는 어떤 소양이 필요할 것인지 생각해 봅시다. 이를테면 영업직 리더의 수준은 '장래의 부문 전략을 실현하려면 어떤 지식·기술·경험이 필요한가(어떤 수준의 소양이 필요한가)?'를 생각해 봅니다.

현재 요구하는 소양으로는 부족한 것, 또는 불필요해지는 것이 있지 않나요?

현재 상태에서는 착실하게 거래처를 도는 근성과 행동력을 요구한다고 합시다. 그러나 앞으로의 영업 전략에서는 디지털 도구와 데이터를 활용한 온라인 영업이 전략의 핵심이 될 것으로 예상된다고 해보세요. 그렇게 되면 근성과 체력보다 시스템이나 데이터를 활용하는 능력을 강력하게 바랄 것입니다.

이렇게 해서 '질적'인 변화를 분명히 하면 채용 기준이나 육성 방법을 개선할 수 있습니다.

작성한 인재 포드폴리오의 '현재 상태'는 최대한 해마다 갱신해서 진척 상황이나 차이의 상태를 확인하세요. 또한 '장래의 모습'도 부문 전략이 변경됐을 때 갱신해야 합니다. 이러한 갱신 작업을 통해서 늘 신선하고 효과적인 수단을 생각할 수 있습니다.

영역 1 인적 자본 경영 실천도 진단

	질문 01 전략을 실현하려면 어떤 인재가 필요한가?	질문 02 어떤 행동을 구현하게 하고 싶은가?(어떤 조직 문화를 만들 것인가?)	질문 03 이상적인 사람·조직(문화)을 만들기 위해 무엇을 중시할 것인가?
5단계	기업의 사명이나 경영 전략을 실현하기 위하여 필요한 인재 포트폴리오 등이 외부 자원 활용도 포함해서 책정되어 있다. 게다가 시장이나 환경의 변화를 확인해서 재검토(수정)를 적절히 시행한다	기업의 사명이나 경영 전략을 실현하기 위한 이상적인 조직 문화가 명문화되어 있으며 그 문화를 실현하기 위해서 대처한다	인재 매니지먼트 방침이 책정·인지되어 있으며 모든 구조가 방침과 꼭 들어맞는다 (스토리가 통한다)
4단계	기업의 사명이나 경영 전략을 실현하는 데 필요한 인재 포트폴리오가 책정되어 있다	기업의 사명이나 경영 전략을 실현하기 위한 매력적인 조직 문화의 모습이 명문화되어 있으며 포괄적이고 체계적인 문화 양성 시스템이 갖춰져 있다	인재 매니지먼트 방침이 책정되어 있을 뿐만 아니라 매니지먼트층이 공통으로 인식해서 판단 기반으로 삼는다
3단계	기업의 사명이나 경영 전략과 연동한 바람직한 인재상이 책정되어 있다	기업의 사명이나 경영 전략을 실현하기 위한 이상적인 조직 문화가 명문화되어 있다	인재상·인재 포트폴리오나 조직 문화를 실현하기 위한 인재 매니지먼트 방침이 구체적으로 책정되어 있다
2단계	바람직한 인재상은 책정되어 있으나 기업의 사명이나 경영 전략과 연동된 것은 아니다	이상적인 조직 문화는 명문화되어 있으나 기업의 사명이나 경영 전략을 실현하기 위해서라고 단언할 수 없다 (스토리가 이어지지 않는다)	사람·조직의 대처 방향성(인재 매니지먼트 방침)은 부분별로 명확하다
1단계	바람직한 인재상이나 인재 포트폴리오 등도 책정하지 않았다	이상적인 조직 문화가 명문화되어 있지 않다	사람·조직의 대처 방향성(인재 매니지먼트 방침)이 책정되어 있지 않다

영역 2

사람을 어떻게 조달할 것인가?

Q04 무엇을 당신 회사의 매력으로 설정할 것인가?

입사할 때 인재와 약속할 수 있는 일을 정리한다

여러분은 앞으로 펼쳐질 인생에서 '하늘에서 떨어진 운석에 맞을 가능성'이 있어 보이나요? 대부분은 '아니오, 그럴 가능성이 없습니다!'라고 할 것입니다. 그럴 만한 것이 운석이 사람과 충돌할 확률은 160만 분의 1이기 때문입니다.[17] 그렇다면 구직을 희망하는 사람이 여러분의 회사를 선택할 확률은 얼마일까요?

'가능성이 크다(낮지 않다)!'라고 생각할 수도 있습니다. 하지만 일본에는 수많은 회사가 있으며 그 수는 약 178만 개에 달합니다.[18] 즉 한 인재가 당신의 회사를 알고 입사하려면 그 인재의 '178만 분의 1'로 선택되어야 합니다.

질문 04의 개요 도해

'인재에 대한 약속' 6가지 (카테고리)

① 일

② 경력

③ 보수

④ 사람

⑤ 환경

⑥ 회사

이를 참고해 필요한 인재의 마음을 움직이는 가치를 정리

정리 방법 3가지

① 톱다운 방식으로 생각한다

경영진 — ××××인가?
　　　　 ××××도 있지 않을까요?
　　　　 ××××도 괜찮네 — 인사

② 인터뷰에서 골라낸다

종업원
- ☑ 무엇에 매력을 느껴서 입사했습니까?
- ☑ 입사해 보고 실제로 어떻게 느꼈습니까?

③ 페르소나를 만든다

가공의 A 씨 프로필
- 남성 · 35세
- 엔지니어

A 씨가 매력을 느낄 만한 포인트
- ××××
- ××××
- ××××

이러한 천문학적인 확률을 조금이라도 더 올려서 훌륭한 인재를 확보하려면 회사를 널리 어필해야 합니다. 그 첫걸음으로 먼저 당신 회사의 매력을 정리하세요.

채용 후보자가 '당신의 회사에 입사하면 어떤 좋은 일이 있습니까?'라고 물어보면 당신은 자신감을 갖고 대답할 수 있나요?

가능하면 '우리 회사에 입사하면 ○○ 할 수 있습니다', '○○라고 약속할 수 있습니다'라고 당당하게 말하고 싶을 것입니다.

이러한 인재에 대한 약속을 'EVP Employee Value Proposition(직원 가치 제안)'이라고 합니다. 직역하면 '사원에게 제공할 것을 약속하는 「가치」'라는 뜻입니다. 당신 회사의 매력을 EVP로 정리해 보세요.

'인재에 대한 약속' 6가지

EVP를 정리하기 위한 프레임은 다양한 회사에서 제시하는데 대체로 다음의 6요소로 정리할 수 있습니다.

① 일: 일의 내용이나 목적, 재량이나 권한, 보람이나 성취감 등
② 경력: 경력 형성 기회와 성장, 교육·연수, 지원 시스템 등
③ 보수: 급여, 상여, 복리후생, 인센티브 등
④ 사람: 상사의 지원, 적절한 평가, 동료와의 협력관계 등
⑤ 환경: 업무 방식의 유연성, 워크 라이프 밸런스, 인원·자원 확충, 다양성 존중, 조직 문화 등

⑥ 회사: 회사의 비전, 사회에 대한 공헌이나 영향도, 회사의 안전성, 리더의 매력 등

'여러분의 회사에 필요한 인재'의 마음에 꽂힐 만한 EVP를 정리하는 것이 중요합니다.

일례를 소개하겠습니다. 100여 년 전 런던 타임스에 실린 '남극 탐험대'의 모집 광고[19]입니다. '세계에서 가장 위대한 구인 광고[20]'라고 평가받는 광고 문장은 딱 세 줄입니다.

> 남자 구함.
> 힘든 여행. 매우 적은 보수. 혹독한 추위. 암흑이 이어지는 나날. 끊임없는 위험. 생환은 보장 못함. 그러나 성공 시 명예와 인정을 얻는다.
> (원문, MEN WANTED for hazardous journey, small wages, bitter cold, long months of complete darkness, constant danger. Safe return doubtful, honor and recognition in event of success. – 옮긴이)

이 광고를 보고 5천 명이 넘는 사람이 모였고 그중에는 15세 소년도 있었다고 합니다. 물론 카피라이팅이 좋은 점도 있습니다. 그러나 '돈이나 쾌적한 환경이 아니라 명예를 위해서 가혹한 환경이더라도 투지를 불태우는 사람'의 마음에 꽂히는 EVP를 제시한 점이 이 구인 광고의 성공 요인일 것입니다.

EVP를 작성할 때는 2가지 방법으로 정리한다

EVP를 밝혀내는 방법에는 '① 톱다운 방식으로 생각한다', '② 인터뷰에서 골라낸다', '③ 페르소나를 만든다'가 있습니다. 여기에서는 ①과 ②에 관하여 자세히 설명하겠습니다.

① 톱다운 방식으로 생각한다

이는 '무엇을 매력으로 약속할 수 있는가'를 경영이나 인사 쪽에서 논의해서 정리하는 방법입니다. 이 방법은 시간과 수고가 들지 않는 점과 '경영으로서의 의지'를 이끌어 낼 수 있다는 장점이 있습니다. EVP의 정리는 지금 상태를 생각하는 것보다 '앞으로 이렇게 하고 싶다'라는 의지를 갖는 것이 더욱 중요합니다.

이를테면 '잘 생각해보니 지금까지 회사의 비전이 명확하지 않았다. 앞으로는 비전을 확실히 제시해서 신뢰할 수 있는 회사로 만들고 싶다'라고 경영진이 느끼기만 해도 하나의 성과라고 할 수 있습니다. 하지만 이 방법만으로는 사원의 생각과 괴리가 나타날 수 있으므로 다른 방법과 조합하는 것을 추천합니다.

② 인터뷰에서 골라낸다

사원에게 '어떤 점에 매력을 느껴서 이 회사에 들어왔는가', '들어와 보니 실제로 어땠는가'를 실제로 물어보는 것도 좋습니다. 경영진이나 인사 부서가 생각하는 '매력'과 실제 사원이 느끼는 포인트에 차이가 있을 수 있습니다.

사장이 '우리 회사의 매력은 일하는 보람이 있다는 점이다'라고 생각해도 현장에서는 '그냥 힘들고 괴로울 뿐'이라고 느끼기도 합니다.

또한 이러한 '경영진과 현장의 차이'뿐만 아니라 '겉으로 보이는 매력과 실제와의 차이'도 분명히 하세요. '열심히 노력하면 20대에 부장이 될 수 있는 회사'라고 대외적으로 제시해도 실제로는 '입사해서 현실을 보니 그럴 기회가 거의 없어서 실망했다'라는 의견이 있을 수 있습니다.

이러한 '현실 충격 Reality Shock'은 새로운 사회인의 76.6퍼센트가 경험했으며 주로 보수 면이나 승진 속도, 업무 재량이나 성취감이 가장 크게 느끼는 차이점으로 거론됩니다. 이렇게 해서 부정적인 감정을 느낀 인재는 '성장 체감'과 '일의 즐거움'이 떨어져 이직률도 두 배 정도 높다는 조사 결과도 있습니다.

구체적으로는 현실 충격이 낮은 사람과 높은 사람을 비교해보면 입사 3년 차의 회사 만족도가 각각 73퍼센트와 12.2퍼센트라는 큰 차이를 보였습니다.[21] 그런 사태에 빠지지 않기 위해서라도 이러한 인터뷰에서 진정한 회사상을 분명히 하고 차이를 메우는 작업이 필요합니다.

여기까지 EVP를 정리하는 방법 2가지를 설명했습니다.

'앞으로 이렇게 하고 싶다(이렇게 할 확실한 예정이 있다)'라는 EVP는 '인재에 대한 약속'으로 사용하는 것은 상관없습니다. 그러나 그럴 예정이 없거나 현실과 완전히 동떨어졌는데 이를 제시하는 것은 현실 충격을 방지하기 위해서라도 피하는 편이 좋습니다.

또한 인사 전략 파트에서 처음에 이 질문에 대답하는 것도 의미가 있습니다.

여기서 정리한 EVP는 이를 '영역 3' 이후에서 어떻게 실현할 것인지 생각할 수 있기 때문입니다.

이를테면 '지금의 실태는 순조롭게 승진할 수 있는 여건이 아니지만 앞으로는 그런 회사로 만들어서 매력을 어필하고 싶다'라고 결정했다고 합시다. 그런 경우에는 [질문 17 (개개인의 퍼포먼스를 어떻게 평가할 것인가?)]에서 그 현실 방법을 생각할 수 있습니다. 평가 제도나 승진 구조를 바꾸는 등 해야 할 일이 다양하게 나올 것입니다.

이렇게 해서 정리한 EVP를 되돌아봤을 때 '좋은 방법이 그다지 없다', '그때까지 사람들의 마음을 사로잡을 수 있을까?'라고 느낄 수도 있겠지만 안심하세요. 매력을 더욱 높이는 방법을 [질문 05]에서 설명하겠습니다.

관련된 질문

- 영역 3 (사람의 육성)의 모든 질문
- 영역 4 (사람의 활약)의 질문 12~13 및 15
- 영역 5 (사람의 유지)의 모든 질문
- 영역 6 (사람의 위험 요소 줄이기)의 모든 질문

Q 05 어떤 메시지를 후보자에게 보낼 것인가?

'브랜드 가치 4가지'를 연마해서 메시지를 만든다

[질문 04]에서 정리한 EVP를 좀 더 매력적으로 전달하기 위해서 마케팅 사고법을 채용에 도입해 봅시다. 상품이나 서비스를 고객에게 알려서 '갖고 싶다'라고 느끼게 한다. 이는 마케팅의 특기 분야입니다.

당신 회사의 매력을 높이려면 마케팅의 세계적 권위자인 데이비드 아커 David A. Aaker의 '베너핏 분류 4가지[22]'라는 프레임워크가 유용합니다. 베너핏(가치) 4가지란 기능적 가치, 정서적 가치, 사회적 가치, 자아실현 가치를 말합니다. 여기서 아이폰을 소재로 해서 이 가치들을 설명하겠습니다.

✷ 아이폰이 갖고 있는 4가지 가치

- 기능적 가치: 좋은 조작성, 고성능 카메라 등
- 정서적 가치: 아름다운 디자인, 아이폰 사용자라는 만족감 등
- 사회적 가치: 선진 기업인 애플의 제품을 쓴다는 사회적 지위 등
- 자아실현 가치: 창조적인 어플리케이션을 활용하여 표현 활동을 할 수 있다 등

가치 소구력이 최근 들어 조금 떨어졌다고 해도 처음 아이폰이 발매된 2007년 당시에는 사용자의 압도적인 지지를 얻었습니다. 다른 회사의 휴대전화와 달리 이러한 가치들을 제공했기 때문입니다. 당시 다른 휴대전화들은 화면 크기나 좋은 음질 등 기능적인 면으로만 차별을 두려고 한 결과 죄다 비슷비슷해져서 특별한 상품으로 선택받지 못했습니다.

이와 마찬가지로 '당신 회사의 매력 어필'도 기능적인 면으로만 차별화하려고 하면 안 됩니다. 회사가 가진 매력의 '기능적인 면'이란 높은 급여나 연수의 충족도와 같은 '소속되면 얻을 수 있는 직접적인 이익'을 의미합니다. 다른 회사에 묻히지 않으려면 기능적인 면에 더하여 **정서적 가치, 사회적 가치, 자아실현 가치까지 파고들 수 있는 매력을 정리하세요.**

질문 05의 개요 도해

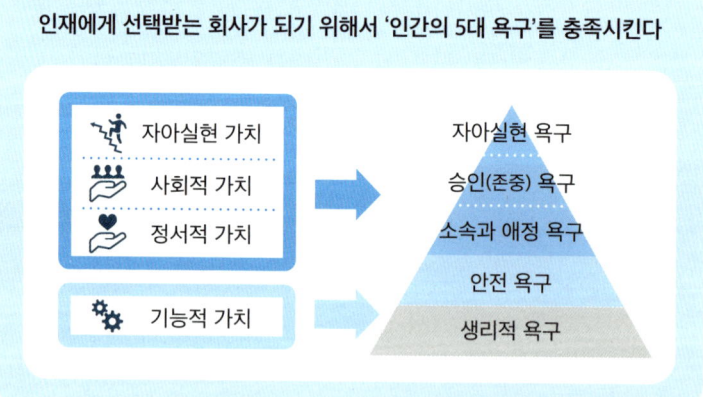

선택받으려면 '인간의 5대 욕구'를 충족시켜야 한다

당연히 기능적 가치도 '일본에서 급여가 가장 높다', '일본에서 교육·연수가 가장 잘 갖춰졌다' 등 뛰어난 매력이 있으면 그걸로 충분합니다. 하지만 그렇지 않으면 그 가치만으로 선택받기는 어렵습니다. 또한 기능적인 면을 갖추려면 비용도 들어갑니다.

한편 '정서적 가치'는 기업 규모와 상관없이 나타낼 수 있습니다.

예를 들면 '교육이 알차다'라는 기능적 가치에 '친절하고 안심할 수 있게 지원해준다'라는 정서적인 가치를 추가해 보세요. 매력을 더욱 감각적으로 어필할 수 있습니다.

'사회적 가치'로 사람의 마음을 끌려고 하면 당신 회사의 사명이나 활동, 또는 경영자의 매력이 평가받게 됩니다. '기업의 높은 사회 공헌도가 취업 지망에 영향을 줬다'라고 대답한 취업 준비생이 65퍼센트에 달한다는 조사 결과도 있습니다.[23] '사회에 좋은 영향을 주는 멋진 집단의 일원이 되고 싶다'라고 사람들이 느낄 것인가? 결국 당신 회사의 사명이 무엇이고 이를 실현하기 위해서 실제로 어떤 활동을 하느냐가 모든 것을 좌우합니다.

마지막의 '자아실현 가치'는 '교육'을 예로 들어 말하자면 '당신 인생의 「이상형」을 지지하는 경력 형성 구조' 등의 가치를 더하는 것입니다. 경력 계획이나 성장하고 싶은 모습을 토대로 해서 회사 안팎의 연수를 자유롭게 선택할 수 있다. 이러한 자아실현의 영역까지 파고들면 당신 회사에서 즐겁게 활약하는 이미지가 생깁니다.

요즘 시대는 돈이나 생존을 위한 욕구만으로 회사를 선택하지 않습니다. 나라는 존재가 인정받고 나답게 살아갈 수 있느냐를 중시합니다.

예를 들면 소니Sony에서는 사원의 자율적인 선택을 뒷받침하는 인사 시책을 도입했습니다.[24] 우수 사원에게는 '프리 에이전트FA권'을 부여하고 새로운 분야에서 활약할 수 있게 합니다. 또한 교육에서는 사원이 자발적으로 만드는 스터디 모임과 커뮤니티를 지원하는 'PORT'라는 시스템이 마련되어 있습니다. 이러한 시스템을 갖추면 자아실현의 영역까지 파고든 메시지를 후보자에게 보낼 수 있습니다.

여기까지 소개한 가치 4가지를 충족시키는 일은 매슬로우의 '욕구 5단계[25]'의 계단을 올라가는 것과 같습니다. 기능적 가치(급여 등)로 '안전 욕구'를 충족시키고 정서적, 사회적, 자아실현 가치로 '소속과 애정 욕구', '존중(승인) 욕구', '자아실현 욕구'를 충족시킨다. 이런 욕구를 스토리로 연결해서 마음에 호소하면 인재에게 선택받는 채용 브랜딩을 확립할 수 있습니다.

이로써 당신 회사의 매력을 발산할 준비가 끝났습니다. 다음은 이 메시지를 어떻게 발신하느냐입니다. 여기에서도 마케팅 기법을 활용합니다. 다음의 [질문 06]에서 설명하겠습니다.

관련된 질문

- **영역 3** (사람의 육성)의 모든 질문
- **영역 4** (사람의 활약)의 질문 12~13 및 15
- **영역 5** (사람의 유지)의 모든 질문

Q 06 메시지를 후보자에게 어떻게 전할 것인가?

사람은 평가와 체험 가치를 중시한다

일본에서 방문자가 가장 많은 웹사이트는 구글 검색 페이지입니다. 그럼 방문자 수 2위 이하는 어떤 사이트인지 알고 있나요?

2위는 아마존, 3위는 라쿠텐시장楽天市場과 쇼핑 사이트가 뒤를 잇습니다. 또한 페이스북이나 유튜브 등의 소셜 미디어, 카카쿠닷컴價格.com이나 타베로그Tabelog(일본 맛집 검색 사이트 – 옮긴이) 등의 비교 사이트도 상위에 이름을 올리고 있습니다.[26]

사실 구글의 검색 사이트를 제외한 이러한 사이트에는 어떤 공통

점이 있습니다. 바로 '평가가 따른다'는 점입니다. 아마존 등에서는 사용자의 감상평이나 별의 개수, 페이스북 등에서는 '좋아요' 수가 평가로 나타납니다.

최근 쇼핑했을 때를 떠올려 보세요. 어떤 것을 살지 검토할 때 이 사이트 중 어딘가를 방문하지 않았나요?

20년쯤 전에는 같은 행동을 TV 광고나 신문의 전단지, 잡지 등을 보고 하는 사람이 많았던 점을 생각하면 크나큰 변화입니다.

마케팅의 시조라고도 하는 필립 코틀러^{Philip Kotler}의 말에 따르면 최근 고객의 행동에는 3가지 변화가 있다고 합니다.[27]

- 접속성: 인터넷의 진화로 다양한 정보를 수집하게 되었다
- 평가 중시: 입소문이나 평가 등 다른 사람의 의견을 중시하게 되었다
- 체험 가치 중시: 쾌적한 체험이나 긍정적인 감정을 중시하게 되었다

이는 인재가 기업을 선택할 때의 의식이나 행동 변화에도 나타납니다. 예를 들면 '입사 지원 기업의 구인 정보를 제외한 정보를 얻기 위해서 어떤 사이트와 미디어를 볼 것인가'를 조사한 결과[28]를 소개하겠습니다. 기업 홈페이지나 채용 사이트 외에도 기업에 관해 써놓은 입소문 정보를 확인하는 사람은 46.7퍼센트, 기업의 SNS 계정을 확인하는 사람은 22.8퍼센트라는 결과가 나왔습니다. 다양한 사이트와 정보를 확인해서 '자신에게 잘 어울리는지' 신중하게 확인합니다.

질문 06의 개요 도해

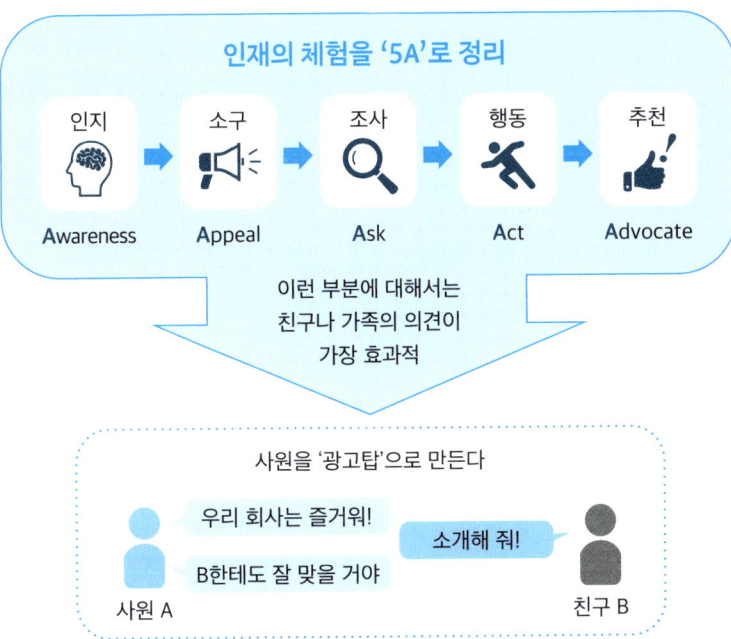

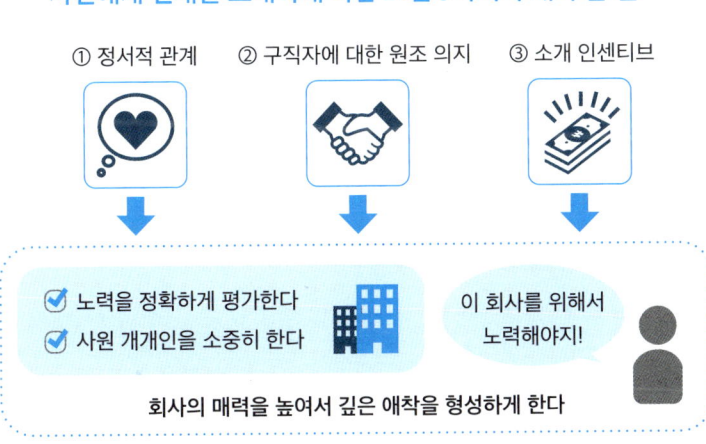

인재의 체험을 5A로 정리하고 사원을 광고탑으로 만든다

코틀러의 의견에 따르면 고객의 체험을 '5A'로 정리해서 해야 할 일을 생각하는 것이 효과적이라고 합니다. 5A란 다음의 5가지입니다.

① Awareness(인지): 예전의 경험, 미디어, 다른 사람의 추천 등에서 정보를 수동적으로 아는 단계
② Appeal(소구): 자신에게 매력을 호소하는(좋은 체험 가치를 얻을 수 있어 보이는) 제품이나 서비스로 한정하는 단계
③ Ask(조사): 미디어나 친구에게 추가 정보와 평가(리뷰)를 적극적으로 얻는 단계
④ Act(행동): 제품이나 서비스 구입의 실제 행동을 일으키는 단계
⑤ Advocate(추천): 구매 후 제품이나 서비스에 만족한 사람이 다른 사람에게 추천하는 단계

이러한 단계에서 친구나 가족의 의견이 가장 강력한 영향력을 갖고 있습니다. 83퍼센트가 친구나 가족을 가장 믿을 수 있는 '광고'원이라고 생각합니다.[29] 참고로 반드시 인지 단계부터 하나씩 단계를 거치는 것은 아닙니다. 유튜브에서 소개한 상품을 '이건 좋아!'라고 느껴서 조사 단계를 건너뛰고 행동 단계로 이동할 수도 있습니다. 또한 친구의 의견을 들은(조사한) 결과 '역시 다른 것이 좋으려나…'라며 소구 단계로 돌아가는 경우도 있습니다.

이 5A를 '채용'으로 바꿔서 어떤 수단이 있는지 정리해 봅시다.

① 인지: 채용 사이트의 최적화, SNS 게시, 광고와 같은 미디어 이용 등
② 소구: '당신의 회사에서 일하는 장점'을 글, 음성, 이미지, 동영상 등을 사용해서 이해하기 쉬운 형태로 전달하기 등
③ 조사: 채용 사이트뿐만 아니라 홈페이지 전체의 매력 향상, 인터넷에 올라온 리뷰 확인, 문의 창구 설치 등
④ 행동: 지원 사이트의 편리성 향상, 지원 절차나 일정 조정의 편의성 향상, 채용·면접 과정상에서의 매력 전달 등
⑤ 추천: 당신 회사의 매력을 실제로 느끼게 한다, 사원 소개 프로그램이나 보상금 설정 등

이렇게 다양한 정보 루트에서 당신의 회사를 긍정적으로 알리도록 준비하고 입소문 평가에 대한 배려, 체험 가치의 소구와 같은 포인트를 파악하는 것입니다.

그중에서도 사원에게 '광고탑'이 되게 하는 수단이 가장 효과적입니다. 상품을 구매할 때와 마찬가지로 구직자도 가장 믿을 수 있는 정보는 친구(사원)나 가족의 의견이라고 생각하기 때문입니다. 이러한 사원의 친구를 소개받아서 채용으로 이어지는 방법을 리퍼럴referral 채용이라고 합니다. 리퍼럴 채용은 채용 비용이 낮을 뿐만 아니라 다른 채용 수단보다 정착률이 높습니다.[30] 미국의 조사[31]에서는 구인 사이트를 경유하는 인재 이직률이 22.1퍼센트인데 리퍼럴의 경우에

는 6.8퍼센트였다는 분석 결과도 있습니다.

　예를 들면 모스버거를 운영하는 모스스토어컴퍼니에서는 리퍼럴 채용을 활용해서 2016년 6월부터 2017년 7월까지 약 1년 동안 이직률을 12.5퍼센트까지 떨어뜨렸습니다.[32] 외식 산업에서의 이직률이 일반적으로 50퍼센트라는 점을 감안할 때 경이적인 수치입니다.

사원을 광고탑으로 만들기 위해서 해야 할 일

　실제로 리퍼럴 채용을 도입한 기업은 56.1퍼센트[33]에 달하는데 '사원의 소개가 그다지 없다'라는 의견도 흔히 듣습니다. 원인은 명확합니다. 엄격한 듯하지만 '회사의 방침이 부족'하거나 '회사에 대한 애착이 약하기' 때문입니다.

　사원의 소개 행동은 학술적으로 3가지 요인에 좌우된다고 합니다.[34]

① 정서적 관계 (회사에 대한 애착이나 '이 회사를 위해서 노력해야겠다' 라고 생각하는 마음)
② 구직자에 대한 원조 의지 (친구를 돕고 싶다는 마음이나 친구와의 관계성)
③ 소개 인센티브

　②는 회사에서 통제할 수 없습니다. ③은 이미 적절히 설정되어 있다고 하면 ①의 '회사에 대한 애착'이 문제가 됩니다.

결국 회사의 매력을 높이는 동시에 사원을 소중히 한다는 당연한 일을 실천하는 것이 가장 빠른 방법입니다. 현재의 사원에게 투자해서 애착을 갖게 하는 것이 리퍼럴 채용을 늘릴 뿐만 아니라 기업의 입소문 평가도 개선할 수 있습니다.

'그런 태평한 이야기를 하고 있을 수 없다', '그래도 역시 사람을 채용할 수 없다'라는 경우도 있을지 모릅니다. 1장에서 설명한 대로 지금은 '직접 고용에 국한되지 않고 인재와의 관계성을 맺는 방법'이 다양하게 존재합니다. 그러한 인재 조달 방법도 파악해 놓으면 일손 부족을 재빨리 해결할 수 있습니다. 다음의 [질문 07]에서 설명하겠습니다.

관련된 질문

질문 07 어떤 수단으로 인재를 조달할 것인가?

Q07 어떤 수단으로 인재를 조달할 것인가?

채용 + '키·이·빌·연'으로 인재 조달 수단을 생각한다

채용 외의 인재 조달 방법에는 무엇이 있을까요? 여기에서 '키·이·빌·연'이라는 방법을 소개하겠습니다. 이는 '키(키우다)', '이(이동시키다)', '빌(빌리다)', '연(연결되다)'의 머리글자를 딴 것입니다.

장래 일손 부족이 예상되거나 지금 당장 사람이 부족할 때 여러분의 회사에서는 어떻게 합니까? 채용하기 전에 할 수 있는 일이 있습니다.

장래에 어떤 능력(지식·기술·경험 등)을 보유하는 인재가 필요한 경우에는 OJT$^{On\ the\ Job\ Training}$(직무 교육)나 연수로 '키우는' 것을 고려할 수 있습니다. 익숙한 수단이지만 사실 가장 어렵고 불확실한 수단이기도 합니다. 사람을 어느 정도 목표한 대로 육성하려면 원래 다음의 3가지가 필요하기 때문입니다.

① 조직으로서 장래에 필요한 사람의 양·질을 정의한다
② 현재의 능력을 가시화한다
③ 목표로 하는 능력에 도달하기 위한 최적의 수단을 제시한다

①은 [질문 01]의 인재 포트폴리오 작성, ②는 뒤에서 소개하는 [질문 09 (어떤 사람의 정보를 어떻게 가시화할 것인가?)], ③은 [질문 10 (인재를 어떻게 배우고 성장하게 할 것인가?)]과 관계가 있습니다. 이러한 구조를 갖춰야 비로소 효과적으로 육성할 수 있습니다.

긴급도에 따라서 '키울 것인가', '이동시킬 것인가'를 선택한다

'키우다'에는 시간도 들고 정말로 원하는 대로 성장할지 알 수 없습니다. 키우는 도중에 '코스에서 벗어나는 사람'도 있을 것입니다.

인재 조달 속도를 중시할 경우에는 '이동시키기'도 효과적입니다. 사내 이동이나 그룹 회사 간 이동을 예로 들면 이해하기 쉽습니다. 어

질문 07의 개요 도해

채용+'키·이·빌·연'으로 인재 조달 수단을 생각한다

채용 + **키** 키우다 / **이** 이동시키다 / **빌** 빌리다 / **연** 연결되다

긴급한 정도에 따라서 '키우다'나 '이동시키다'를 선택한다

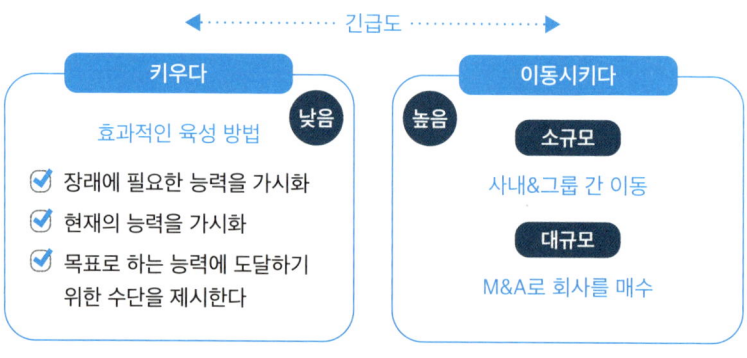

키우다 (낮음)
효과적인 육성 방법
- ✓ 장래에 필요한 능력을 가시화
- ✓ 현재의 능력을 가시화
- ✓ 목표로 하는 능력에 도달하기 위한 수단을 제시한다

이동시키다 (높음)
- 소규모: 사내&그룹 간 이동
- 대규모: M&A로 회사를 매수

필요할 때 외부에서 조달한다
파트너로서 회사의 일익을 담당케 한다

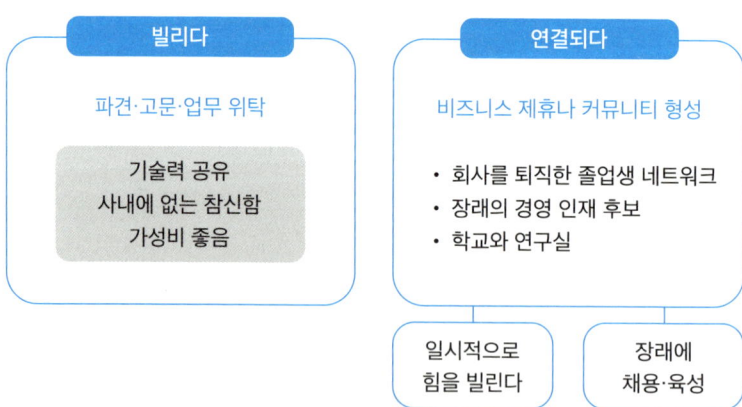

빌리다
파견·고문·업무 위탁

기술력 공유
사내에 없는 참신함
가성비 좋음

연결되다
비즈니스 제휴나 커뮤니티 형성
- 회사를 퇴직한 졸업생 네트워크
- 장래의 경영 인재 후보
- 학교와 연구실

일시적으로 힘을 빌린다 / 장래에 채용·육성

느 부서에 사람이 부족해서 경력 채용했더니 다른 부서에 적임자가 있었고 이동도 가능했다고 나중에 알게 될 때가 종종 있습니다.

등잔 밑이 어둡다고 하는데 밖을 돌아보기 전에 '사내와 그룹 회사에 적임자가 있는지' 확인하는 과정을 마련하는 것이 중요합니다.

좀 더 대대적으로 인재를 이동시켜야 하는 상황에서는 M&A로 회사를 매수하여 그곳에 있는 인재를 그대로 확보하는 방법도 있습니다. 이는 애쿼하이어acqui-hire라고 하며 2010년대에 구글이 엔지니어의 확보를 위해서 시작했습니다. 2014년에 실시한 인공지능AI 연구개발 기업 딥마인드Deep Mind사의 매수가 유명하며 AI 기술과 인재 포섭을 목적으로 했다는 말이 있습니다.

애쿼하이어는 일본에서도 서서히 확산되고 있는 방법입니다. 조사[35]에 따르면 M&A 당사자 중에 '애쿼하이어에 성공했다'라고 대답한 비율이 70퍼센트 정도로, 효과적인 선택지가 되고 있음을 알 수 있습니다.

'빌리다', '연결되다'도
최근에 주목을 받는 방법

'빌리다'는 외부 인재나 전문가 등을 필요할 때 필요한 만큼 빌리는 것입니다. 파견이나 고문, 업무 위탁과 같은 형태는 예전부터 있었는데 최근에는 노동력을 한층 더 적시·적량 조달할 수 있는 수단이 많아졌습니다. 그 대표적인 사례가 '스킬 셰어skill share'입니다.

스킬 셰어란 자신이 보유한 지식이나 기술에 가격을 매겨서 파는 것으로 한 번에 얼마, 한 시간에 얼마와 같은 상세 단위의 매매도 가능합니다. 이를 중개하는 서비스로는 크라우드웍스Crowdworks나 비자스큐VisasQ 등이 유명하며 등록자 수는 2018년부터 5년 만에 세 배 가까이 늘었습니다.[36]

이를테면 '새로운 상품의 이름을 생각하고 싶은데 사내에서 보지 못한 참신한 아이디어를 원한다', '새로운 업계에서 영업하기 위해서 해야 할 과제가 무엇인지 좀 더 생생하게 알고 싶다'라는 상황에서 효과적입니다. 계속해서 그러한 지식과 기술이 필요하지 않은 경우에는 직접 채용하는 것보다 가성비가 뛰어납니다.

마지막의 '연결되다'는 다른 수단과 조금 색다르게 외부 인재와 관계를 유지하는 것을 가리킵니다. 예를 들면 회사를 퇴직한 멤버와 '알럼나이alumni'라고 하는 커뮤니티를 형성하는 것이 대표적입니다. 알럼나이는 영어로 졸업생을 의미합니다.

선진적인 기업에서는 단순히 졸업생과 정기적으로 연락하는 것만이 아닙니다. 미국 스타벅스사에서는 퇴직자의 경력 향상을 위한 무료 강좌와 이벤트 참가 기회를 제공합니다.[37]

또한 미쓰이스미토모三井住友 해상화재보험에서는 퇴직자와 비즈니스 제휴를 진행하거나 기업으로서 개선할 점에 관한 의견을 얻는 등에 활용하고 있습니다.[38]

알럼나이 외에도 장래의 경영 인재 후보와 네트워크를 구축하거나 학교(연구실), 커뮤니티와 연결하는 것도 효과적입니다. 이렇게 해서 연결된 인재는 장래에 채용·육성하거나 일시적으로 힘을 '빌리는' 등 연결 방법을 변화시킬 수도 있습니다.

'빌리다', '연결되다'라는 것은 특히 앞으로의 시대에 중요해집니다. 수많은 기업에서는 새로운 사업을 시작하거나 이를 궤도에 올릴 수 있는 '창업가'와 같은 인재를 요구합니다.

그러나 아이러니하게도 '창업가와 같은 기질'을 보유한 사람은 애초에 기업에 고용되어 남에게 쓰이는 것은 바라지 않습니다. 따라서 '빌리다', '연결되다'라는 관계성을 통하여 신뢰 관계를 쌓고 파트너로서 당신의 회사를 성장하게 합니다.

이처럼 채용뿐만 아니라 키우기, 이동시키기, 빌리기, 연결되기와 같은 수단도 선택지로 도입하면 인재 조달 속도와 효율이 크게 향상됩니다.

여기까지 [영역 2 (사람의 조달)]에서는 질문 4가지를 통해서 자사의 매력을 찾는 방법·메시지를 만드는 방법, 발신하는 방법과 인재 조달 수단을 생각해 봤습니다.

사람의 조달은 인재 매니지먼트의 출발점입니다. 거기에서 인재를 어떻게 육성하고 활약을 촉진하며 어떻게 유지해 나가느냐가 이어져야 비로소 인사 전략이 생물처럼 움직이기 시작합니다. 다음 부분에서는 [영역 3 (사람의 육성)]에 관하여 생각하겠습니다.

관련된 질문

질문 01 전략을 실현하려면 어떤 인재가 필요한가?

영역 3 (사람의 육성)의 모든 질문

영역 4 (사람의 활약)의 질문 12~13

영역 2 인적 자본 경영 실천도 진단

	질문 04 무엇을 당신 회사의 매력으로 설정할 것인가?	질문 05 어떤 메시지를 후보자에게 보낼 것인가?	질문 06 메시지를 후보자에게 어떻게 전할 것인가?	질문 07 어떤 수단으로 인재를 조달할 것인가?
5단계	EVP의 정확도나 그 실현도가 정기적으로 검증되고 있으며 EVP 자체를 연마할 수 있다	후보자를 위한 메시지의 타당성이 검증되었으며 더욱 예민해진 메시지로 늘 연마된다	각 채용 채널을 어떻게 활용할 것인지 방침이 명확하며 PDCA 사이클을 돌리며 개선이 이뤄진다	동적인 인재 조달 수단, 확장 노동력도 포함한 노동력을 확보할 수 있으며 그 실효성과 효과를 검증해서 늘 개선한다
4단계	EVP를 기반으로 하는 독자적인 고용 브랜드가 구축되어 있을 뿐만 아니라 EVP가 실제로 제도·시책에 포함되어 실현된다	후보자를 위한 메시지가 후보자의 근원적인 욕구까지 영향을 주는 내용으로 이루어진다	채용 채널 믹스가 최적화되어 있으며 사원의 소개(리퍼럴)가 활발하게 발생한다	외부 인재나 M&A의 인재 확보 등을 포함한 동적인 수단에 더하여 확장 노동력(AI, RPA 등)도 포함한 노동력 확보가 검토된다
3단계	EVP가 구체화되어 있으며 EVP를 기반으로 하는 고용 브랜드 구축을 진행한다	후보자를 위한 메시지가 구체화되어 있으며 브랜딩·EVP와 연동된다	채용 채널·수단을 망라해서 정리하고 전체를 바라본 후 가장 적합한 채널 믹스를 선택한다	부족한 인재를 보충하는 방법으로 채용뿐만 아니라 리스킬이나 부문 횡단 이동 활용 등 육성·이동을 포함한 수단을 효과적으로 활용한다
2단계	EVP는 명확화되어 있지만 고용 브랜드 구축이나 시책 안건으로 이어지지 않았다	후보자를 위한 메시지는 구체화되어 있지만 브랜딩이나 EVP와 충분히 연동되지 않았다	다이렉트 리쿠르팅(기업이 구직자에게 먼저 연락하는 방식·옮긴이)이나 SNS 등 새로운 채널을 활용한 채용 방법을 도입하기 시작했다	최근의 사업 운영에 필요한 인재의 신규 졸업자·경력직 채용만 하는데 인턴이나 소개 등의 방법을 도입했다
1단계	EVP가 명확화되어 있지 않다	후보자에게 어떤 메시지를 보내야 하는지 검토되지 않았다	후보자에게 메시지를 전하는 수단에 관하여 충분히 검토되지 않았다(기존의 방법을 답습한다)	단기적인 관점에서의 사업 운영에 필요한 최소한의 인재 확보 활동(신규 졸업자·경력자 채용)만 한다

영역 3

사람을 어떻게
육성할 것인가?

Q 08 필요한 인재 스펙을 어떻게 정의할 것인가?

인재 스펙의 정의는 가치 창조의 첫걸음

"복사기 종이가 떨어졌으니까 A4 용지 10묶음을 주문해 둬."

아마 이런 의뢰를 받았을 때 '무엇을 원하는지 좀 더 명확하게 해야 알 수 있다'라는 사람은 적겠지요? 소모품이나 공업 제품은 규격화되어 있어서 정보가 적어도 필요한 것을 확실히 알 수 있습니다. 'A4는 210㎜×297㎜', '한 묶음은 500장'이라는 합의된 공통의 정의가 있기 때문입니다.

그러나 인간은 다릅니다. 기본적인 성격이나 기술 등이 규격화되어 있지 않습니다. '훌륭한 영업사원 다섯 명이 필요하니까 채용해둬'라고 해도 그것만으로는 머릿속에 물음표가 떠오르기 마련입니다. '훌륭한 영업사원'에 대한 공통 정의가 없기 때문입니다.

인간을 완전히 규격화하기란 당연히 어렵습니다. 하지만 조직에서 필요로 하는 인재의 스펙, 즉 '지식', '기술', '경험' 등을 최대한 구체적으로 정의해야 합니다. 다음과 같은 장점이 있기 때문입니다.

✱ 인재 스펙을 정의하는 3가지 장점

① 조직의 전략 실현에 필요한 인재가 명확해져서 채용이나 이동 시 요건과의 일치 비율이 높아진다

② 어떤 능력을 지닌 사람을 육성해야 하는지 알 수 있다

③ 회사에서의 '기대하는 인재상과 스펙'을 사원에게 명확하게 전달할 수 있다

①~③ 중에서도 특히 ③이 중요합니다.

'기대하는 스펙을 회사가 결정한다'라고 하면 강요처럼 느끼는 사람도 있을지 모릅니다. 1장에서 언급했듯이 '강요'하는 육성은 확실히 싫어합니다.

한편 개인에게 맡긴다고 해서 회사가 기대하는 힘을 확보한다는 보장이 없기에 강한 조직이 될 수 없습니다. 그래서 회사와 개인이 서로 '대화'하고 성장하는 방향을 조정해야 합니다.

회사로서의 기대 스펙[Must]을 전달하며 개인은 자신의 경력 지향[Will]

질문 08의 개요 도해

스펙의 정의 방법

그것을 실현하는 역할·직무의 요건은 어떤 것인가?

그 역할에는 어떤 인재 스펙(요건)이 필요한가?

필요한 인재 스펙을 구체적으로 정의

지식	기술	경험	행동

모호하다 ◀·············▶ 정밀하다

	옵션 A	옵션 B	옵션 C
직무 요건	부나 과별의 직무 분담 활용	일을 크게 묶어서 작성 (직종별)	직위(일)별로 작성
직무 요건	등급별 능력 정의 작성	직종이나 부별로 능력 정의 작성	직위(일)별로 작성
장점	상사가 상기 내용을 토대로 잘 이해해서 전달하면 유연하게 대응할 수 있다	◀······▶	필요한 요건이 정확하게 전달된다 (상사에 따른 불균형이 없다)
단점	상사의 능력에 의존한다	◀······▶	유지와 보수에 드는 수고가 많다·상황에 따른 유연성이 낮다

과 할 수 있는 일^{Can}을 조정해서 양쪽이 만족할 수 있는 방향성을 찾는 것입니다.

이러한 방식은 훌륭한 인재를 많이 배출한 리크루트사에서 예전부터 시행되었습니다. 'Will-Can-Must 시트'라는 경력 개발·목표 관리 시트를 사용하여 일 년에 두 번 본인과 상사 간에 대화를 나눠서 조정합니다.

또한 이 회사에서는 목표 설정은 연 2회지만 이에 더해서 중간 면담이 연 2회, 되돌아보기 면담이 연 2회가 있습니다. 그 면담을 하는 동안에는 일대일 미팅도 진행합니다.

이 말을 들으면 '상사는 힘들 것 같다…'라고 느낄 수 있습니다. 실제로 조직장 한 명이 인재 육성에 1년 동안 300시간을 투자한다고 합니다.[39] 이렇게까지 사람과 마주하는 시간을 갖기 때문에 사람의 가치가 올라가고 기업으로서 가치를 창조할 수 있습니다.

참고로 이 회사는 2020년에 일본에서 유일하게 '기업 가치 창조에 뛰어난 대형 기업 순위(세계)' 10위 안에 들었습니다.[40]

인재 스펙은 '직무 요건'으로 정의한다

그럼 인재 스펙을 어떻게 정의하면 좋을까요?

기본적으로는 부문의 전략·전술을 기반으로 해서 '그것을 실현하는 역할은 어떤 것인가' → '그 역할에는 어떤 스펙이 필요한가'라는 순서로 적습니다. 전자의 '역할'에 관한 정의를 '직무 요건', 후자의

'스펙'에 관한 정의를 '인재 요건'이라고 합니다.

구체적인 직무 요건·인재 요건을 정의하기 전에 정해 놓아야 할 점이 있습니다. '어디까지 구체적으로 만들 것인가'라는 것입니다.

직무 요건으로 말하자면 다음과 같은 검토 사항이 있습니다.
① 무엇을 정의할 것인가: 미션, 직무, 성과 책임, KGI/KPI, 업무상 관계자
② 어떤 단위로 정의할 것인가: 부별, 과별, 직무 그룹별, 직위별 또는 등급(이나 직책)별

인재 요건으로 말하자면 다음과 같은 검토 사항이 있습니다.
① 무엇을 정의할 것인가: 지식, 기술(자격), 경험, 행동(행동 특성)
② 어떤 단위로 정의할 것인가: 부별, 과별, 직무 그룹별, 직위별 또는 등급(이나 직종)별

예를 들어 '무엇을 정의할 것인가'에 관하여 직무 요건과 인재 요건도 위의 모든 것을 포함하여 직위별로 작성하면 이른바 가장 정밀한 '직무 기술서'가 완성됩니다. 한편 직무 요건은 미션이나 성과 책임까지 등급이나 직책별로 정의하고 인재 요건은 기술이나 행동을 등급·직종으로 정의하면 '직무 규정'과 '등급 정의서'가 완성됩니다.

선택지는 다양한데 일반적으로 어떤 선택지가 있는지 각각의 장단점, 구체적인 이미지에 관해서는 [질문 08]의 개요 도해(119쪽 참조)를 살펴보세요.

참고삼아 직무형을 도입한 기업에서는 직무 기술서를 얼마나 작성했는지 소개합니다. 다음을 보면 알 수 있듯이 큰 차이가 있으며 구체성이나 등급을 설정하는 방법도 여러 가지라는 점을 알 수 있습니다.

- 애플랙^{Aflac} 생명보험[41]: 1,400종류
- 히타치제작소[42]: 450종류
- KDDI[43]: 30종류

스펙 정의의 방향성은 중간 관리자층에게 달려 있다

이처럼 스펙 정의를 '확고하게 할 것인가', '모호함을 남길 것인가' 중에서 선택할 때 확인해야 할 중요한 포인트가 있습니다.

'**중간 관리자가 믿을 만한가**'라는 점입니다.

일반적으로 부문의 전략·전술이 변화하면 직무 요건·인재 요건도 그에 따라 달라져야 합니다.

이를테면 마케팅부에서 직무 요건을 만들 때 '4분기별 마케팅 활동 계획과 시장 조사를 토대로 해서 웹사이트나 SNS 콘텐츠를 제작·갱신한다'와 같이 구체적으로 적으면 '해야 할 일'은 명확해집니다. 그러나 방침이 달라지고 시장 조사를 전혀 하지 않거나 사용하는 미디어도 바뀌게 되면 이 직무 요건은 갱신해야 합니다.

변화가 심한 회사나 부문에서는 해마다, 또는 6개월마다 갱신할 필요가 생길 수 있습니다. 개인적으로 실감한 바로는 한 장을 작성하

거나 갱신하는 데 몇 시간은 필요합니다. 수백 장에서 수천 장의 직무 기술서를 그런 빈도로 갱신하는 것을 상상해 보세요. '도저히 못하겠다……'라고 느껴지지 않나요?

원래 문장으로 정의하는 문구는 '브랜드 가치 향상을 위해 가장 적합한 콘텐츠를 개발·관리'하는 정도의 추상도로 해두고 상사·부하 직원이 소통하는 가운데 '여기에서 말하는「콘텐츠 개발」이란……' 등으로 알기 쉽게 설명하게 하는 것이 이상적입니다. 인재 요건도 마찬가지로 '요구되는「기획력」이란……'이라는 식입니다.

그 쉬운 설명에는 조직이 놓인 환경을 가미하는 것도 그렇지만 부하 직원의 수준이나 지향성에 맞춰서 조정하는 것이 바람직하다고 할 수 있습니다. 그러나 이를 실현하려면 중간 관리자에게 '요건을 구체화해서 적절한 말로 하는 힘(요건 정의력·언어화력)'이 필요합니다.

고구레 다이치木暮太一의 저서 《대단한 언어화すごい言語化》(다이아몬드사, 2023)에 언어화를 순조롭게 진행하는 방법으로 'PIDA의 법칙 4'가 소개되었습니다.

- 목적의 정리 Purpose: 애초에 자신이 무엇을 위해서 언어화하고 싶은지 생각한다
- 항목을 선정한다 Item: 무엇을 전하면 명확하게 언어화할 수 있는지 생각한다
- 그 항목을 정의한다 Define: 그 항목은 어떤 의미인지 정의한다
- 그 정의가 통하는 표현에 적용한다 Apply: 의도한 정의가 통하는 문장을 사용한다

부장·과장직 등 중간 관리자층에 이러한 힘이 어느 정도 갖춰진 회사라면 '모호함을 남긴다'라는 선택이 효과적입니다. 한편 중간 관리자층의 역량에 불안함이 있는 경우에는 회사에서 구체적으로 정의해야 할 것입니다. 처음에는 '확고히 하는' 단계부터 시작해서 중간 관리자를 교육해가며 점점 '모호함을 남기는' 단계에 다가가는 것이 이상적입니다.

여기까지 설명한 사고방식을 기초로 해서 사람 육성의 시작 지점인 '필요한 인재 스펙'을 정의하세요. 이는 조직 Must(스펙)의 명확화인데 앞에서 설명했듯이 이를 인재의 Will(지향)이나 Can(능력)과 조율하는 것이 중요합니다.

인재의 지향이나 능력과 같은 정보를 어떻게 가시화할 것인지 다음의 [질문 09]에서 설명하겠습니다.

관련된 질문

- 질문 01 전략을 실현하려면 어떤 인재가 필요한가?
- 질문 03 이상적인 사람·조직(문화)을 만들기 위해 무엇을 중시할 것인가?
- 질문 09 어떤 사람의 정보를 어떻게 '가시화'할 것인가?
- 질문 13 인재와 일을 어떻게 어울리게 할 것인가?
- 질문 17 개개인의 퍼포먼스를 어떻게 평가할 것인가?

Q09 어떤 사람의 정보를 어떻게 '가시화'할 것인가?

Will(지향)·Can(능력) + Style(특성)을 가시화한다

바다에 떠 있는 빙산은 전체 빙산 중에 몇 퍼센트가 눈에 보이는 것인지 알고 있나요?

대체로 약 10퍼센트라고 합니다. 빙산은 대부분이 바다에 가라앉아서 밖에서는 보이지 않습니다. 눈에 보이는 부분보다 눈에 보이지 않는 부분의 존재가 훨씬 더 큽니다.

이는 사람의 퍼포먼스도 마찬가지입니다. 눈에 보여서 측정하기 쉬운 '기술이나 지식'보다 눈에 보이지 않아서 측정하기 어려운 '동기

·성격·사고방식 등의 특성'이 사람의 퍼포먼스에 큰 영향을 미친다는 사실이 미국 하버드대학교의 행동과학 연구자인 데이비드 맥클랜드 David McClelland 등의 연구를 통해 1970년대 무렵에 밝혀졌습니다.

예컨대 정확히 경리 처리를 해줄 사람이 필요하다고 가정합시다. 아무리 경리 처리 지식이 풍부해도 덜렁대는 사람이나 대충대충 하는 사람에게 맡기기란 매우 불안합니다. 가능하면 지식도 있고 신중하며 정확함을 중요시하는 사람에게 맡기고 싶을 것입니다.

이처럼 사람이나 조직의 퍼포먼스를 높이려면 '특성'이라는 요소를 빠뜨릴 수 없습니다. 따라서 사람에 관한 기본 정보인 Will(지향)이나 Can(능력)뿐만 아니라 Style(특성)도 가시화하세요.

특성이란 동기(어떤 동기 부여로 움직이는가), 성격(성실함과 협조성) 등입니다. 이러한 요소에 더해서 '업무 방식의 가치관'도 파악해 놓으면 좋습니다.

1장에서 다뤘듯이 요즘의 인재는 업무 방식이 '자신의 스타일에 어울리는가'를 중시합니다. '어떤 방식으로 일하고 싶은가'라는 인재의 정보를 이동·배치에 활용하면 동기 부여 저하나 이직을 방지할 수 있습니다.

'업무 방식의 가치관'이란 다음과 같은 정보입니다.[44]

✱ **업무 방식의 가치관**
- 시간 희망: 일하고 싶은 시간대·시간 수, 스케줄 형태, 시간 외 근무의 제한
- 장소 희망: 전근 여부, 일하고 싶은 장소

질문 09의 개요 도해

Will(지향)·Can(능력)뿐만 아니라 Style(특성)을 가시화한다

Style(특성)의 기초 요소

동기

성격

+

업무 방식의 가치관

가시화 방법

	수집 항목	수집 방법
지향 Will	중장기·단기의 경력 목표	자기 신고(경력 기술서)
능력 Can	지식, 기술, 경험, 행동	테스트·보유 자격·교육력, 테스트·보유 자격·능력 평가, 이동 이력·입사 전의 직무 경력, 행동 평가·360도 평가· 연수에서의 자세
특성 Style	동기·성격, 업무 방식의 가치관	테스트·평가, 자기 신고(경력 기술서)

위의 정보는 '자동화'와 '자발화'로 수집한다

수집한 정보는 각 수준에서의 성장과 육성에 활용

- **개인 수준**   개인의 경력 형성 의식, 성장 의욕 향상
- **직장 수준**   상사·부하 직원의 상호 이해, 상사의 지도, 개인 육성 계획 작성
- **소직 수준**   이동, 배치, 발탁, 팀 조선
- **기업 수준**   경영 인재 육성, 후계자 선발

- 휴가 희망: 가족, 질병과 부상, 육아, 통학 등으로 쉬고 싶은 시기
- 작업 부담 희망: 육체적 노동의 제약, 제한되는 작업
- 근무 형태 희망: 원격·출근·하이브리드

사람의 정보는 자동·자발적으로 수집하는 구조를 만든다

그럼 Will(지향), Can(능력)에 더해서 이러한 Style(특성)을 어떻게 가시화하면 좋을까요? 예시 몇 가지를 들겠습니다.

Will(지향):

중장기·단기의 경력 목표: 자기 신고(경력 기술서)

Can(능력) :

지식: 테스트·보유 자격·교육력

기술: 테스트·보유 자격·능력 평가

경험: 이동 이력·입사 전 직무 경력

행동: 행동 평가·360도 평가·연수에서의 자세

Style(특성) :

동기·성격: 테스트, 평가

업무 방식의 가치관: 자기 신고(경력 기술서)

이러한 정보는 수집하는 시간과 수고가 많이 들면 점점 갱신하기 어려워집니다. 어느 순간 정보의 신선도가 떨어지거나 누락투성이가 되어서 쓸모없어집니다. 따라서 **사람의 정보 수집은 '자동화'와 '자발화'를 시행하는 것이 중요**합니다.

전자의 '자동화'란 업무를 운영하는 가운데 저절로 그런 정보가 수집되는 시스템을 만든다는 뜻입니다.

예를 들면 '경력 기술서는 업무 목표를 설정할 때 함께 기입하고 제출하게 하는 규칙을 만든다', '능력·행동 평가의 결과는 상사가 철저히 입력하는 규칙을 만든다' 등입니다.

일상적인 필수 업무 중에서 필요한 정보가 수집되는 시스템을 만드는 것이 자동화입니다. 물론 일반적인 탤런트 매니지먼트 시스템 등을 활용한 자동화도 효과적입니다.

후자의 '자발화'란 그 정보를 제출해서 사원 본인에게 장점이 생기는 구조를 만드는 것입니다. 예를 들면 이동통신 회사 KDDI에서는 자신의 경력이나 기술, 경력 계획을 시스템에 등록하면 부문에서 원하는 인재를 그 데이터베이스에서 검색하여 말을 걸게 할 수 있는 구조를 도입했습니다.[45] 어떤 의미에서 '사내 구인 등록'과 같습니다. 당연히 잘못된 정보가 등록될 위험도 있으므로 자진 신고뿐만 아니라 정기적인 확인도 필요합니다.

이러한 자동화·자발화로 수집된 사람의 정보는 사람의 육성, 활약, 유지 등 여러 상황(수준)에서 활용할 수 있습니다.

- 개인 수준: 개인의 경력 형성 의식·성장 의욕 향상

- 직장 수준: 상사·부하 직원의 상호 이해·상사의 지도·개인 육성 계획 작성
- 조직 수준: 이동·배치·발탁·팀 조성
- 기업 수준: 경영 인재 육성·후계자 발탁

성장과 육성을 위한 활용이 핵심이 될 것입니다. 특히 인재가 현재의 능력으로는 이상적인 수준에 미치지 못할 경우, 그 차이를 메워야 합니다. 다음의 [질문 10]에서 그 방법을 생각하겠습니다.

관련된 질문

질문 12 인재 퍼포먼스를 어떻게 높일 것인가?
질문 16 인재의 인게이지먼트를 어떻게 높일 것인가?
질문 19 유연한 업무 방식을 어떻게 제공할 것인가?
질문 26 사람과 조직의 데이터를 어떻게 활용할 것인가?

Q10 인재를 어떻게 배우고 성장하게 할 것인가?

먼저 '무엇을, 왜 배워야 하는가'를 가르친다

'회사는 학교가 아닙니다!'

이렇게 말하며 신입사원을 혼낸 적이 있는 (또는 혼난 적이 있는) 사람이 있지 않나요? 확실히 회사라는 존재는 어떠한 목적을 달성하기 위한 조직이지 공부를 위한 장소가 아닙니다. 또한 인재 육성 없이 채용이나 외부인의 힘을 일시적으로 빌리면 조직 차원에서는 잘 돌아가는 것처럼 느껴집니다.

그러나 지금까지 설명했듯이 최근에는 기업으로서 인재 육성에 투자하도록 강력하게 요구받고 있습니다. 그럼 회사는 왜 수고스럽게 인재를 육성해야 할까요? '성인 발달 이론'[46]에 따르면 사람의 성장에는 두 방향이 있다고 합니다.

- 수평적 성장: 지식(아는 것)이나 기술(할 수 있는 일)의 확대
- 수직적 성장: 인간으로서의 '그릇'이 깊어지고 인지의 틀(모든 일에 대한 관점과 사고방식)이 변화한다

성장이라고 하면 아무리 해도 지식이나 기술과 같은 '수평적 성장'에만 의식이 쏠리기 쉽습니다. 그러나 사람을 이끄는 입장이 되면 '수직적 성장'으로 다양한 가치관을 받아들이고 다각적인 관점을 보유한 판단이 필요합니다.

압도적인 전문 지식을 갖고 있어도 그릇이 작고 편견투성이인 상사는 따라가고 싶지 않을 것입니다. 스마트폰으로 말하자면 수평적 성장은 어플리케이션의 업데이트, 수직적 성장은 OS[47]의 업데이트라고 할 수 있습니다.

✽ **회사가 인재 육성에 앞장서야 하는 이유**
① 사람은 규격이 일치하지 않아서 채용해도 이상적인 스펙을 갖춘 경우가 적다
② 전략이나 환경의 변화에 따라서 지식·기술(어플리케이션)을 변경해야 한다

질문 10의 개요 도해

사람의 성장

수평적 성장	수직적 성장
지식과 기술의 확대	인간으로서 '그릇'의 깊이

두 방향에서의 성장을 촉진하기 위해서

목적이나 동기, 학습자의 경험을 학습과 연관시킨다

배우는 목적이나 동기를 명확화하고 건전한 위기의식을 만들어낸다

 상사
- 앞으로 어떻게 성장하고 싶습니까?
- 앞으로 할 업무에서 문제가 될 것 같은 일은 무엇입니까?

 부하 직원

+

학습을 촉진하는 고된 직무 상황(혼란 상태)을 경험하게 한다

변화 창출이 필요한 상황	높은 수준의 책임을 동반하는 상황	장애가 있는 상황

새로운 방향성의 구축, 예전부터 있었던 문제 대응	난도가 높은 직무, 폭넓은 비즈니스 관리, 외부에서의 압력 대응	주위에서 지원받지 못하는 상황

③ 조직의 방향성이나 문화와 어느 정도 매사의 관점(방향)을 맞추게 해야 한다
④ 성장할 수 있는 회사라는 점이 강력한 '회사의 매력'이 된다[48]

물론 공장의 생산라인을 효율화하는 투자 등과는 달리 교육 투자는 사전에 '몇 퍼센트의 생산성 향상으로 이어진다'와 같은 효과를 계획할 수 있는 것은 아닙니다. 하지만 사람이라는 불확실하고 늘 옮겨 가는 존재를 다루려면 어플리케이션과 OS의 상시 업데이트는 무시하고 지나칠 수 없습니다.

성인은 목적과 동기를 고려하여 What보다 Why로 학습을 유도한다

그렇다면 어떻게 해야 사람의 성장을 효과적으로 촉진시킬 수 있을까요? 먼저 '무엇을, 왜 배워야 하는가'를 학습하게 해야 합니다. '성인 학습 이론'에 따르면[49] 성인의 학습에는 목적이나 동기, 학습자 경험과의 결합이 필요합니다.

여러분도 어렸을 때는 국어·산수·과학·사회를 왜 배우는지 목적도 모르고 공부하지 않았나요? 굳이 말하자면 부모님과 선생님에게 혼나기 때문이라는 외발적인 동기 부여로 움직였을 수 있습니다.

그러나 성인의 학습에 적용할 때는 그러한 외부의 압력만으로는 효과적이지 않습니다.

최근에 책을 샀을 때를 떠올려 보세요. 아마 어떠한 목적이 있어서, 어떠한 어려운 일을 해결하기 위해서 구입하지 않았나요? 그리고 책을 읽을 때는 자신의 경험이나 이미 보유한 지식과 연결시키며 이해하지 않았나요? 이러한 자발적이고 관련성이 있는 학습이 뇌과학적으로도 효과적이라고 합니다.[50]

회사의 육성으로 말하자면 사원에게 먼저 '지금의 직무를 잘 처리한 후의 과제는 무엇인가', '앞으로 과제가 될 만한 일은 무엇인가'를 의식하게 하고 건전한 위기의식을 갖게 해야 합니다. 거기에는 목표로 해야 할 모습의 정의와 함께 상사의 도움이 필요합니다.

'지금의 직무를 수행하는 데 충분한 것·그렇지 않은 것', '앞으로 목표로 할 경력에 충분한 것·그렇지 않은 것' 등 '메워야 할 차이'를 상사와의 대화를 통해서 직접 인식하게 합니다.

이때 [질문 08]에서 정의한 인재의 (이상적) 스펙의 정보를 활용할 수 있습니다. 이러한 의식을 가지면 인재의 육성이 절반은 성공한 것과 다름없습니다.

나머지 절반은 배울 기회의 제공입니다. '직무상의 경험', '다른 사람의 조언', '연수와 자기 학습'의 기회 등을 제공해서 실제 성장으로 이어나갑니다. 특히 '직무상의 경험'이 중요시되며[51] [질문 10]의 개요 도해(133쪽 참조)의 하단에 기재된 혹독한 경험이 특히 학습을 촉진한다고 합니다.[52]

보면 알 수 있듯이 괴로워 보이는 장면·상황이 놓여 있습니다. '사자는 자신의 새끼를 절벽 아래로 떨어뜨린다'고 하는데 그렇게까지는 아니지만 어느 정도의 난장판을 체험하는 것은 사람의 성장에 반드시 필요합니다.

예를 들면 히타치제작소에는 젊고 우수한 사원을 집중적으로 육성하는 'Future50'이라는 시스템이 있습니다.[53] 발탁된 사원은 주로 30~40대이며 그중에는 서른한 살에 뽑히는 사원도 있습니다. 부하 직원 30명 정도의 중간관리직 사원을 갑자기 사원 5천 명, 매출 5천억 엔의 그룹 회사 사장으로 취임시킨 사례도 있습니다.

그때 단순히 절벽으로 밀어 떨어뜨리는 것이 아닙니다. '혹독한 경험을 하게 하려는 이유는 무엇인가'를 본인에게 정확히 이해시키고 확실히 지원하며 피드백해야 합니다. 이런 행동을 함께하는 것이 중요합니다. 히타치제작소에서도 개개인에게 경영 간부가 멘토로서 수시로 지원을 아끼지 않는 체제를 만들었다고 합니다.[54]

여기까지 '학습시키는 방법', 그중에서도 특히 어플리케이션(지식·기술)의 업데이트 면에 관하여 설명했습니다. 사업 환경이나 전략이 크게 변화하지 않은 경우에는 처음에 세운 계획대로 육성하면 됩니다.

하지만 시대와 시장에 큰 변화가 생겼을 때는 기술의 큰 전환, 즉 리스킬링이 필요합니다. 이는 어떻게 해야 하는지 다음의 [질문 11]에서 설명하겠습니다.

관련된 질문

질문 03 이상적인 사람·조직(문화)을 만들기 위해 무엇을 중시할 것인가?

질문 07 어떤 수단으로 인재를 조달할 것인가?

질문 16 인재의 인게이지먼트를 어떻게 높일 것인가?

영역 3 (사람의 육성)의 모든 질문

영역 4 (사람의 활약)의 질문 12·13

Q11 어떻게 리스킬링할 것인가?

두 명 중 한 명이 리스킬링이 필요한 시대

최근 들어 신문이나 뉴스에서 '리스킬링(재학습)'이라는 단어가 자주 눈에 띕니다.

2022년 10월에는 일본 정부에서 '개인의 리스킬링 지원으로 5년에 1조 엔을 투자한다'라는 방침도 표명했습니다. 여기에는 성장 시장(특히 디지털 산업 등)에 사람이 이동하는 것을 촉진하고 노동자의 임금 인상을 지원한다는 목적이 있는 듯합니다.

한편으로 기업이 주도하는 리스킬링도 최근 들어 활발합니다.

히타치제작소에서는 해마다 4억 엔을 투자해서 사원 3만 명을 대상으로 대규모 리스킬링에 대처합니다.[55] 학습 체험 플랫폼을 도입해서 현재의 업무와 기술 수준, 강화하고 싶은 기술의 정보를 등록하면 2만 개가 넘는 연수 프로그램에서 AI가 수강해야 하는 연수를 추천해 준다고 합니다.[56]

현재 기업이 시행하는 리스킬링은 주로 시스템 엔지니어와 데이터 사이언티스트 등 디지털 인재를 늘리는 것이 목적입니다. 일본에서는 2030년에 디지털 인재 약 80만 명이 부족하다는 예측에서[57] 볼 수 있듯이 이러한 인재의 확보가 급선무가 되었습니다.

한편 '10~20년 후 일본 노동 인구의 49퍼센트가 인공지능이나 로봇 등으로 바뀐다'는 조사 결과[58]도 있습니다.

다시 말해 지금 사람이 담당하는 일도 언젠가 사람이 필요 없어져서 그 사람을 다른 일로 옮겨야 하는 것입니다. 이 데이터를 근거로 하면 두 명 중 한 명은 리스킬링이 필요[60]하므로 어느 누구도 '자신과는 상관없다'라고 할 수 없는 상황입니다.

새로운 기술을 습득하기 전에 지금까지의 의식과 지식을 버리게 한다

이러한 배경을 볼 때 리스킬링은 시급하고 절실한 일이 되었습니다. 하지만 세상의 정보는 대부분 '새로운 기술 습득'에만 초점이 맞춰져 있습니다. 그렇다면 되돌아가서 생각했을 때 새로운 기술 습득

질문 11의 개요 도해

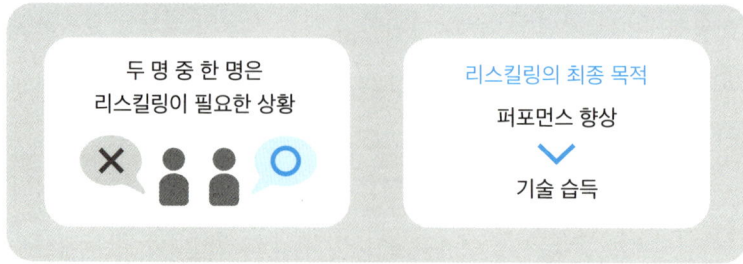

리스킬링의 첫걸음은 언러닝 Unlearning (탈학습)

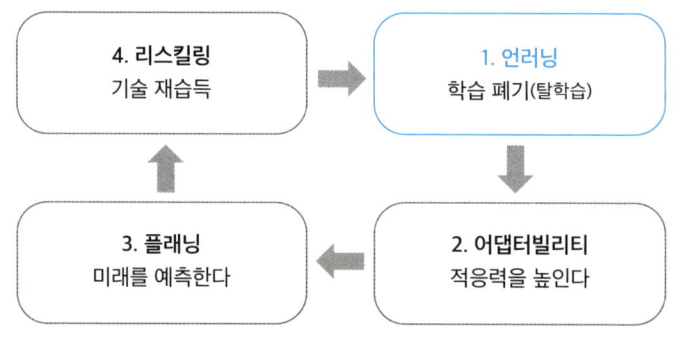

일반사단법인 재팬 리스킬링 이니셔티브 Japan Reskilling Initiative 에서[59]

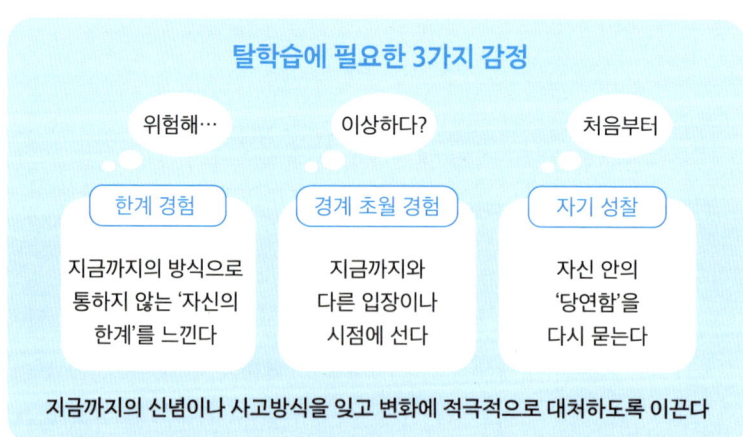

은 왜 필요할까요?

기술을 습득하는 것 자체가 목표는 아닙니다. 최종적인 목적은 '새로운 환경에서의 퍼포먼스 향상'일 것입니다.

[질문 11]에서 설명했듯이 퍼포먼스에는 눈에 보이지 않는 '동기·성격·사고방식 등의 특성'이 큰 영향을 줍니다. 성격은 곧바로 바꿀 수 없지만 '사고방식' 즉 OS는 업데이트할 수 있습니다. 다시 말해 퍼포먼스를 높인다는 목적을 달성하려면 새로운 기술을 습득하기 전에 **'지금까지의 의식과 지식을 어떻게 버릴 것인가(바꿀 것인가)'** 가 중요합니다.

애써 오랜 기간에 걸쳐 습득한 것을 '버린다'는 말을 듣고 '아깝다'라고 느끼는 사람도 있을지 모릅니다. 그러나 이 '버리는' 작업이야말로 새로 학습하기 전에 중요한 것입니다. 자세히 설명하겠습니다.

스마트폰으로 생각해 볼까요? 어플리케이션을 최신판으로 내려받아도 OS(iOS나 안드로이드)의 버전을 10년 전부터 갱신하지 않으면 잘 작동하지 않습니다. 인간도 마찬가지라서 '지금까지의 방식이 가장 좋다', '변화와 새로운 것을 받아들일 필요가 없다'라는 생각 자체를 일단 바꿔야 합니다.

그러한 사고방식이 있으면 아무리 새로운 지식·기술을 배우려고 해도 뇌가 '쓸모없는 것'이라고 판단해서 습득하려고 하지 않습니다. 실제 조사[61]에서도 리스킬링의 가장 큰 장애 요소가 이러한 '변화 억제 의식'에 있었습니다.

그럼 사고방식OS은 어떻게 갱신해야 할까요? 최근에 주목을 받고 있는 **'언러닝**unlearning'을 하는 것입니다.

언러닝은 직역하자면 '폐기 학습'입니다. 몰두한 일의 신념과 루틴(방식), 지식('이것은 이렇다'라는 단정) 등을 지워버리고 새롭게 재편성하는 것입니다.

'학습'이 지식의 축적을 통해서 신념을 형성한다고 하면 그 반대로 행동합니다. 언러닝이라는 말을 일본에 들여온 철학자 츠루미 슌스케 鶴見俊輔는 '탈학습'이라고 일본어로 절묘하게 번역했으므로 이후에는 이 단어를 사용하겠습니다.

'탈학습'의 방법[62]은 '위험해', '이상하다?', '처음부터'라는 3가지 감정이 들게 해야 합니다.

✱ '탈학습'에 필요한 감정 3가지와 촉진 방법

- '위험해… (한계 경험)': 지금까지의 방식으로 통하지 않는 '자신의 한계'를 느끼는 경험을 부여한다
- '이상하다? (경계 초월 경험)': 고객 등 지금까지와 다른 입장·시점에 선다, 부업·겸업·해외 경험·타사와의 경합 등을 시행한다
- '처음부터 (자기 성찰)': 자신 안에서 '당연한' 신념이나 전제를 근본적으로 다시 묻도록 돌아보기를 촉진하거나 상사가 모범을 보여준다

이러한 생각을 끌어낸 뒤 지금까지의 신념이나 사고방식에서 벗어나 변화에 적극적으로 나서도록 인도합니다. 여기까지 할 수 있으면 나머지는 새로운 기술의 습득(어플리케이션 업데이트)으로 이동할 뿐입니다.

여기부터는 앞의 [질문 10]에서 설명한 내용이 참고가 됩니다. 결국 '보통의 학습'과 '탈학습'도 같아서 경험이나 다른 사람의 관여를 통해서 학습의 '필요성'을 만들어내는 것이 중요합니다.

'탈학습'의 실천은 리더십을 보여줘야 하는 고위층부터

참고로 이 '탈학습'은 사원이 아니라 톱 매니지먼트층이 가장 필요할 수 있습니다. '초우량 기업'으로 칭찬받은 회사가 왜 몰락했는지 미국 펜실베이니아대학교가 분석했습니다.[63]

이 분석 내용에 따르면 '몰락 기업'의 주요 원인은 경합과의 치열한 경쟁 등이 아니라 성공을 끌어당기는 과정에서 익숙해진 '자멸적 습관'이었습니다. '현실을 직시하지 않는다(정당화한다)', '거만해진다(다른 사람의 이야기를 듣지 않는다)', '지금까지의 강점(쌓아온 것)에 의존한다' 등 습관병 7가지를 들 수 있습니다.

이는 기업에 관하여 언급한 것인데 어쩌면 경영자 개인의 얼굴이 떠오른 사람도 있을지 모릅니다. 실제로 이 책에서는 '모든 것은 리더십 문제'라고 결론을 내렸습니다. 즉 **'경영진이 신념과 사고방식을 계속 갱신하는가'가 회사의 존폐를 좌우합니다.**

일본 장기 기사 하부 요시하루羽生善治는 저서[64]에서 다음과 같이 말했습니다.

'자신이 잘하는 형태로 도망치지 않는다'

잘하는 형태로 계속 승리하면 자신의 진화를 방해한다는 뜻입니다. 이러한 변화를 위한 자세와 '탈학습'은 톱 매니지먼트층이 직접 실천하는 것이 바람직합니다.

이를테면 시세이도가 도입한 '리버스 멘토링'이 좋은 사례입니다. 이것은 20대의 젊은 사원이 간부의 멘토가 되어 첨단 디지털 기술과 소비 트렌드를 한 달에 한 번 정도 대화해가며 생각하는 것[65]입니다. 이러한 대처를 통해 자신의 기존 관념을 바꾸는 것이 중요합니다.

여기까지 [영역 3]에서는 인재 스펙의 정의, 사람에 관한 정보의 가시화, 학습 방법, 리스킬링에 대하여 생각했습니다. 육성이나 성장은 중요한 요소지만 그것이 목표는 아닙니다. 실제로 배운 것을 활용하여 일이나 직장에서 가치를 발휘하게 하는 것이 육성·성장의 투자 회수로 이어집니다. 다음의 [영역 4]에서 생각해 봅시다.

관련된 질문

- 질문 03 이상적인 사람·조직(문화)을 만들기 위해 무엇을 중시할 것인가?
- 질문 10 인재를 어떻게 배우고 성장하게 할 것인가?
- 질문 12 인재의 퍼포먼스를 어떻게 높일 것인가?
- 질문 20 신진대사를 어떻게 촉진할 것인가?

영역 3 인적 자본 경영 실천도 진단

	질문 08 필요한 인재 스펙을 어떻게 정의할 것인가?	질문 09 어떤 사람의 정보를 어떻게 '가시화'할 것인가?	질문 10 인재를 어떻게 배우고 성장하게 할 것인가?	질문 11 어떻게 리스킬링할 것인가?
5단계	각 조직에서 장래를 겨냥한 지식·기술·경험 등이 필요한 정도로 정의되었고 그런 것이 정기적으로 갱신되고 있다	사람의 정보에 관한 데이터베이스가 구축되어 정보가 늘 최신화되어 있으며 채용·육성·이동·평가 등에 효과적으로 활용되고 있다	육성 시스템이 Off-JT/OJT/자기 연마의 포괄적인 관점에서 PDCA 사이클이 돌아가며 최적화되어 있다	종업원뿐만 아니라 경영진도 포함해서 리스킬링을 추진·지원하는 구조와 제도를 도입해서 그 구조 자체도 늘 재검토하고 있다
4단계	어떠한 조직 단위·어떠한 내용으로 인재 스펙을 가시화할 것인지에 대한 방침이 명확하며 명확화를 위한 구조가 정비되어 있다	인재 매니지먼트의 효과를 높이는 사람의 정보가 정의되어 데이터베이스가 구축되었으며 늘 최신 정보가 되는 구조가 구축되어 있다	리더층과 전략상 핵심이 되는 인재가 내부에서 끊임없이 배출되는 효과적인 구조가 정비되어 있다	종업원뿐만 아니라 경영진도 포함해서 새로운 지식과 기술의 습득뿐만 아니라 언러닝의 중요성도 이해한 후 리스킬링에 적극적으로 대처하고 있다
3단계	앞으로의 경영 전략을 실현하기 위하여 각 조직에서 필요한 지식·기술·경험 등이 정의되어 있다	개인의 지향Will, 능력Can, 특성Style을 가시화하는 구조가 정비되어 있다	연수 체계Off-JT와 경력 경로·직무 경험OJT이 연동해서 체계적으로 정비되어 있다	리스킬링을 위한 연수 체계와 함께 리스킬링에 동기를 부여하는 구조도 정비되어 있다
2단계	필요한 지식·기술·경험 등이 등급별이나 일부 부문으로 정의되어 있다	개인의 능력Can 등 육성이나 인재 매니지먼트에서 활용하기 위한 정보가 단편적으로 가시화되어 있다	필요한 연수는 일정 정도 정비되어 있으나 전체상은 정리되어 있지 않으며 개별 연수를 쌓고 있다	종업원에게 리스킬링을 추천하고 새로운 지식과 기술 습득을 지원한다
1단계	필요한 지식·기술·경험 등이 구체화되어 있지 않다	인사 업무에 필요한 최소한의 정보만 가시화·활용되고 있다	교육·연수의 구조가 충분히 정비되어 있지 않다	리스킬링에 관한 대처가 이뤄시시 않고 있다

영역 4

사람의 활약을
어떻게 촉진할 것인가?

Q12 인재의 퍼포먼스를 어떻게 높일 것인가?

개인의 퍼포먼스는 무엇으로 결정되는가?

'그 사람은 우수하다', '그/그녀는 우리 회사의 에이스다'

여러분의 조직에도 높은 퍼포먼스를 올리는 인기 사원이 있지 않나요? 상대방의 회사로 돌진해 어렵게 느껴지던 계약도 따오는 영업 담당, 일반 직원보다 몇 배나 빠른 속도로 분석해서 프레젠테이션 자료를 만드는 기획 담당. 이러한 인기 사원들의 '높은 퍼포먼스'는 어디에서 나올까요?

질문 12의 개요 도해

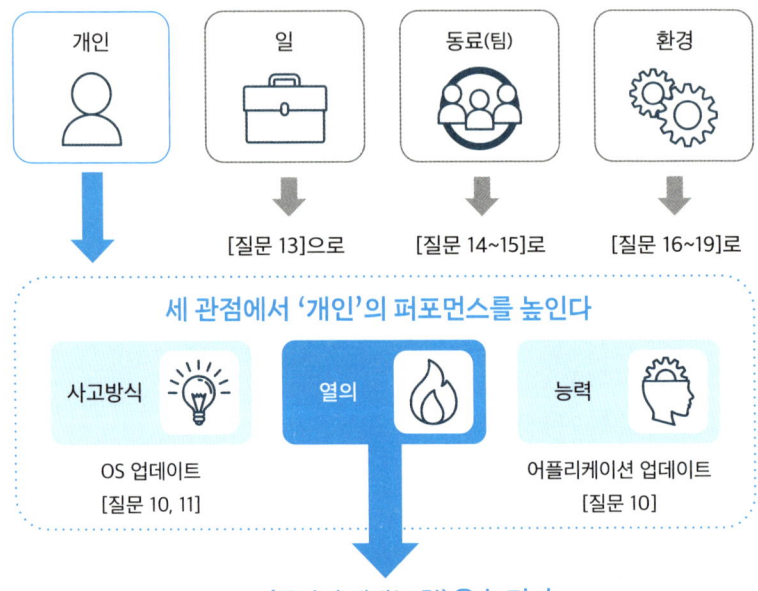

퍼포먼스를 높이기 위해서 4요소에 접근

- 개인
- 일 → [질문 13]으로
- 동료(팀) → [질문 14~15]로
- 환경 → [질문 16~19]로

세 관점에서 '개인'의 퍼포먼스를 높인다

- 사고방식 — OS 업데이트 [질문 10, 11]
- 열의
- 능력 — 어플리케이션 업데이트 [질문 10]

GRIT(끝까지 해내는 힘)을 늘린다

Guts
담력

Resilience
복원력

Initiative
자발성

Tenacity
집념

GRIT을 늘리는 방법

- ☑ 관심·흥미를 느끼는 일을 하게 한다
- ☑ 일하는 의의나 목적을 느끼게 한다
- ☑ 자신의 기술보다 조금 웃도는 목표를 설정하게 한다
- ☑ 작은 성공 체험을 하게 한다
- ☑ 어려운 일이 생겨도 그 끝의 희망을 보여준다

일본을 대표하는 경영자 고 이나모리 가즈오^{稲盛和夫}는 다음과 같은 방정식을 주장했습니다.

인생·일의 결과＝사고방식×열정×능력

일에 대처하는 마음가짐이 아무리 확실하고 능력이 아무리 높다고 해도 쉽게 '더는 못해'라며 의욕을 잃는 사람은 아마 결과를 내지 못할 것입니다. 직접 앞장서서 행동하고 이를 유지하는 열정도 중요합니다.

그럼 사고방식이 뛰어나고 열정과 능력도 있는 사람이 자신에게 어울리지 않는 일을 계속 배정받으면 어떨까요? 오타니 쇼헤이 프로야구 선수가 날마다 똑바로 앉아서 장기 두는 일을 강요당한다고 생각해 봅시다. 아무리 우수하다고 해도 당황하지 않을까요? 그런 의미에서 인재와 '일'의 적절한 배치도 퍼포먼스를 높이는 데 중요한 요소입니다.

인기 선수를 뒷받침하는 팀과 환경

또한 동료(팀)의 존재도 빠뜨릴 수 없습니다.

인기 사원이라고 해도 혼자서 모든 일을 이뤄내기란 어려우며 동료와 인맥(사회관계 자본)의 존재가 중요하다는 점이 여러 조사[66]에서도 나타났습니다. 실제로 '우수한 인재를 헤드헌팅해서 그 사람이 잘

하는 일을 시켰는데 기대 이하의 성과였다'라는 사례를 자주 보고 듣습니다. 이는 예전 회사에서 인기 사원을 뒷받침한 사람들이 현재 주위에 없다는 것이 원인 중 하나입니다.

이러한 사태를 피하기 위해 [질문 07]에서 다룬 애퀴 하이어(M&A를 통한 인재 확보)를 통해 팀별로 스카우트가 이루어지는 사례도 있습니다.

우수한 인재를 팀별로 스카우트해서 잘하는 일에 임명했다고 합시다. 새로운 회사에서 정당한 평가와 대우를 받지 못하거나 일에서 행복을 느낄 수 없을 만큼 노동 환경이 열악하다면 어떻게 될까요? 아마 퍼포먼스는 기대만큼 오르지 않을 것입니다. 프로야구에서 트레이너와 코치별로 우수한 타자를 뽑아도 팀 전체의 타순이나 팀 컬러에 어울리지 않으면 결과를 내지 못하는 것과 같습니다. '환경'도 중요한 요소입니다.

즉, **퍼포먼스를 높이려고 하면 개인, 일, 동료(팀), 환경이라는 4가지 요소에 접근해야 합니다.**

인사로서 개인의 퍼포먼스를 높이는 방법

먼저 '개인'의 요소에 관하여 설명하겠습니다.

개인의 퍼포먼스 향상에는 사고방식×열정×능력의 관점이 있었습니다. 사고방식[OS]과 능력(어플리케이션)의 업데이트 방법은 [질문 10(인재를 어떻게 배우고 성장하게 할 것인가?)]에서 다룬 것과 같습니다.

그럼 열정은 어떨까요? 전 야구선수 스즈키 이치로는 이런 말[67]을 남겼습니다.

'작은 일을 많이 거듭하는 것이 엄청난 곳으로 가기 위한 유일한 방법'

이처럼 모든 일을 계속해서 끝까지 해내는 힘을 'GRIT(그릿)'이라고 합니다. GRIT이란 다음 네 단어의 이니셜을 딴 것입니다.

Guts(담력): 어려운 일에 맞서는 힘
Resilience(복원력): 실패해도 포기하지 않고 계속하는 힘
Initiative(자발성): 자기 자신이 목표를 발견하는 힘
Tenacity(집념): 끝까지 해내는 힘

성공한 사람은 이러한 '끝까지 해내는 힘'을 공통적으로 갖고 있습니다[68]. '비인지 능력'(테스트에서 수치화되지 않는 힘)이라고 하기도 하며 최근에는 '아이의 인생을 풍요롭게 하는 힘'으로도 중시됩니다.

'끝까지 해내는 힘'은 어릴 때뿐만 아니라 어른이 되어도 의식적으로 늘릴 수 있습니다. 그 방법[69]은 의외일 정도로 단순합니다.

* GRIT(끝까지 해내는 힘)을 늘리는 방법
  ① 관심·흥미를 느끼는 일을 하게 한다
  ② 일하는 의의나 목적을 느끼게 한다
  ③ 자신의 기술보다 조금 웃도는 목표나 도전적인 목표를 설정하게 한다
  ④ 작은 성공 체험을 하게 한다
  ⑤ 어려운 일이 생겨도 그 끝의 희망을 보여준다 ('끝까지 해내는 힘'이 강한 사람이 지원한다)

각각 구체적인 방법은 [질문 13·14]에서 설명하겠습니다. 여기에서는 'GRIT이란 입사 후 사내 환경에서 늘릴 수 있는 능력'이라는 점만 이해하면 됩니다.

여기까지 퍼포먼스를 올리기 위한 '개인'의 요소를 살펴봤는데 그 외의 요소 3가지도 뒤에서 설명하는 질문으로 이어집니다.

'일'의 요소는 [질문 13], '동료(팀)'의 요소는 [질문 14·15]와 연관되어 있습니다. '환경'의 요소는 '질문 16~19'. 맞습니다. 다 연결되어 있어요.

이야기가 조금 벗어났는데 이처럼 퍼포먼스에 영향을 주는 요소를 정리해 보면 '개인(자신)' 이외의 요소가 매우 많은 것을 알 수 있습니다. '우수하다', '에이스'라고 하는 사람은 자신의 재능과 노력에 따라 그 장소까지 올라간 부분도 당연히 있을 것입니다. 그러나 그 이상으로 좋은 일, 좋은 동료(팀), 좋은 환경 덕을 본 점도 클 수 있습니다.

이러한 점을 각자 인식하게 해야 일의 퍼포먼스와 행복감을 높일

수 있지 않을까요?

그럼 다음의 [질문 13]에서 '일'의 요소, 즉 적재적소의 실현 방법에 관하여 생각해 보겠습니다.

관련된 질문

질문 08 필요한 인재 스펙을 어떻게 정의할 것인가?
영역 4 (사람의 활약)의 모든 질문
영역 5 (사람의 유지)의 질문 16~19

Q13 인재와 일을 어떻게 어울리게 할 것인가?

회사와 개인, 각각의 '적직'이란 무엇인가?

여러분, 지금 하는 일은 '자신의 적성에 맞다'고 생각하나요?

'적성에 맞다'라고 대답한 사람은 아마 일에서도 활약해서 '적직'을 찾은 기쁨을 느끼는 것이 아닐까요? 실제로 '일하는 보람이 있으면 대우나 노동 조건이 조금 나빠도 괜찮다'라고 생각하는 사람이 58.3퍼센트에 이릅니다.[70]

이처럼 자신의 적성에 맞는 일을 '적직'이나 '천직'이라고 하는데 애초에 '적직'이란 무엇일까요?

개인 관점에서는 '즐겁다', '성장할 수 있다', '돈을 벌 수 있다' 등 여러 가지로 파악할 수 있습니다. 한편 회사의 관점에서는 '동기 부여가 높아서 일하게 할 수 있다', '높은 성과를 올리게 할 수 있다' 등 조금 다른 말이 나올 것입니다.

즉 양쪽은 다른 관점으로 '적직'을 파악하기 때문에 개인과 회사가 모두 행복해지는 '적직'은 좀처럼 찾아볼 수 없습니다.

또한 개개인에게 최대한 어울리는 직무를 배정하고 싶다면, 필요한 인재 스펙이나 사람의 정보를 최대한 가시화한 후 '어떻게 조합하는 것이 가장 적합할까'라는 복잡한 퍼즐을 풀어 나가야 합니다.

특히 요즘은 Will(경력 지향)을 고려해서 어울리게 하는 것도 중요합니다.

지금까지 설명했듯이 인재의 경력 자율 의식은 해마다 높아지고 있습니다. 본인의 뜻을 전혀 고려하지 않은 이동은 뛰어난 인재의 이직 위험을 높입니다. 엔 재팬en Japan Inc.의 조사[71]에 따르면 전근 때문에 퇴직할 수 있다고 대답한 사람이 64퍼센트라고 합니다.

개인과 직무의 일치 정확도를 더욱 높이려면 이러한 Will·Can·Must에 관한 방대한 정보를 고려해야 합니다. AI를 사용하더라도 실현하기는 거의 무리일 것입니다. 모든 사원에게 100퍼센트 적합한 일을 배정하기란 불가능하기 때문입니다. 어느 정도 회사로서 적재적소에 배치하는 노력은 필요하지만 **완전한 적재적소(적직)는 환상**이라고 생각하세요.

질문 13의 개요 도해

회사와 개인이 서로 양보한다

바라는 것
퍼포먼스 향상

회사

바라는 것
일을 통한 행복감과 보람

개인

인게이지먼트 Engagement (일하는 보람)가 높아지는 일의 요소

- ✓ 미션·역할이 명확해서 의의가 있다
- ✓ 재량이나 아이디어의 여지가 있다
- ✓ 성취감·성장감을 얻을 수 있다

위의 3가지를 얻을 수 있는 일이 되도록 서로에 대한 의식을 바꿔 나간다

회사의 양보

직무를 부여하고 의미와 의의를 전한다

가능한 한 권한을 넘긴다,
개선의 여지를 살핀다

계속적인 성취감과 성장감을
느낄 수 있는 난도로 조절한다

개인의 양보
잡 크래프팅 Job Crafting 의 진행 방법

1. 업무에 걸리는 시간을 밝혀낸다
   ↓
2. 시간 사용법의 변화
   왜 그렇게 느꼈는지 밝혀낸다
   ↓
3. 바라는 일의 이미지를 밝혀낸다
   ↓
4. 이미지에 다가가기 위한
   아이디어가 없는지 생각한다
   ↓
5. 관련된 사람과의 관계성을 향상
   시키는 아이디어를 생각한다
   ↓
6. 자신의 업무와 큰 목표와의
   관계를 생각한다

적재적소는 포기하고 양보를 생각한다

그럼 어떻게 해야 할까요? 답은 **회사와 개인이 서로 양보하는 것**입니다. '뭐야, 당연한 말이잖아'라고 생각할 수도 있는데 이러한 '양쪽의 양보'를 시스템으로 받아들이는 회사는 아직 적습니다.

회사의 관점에서는 주로 '퍼포먼스 향상', 개인의 관점에서는 주로 '일을 통한 행복감과 보람'을 추구한다고 하면 그 원이 포개어지는 장소가 존재할 것입니다. 이러한 원이 포개어지는 장소가 즉 인게이지먼트(일하는 보람)가 높아지는 일의 요소라고 바꿔 말할 수 있습니다.

구체적인 내용은 [질문 17]에서 설명하겠는데 인게이지먼트가 높아지는 요인으로 다양한 조사 결과가 나와 있습니다. '일 자체의 성질'에 주목하면 다음의 3가지로 정리할 수 있습니다.[72]

✱ **종업원의 인게이지먼트가 높아지는 일의 요소**
 ① 미션·역할이 명확해서 의의가 있다
 ② 재량이나 아이디어의 여지가 있다
 ③ 성취감·성장감을 얻을 수 있다

즉, 이 3가지를 충족시킨 일을 할 수 있게 회사(상사)와 개인이 함께 일해서 일의 이상적인 모습과 의식을 바꾸는 것입니다.

먼저 회사(상사)의 '양보'에 관하여 생각해 보겠습니다.
어느 정도 어울리는 직무를 종업원 본인에게 부여한 후 그 직무가 가진 의미와 의의, 무슨 일을 하기를 바라는지 정확히 전달합니다. 또한 가능한 한 권한을 이양하거나 일하는 방식과 방향성을 개선할 여지가 없는지 물어봅니다. 그 후 개개인의 역량에 따라서 장애물을 높이거나 낮춰서 끊임없이 성취감과 성장감을 얻을 수 있게 난이도를 조절합니다. 이런 부분을 회사의 목표 관리 제도MBO 등으로 당연히 실천하는 회사도 많습니다.

예를 들면 리크루트사에서는 개개인의 능력과 기대치에 맞춘 '직무 가치(기대 성과)'를 분기별로 설정하여 그에 따라 등급과 보수가 정해지는 '미션 등급제'를 도입했습니다(그림 2-3).[73] 일을 회사에서 일방적으로 주는 것이 아니라 개인의 정보를 파악해서 일의 방해 요소를 유연하게 조절했습니다. 이는 [질문 08]에서 소개한 'Will-Can-Must 시트'를 사용해서 6개월에 한 번 개인의 Will(지향)이나 Can(능력)을 파악하는 것으로 실현할 수 있습니다.

한편 개인의 양보도 중요합니다. 이를 위해서는 '잡 크래프팅Job Crafting'이라는 방법[74]을 종업원에게 가르치는 것이 효과적입니다.

잡 크래프팅이란 '일의 내용이나 방법, 인간관계, 의미를 파악하는 방법을 능동적으로 다시 구성하는 것'입니다. 2001년 미국 예일대학교에서 주창하여 2016년 무렵부터 연구가 진행되었으며 연수 등에서 도입하는 일본 기업도 늘어났습니다.

그중에서도 '일의 의미 변경'이 중요합니다. '성당의 돌을 쌓는 장인 이야기'라고 하면 고개를 끄덕이는 사람도 있을 것입니다.

자신은 어떤 가치를 제공하는가, 어떻게 큰 활동을 할 수 있는가를 재인식하게 하는 것이 잡 크래프팅입니다. 이렇게 일을 다시 파악해서

그림 2-3 리크루트사가 도입한 '미션 등급제'

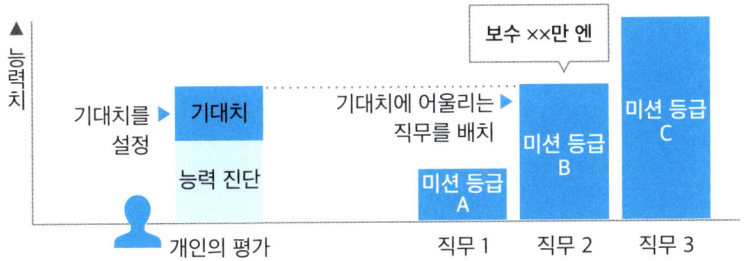

출처: 리크루트 그룹 홈페이지 '인사 제도·구조'
https://www.recruit.co.jp/employment/mid-career/human-resources/

'주체적인 일에 대처하는 감정'이나 '적극적인 행동' 증가에 효과가 있었다는 연구 결과[75]도 존재합니다. 진행 방법은 다음과 같습니다.

✦ 잡 크래프팅 진행 방법

[1단계] 지금 하는 일을 작업 단위로 분류해서 각 작업에 걸리는 시간 비율을 밝혀낸다

[2단계] '이전과 비교해서 사용하는 시간의 변화가 있었는가?', '작성과 걸리는 시간에 관하여 깨달은 점이 있었는가?', '왜 그렇게 느꼈는가?'를 밝혀낸다

[3단계] '일을 통해서 어떤 가치관을 달성하고 싶은가?' 바라는 일의 이미지를 밝혀낸다

[4단계] 현재의 일(작업)을 [3단계]에서 밝혀낸 '바라는 일의 이미지'에 가까워질 수 없는지 생각한다 (일의 구분과 비율 자체

도 바꿀 수 있는지 생각한다)

[5단계] 동료, 상사, 고객 등 일에 영향력이 있는 사람과의 관계성을 향상하기 위해 할 수 있는 일이 없는지 생각한다

[6단계] 작업이나 일 자체가 '조직과 자신에게 더 큰 목표가 되었는가?'를 생각한다

4단계와 5단계에서 일에 대한 당사자 의식을 높입니다. 게임에서 도전하는 스테이지의 내용과 난이도, 파티(동료)를 직접 설정하는 것과 같습니다.

이러한 방법을 터득하면 '업무 내용은 회사·상사가 통제하는 것'이라는 의식에서 벗어나 더욱 일에 빠져드는 환경을 직접 만들 수 있습니다. 거기에는 물론 회사와 상사의 협력도 중요합니다.

이 잡 크래프팅은 도쿄 디즈니 리조트의 '커스토디얼custodial'이라고 하는 청소부가 잘 시행하고 있습니다. 원래 청소 스태프는 인기가 없는 직종이라서 이직하는 사람도 많았던 모양입니다. 하지만 지금은 묵묵히 청소만 하지 않습니다. 방문한 사람에게 길을 안내하거나 대걸레를 사용해 땅바닥에 캐릭터를 그리는 등 '대접'을 위한 방안을 자발적으로 생각해서 실행했습니다. 이러한 업무에 대한 의미 등을 다시 파악하는 일을 통해 이직률도 줄이고 현재는 인기 직종 중 하나가 되었습니다.

이처럼 개인과 회사(상사)가 서로 양보하는 것이 '적직'에 다가가는 유일한 길입니다. 남편과 아내가 서로 양보하는 것이 '좋은 부부'에 다가가는 유일한 길인 것과도 비슷합니다.

인재와 일을 일치시킨 후에는 직무를 수행하게 하는 단계에 들어갑니다. 다음은 [질문 14]를 생각하겠습니다.

관련된 질문

- **질문 01** 전략을 실현하려면 어떤 인재가 필요한가?
- **질문 08** 필요한 인재 스펙을 어떻게 정의할 것인가?
- **질문 09** 어떤 사람의 정보를 어떻게 '가시화'할 것인가?
- **질문 16** 인재의 인게이지먼트를 어떻게 높일 것인가?
- **영역 4** (사람의 활약)의 질문 12·15

Q14 좋은 팀을 어떻게 만들 것인가?

생산성이 높은 팀에는 5가지 특징이 있다

'프로젝트 아리스토텔레스'를 알고 있나요?

이것은 구글이 2012년부터 4년에 걸쳐서 '생산성이 높은 팀의 특성'을 조사한 프로젝트입니다. 이 조사 결과 생산성이 높은 팀의 특징으로 뽑힌 요소는 다음의 5가지였습니다.

✽ **생산성이 높은 팀의 특징**
① 심리적 안전성이 높다

② 상호 신뢰가 높다

③ 팀의 목표가 명확하다

④ 일이 자신의 일하는 목적과 의의와 연결된다

⑤ 일의 의의와 영향력을 느낀다

가장 중요한 것은 '심리적 안전성'입니다. 심리적 안전성이란 '팀에서 「다른 멤버가 자신의 발언을 거절하거나 벌을 주지 않는다」라는 확신을 가진 상태. 대인관계에 위험이 있는 행동을 했다고 해도 멤버가 서로에게 안심감을 공유할 수 있는 상태'라고 정의합니다.[76]

흔히 착각하는데 '친절하고 서로 분위기를 파악하는' 상태와는 다릅니다. 오히려 건설적인 말다툼이나 가슴이 철렁하는 직설적인 발언이 생기는 상태입니다. 심리적 안전성이 높은 조직은 다음의 장점이 있다[77]고 알려졌습니다.

- 퍼포먼스 향상과 혁신 촉진
- 직무 만족도 향상과 이직률 저하
- 행복감 향상 (스트레스 저하)
- 실패 발생 확률 저하
- 팀의 다양성 실현과 성과 향상

그럼 어떻게 해야 심리적 안전성이 향상될까요? 거기에는 다음의 방법[78]이 있다고 하며 매니서(상사)의 자세와 행동이 큰 영향을 줍니다.[79]

✻ 심리적 안전성을 향상시키는 방법

- 적극적으로 멤버에게 의견을 구한다 (솔직한 의견을 구한다)
- 발언에 고마워하고 겸손하게 받아들여 이해한다
- 매니저 본인의 생각을 적극적으로 공개한다
- 자신의 잘못이나 실패를 인정한다
- 실패가 있어도 비난하지 말고 미래로 시선을 돌린다
- 멤버에게 지원을 요청한다

여러분의 직장을 연상해 봐도 알 수 있듯이 매니저(상사)가 직장의 분위기에 미치는 영향은 매우 큽니다. 위에 쓴 행동과 정반대되는 행동을 하는 상사 때문에 괴로운 경험을 한 사람도 있지 않나요?

그러므로 조직으로서는 처음에 매니저의 의식과 행동을 바꾸는 교육에 투자하는 것이 심리적 안전성을 실현하는 지름길입니다.

라쿠텐에서는 관리직을 위한 1on1(1:1) 연수나 종업원을 위한 러닝 등을 통해서 1on1 미팅 문화를 촉진합니다. 특히 관리직을 위한 1on1 연수에서는 경청과 티칭, 코칭, 적절한 피드백 방법 등을 수시로 학습하게 해 매니저 자신의 성장을 지원합니다. 2022년 3월에 실시된 설문조사에서는 종업원 95퍼센트가 1on1에 만족한다고 대답했습니다. 또한 90퍼센트가 넘는 종업원이 상사와 말하기 쉽고 이야기를 확실히 들어준다고 느꼈습니다.[80]

1on1 미팅 문화의 침투가 종업원의 성장을 뒷받침하는 동시에 '심리적 안전성' 향상에 기여하는 것입니다.

질문 14의 개요 도해

생산성이 높은 팀의 특징
- ☑ 심리적 안전성이 높다
- ☑ 상호의 신뢰가 높다
- ☑ 팀의 목표가 명확하다
- ☑ 일이 자신의 일하는 목적과 연결된다
- ☑ 일의 의의와 영향력을 느낀다

심리적 안전성을 향상시키는 방법(매니저의 대처 사항)

멤버에게 적극적으로 의견을 구한다

발언에 고마워하고 받아들여 이해한다

매니저 본인의 생각을 적극적으로 공개한다

자신의 죄와 실패를 인정한다

실패해도 비난하지 말고 미래로 시선을 돌린다

멤버에게 지원을 요청한다

연결 호르몬이 분비되면 상호 신뢰가 높아진다

장점	단점
신뢰 관계와 일체감을 높인다	종적 의식과 내향적 의식에 따른 생산성 저하·동조 압력

팀의 개념(일체감을 느끼는 범위)을 확장한다

'과'에서 '부' 단위로

조직 외부로 시선을 돌린다

회사 전체로서 목표를 공유한다

연결 호르몬을 분비시켜서 '상호 신뢰'를 높인다

프로젝트 아리스토텔레스에서 뽑은 '② 상호 신뢰가 높다'는 것도 좋은 팀을 형성하는 데 빠뜨릴 수 없는 요소입니다. 신뢰의 형성은 심리적 안전성 향상에도 크게 관여하고 있어서 이 둘은 끊으려야 끊을 수 없는 관계라고 할 수 있겠습니다.

도대체 '신뢰'는 어떻게 형성될까요?

뇌과학으로 말하자면 '옥시토신'이라는 뇌내 물질과 관련이 있습니다. 옥시토신이란 사람과의 교류를 통해 분비되는 '연결' 호르몬입니다.[81] 예를 들면 개인의 가치관이나 이루고 싶은 일, 좋아하는 것과 싫어하는 것, 일상에서 느낀 일 등 주관적으로 감정이 공유되는 대화를 나눌 때 분비됩니다.[82] 1on1 미팅에서 '잡담부터 시작해 보세요'라고 추천하는 것도 이러한 이유가 있습니다.

옥시토신은 신뢰 관계나 일체감을 높이는 효과가 있는 한편 사실 무시무시한 반작용도 있습니다. 아이가 있는 사람은 경험이 있을 수 있는데 아이가 태어났을 때 (남편의 입장에서는) 아내가 소홀히 대접하거나 적대심을 보이고 (아내의 입장에서는) 남편에게 다가가고 싶지 않거나 공격적으로 행동하는 경우가 없었나요?

사실 이는 옥시토신의 작용에 따른 행동입니다. 엄마와 아이의 일체감이 높아지면 남편과 아내의 일체감(유대)이 상대적으로 떨어져서 아내가 남편을 멀리하는 행동으로 이어집니다.

조직에서도 똑같은 일이 일어납니다. '분파주의'라고 하는 종적 의식과 내향 의식이 이러한 원리로 생기며 생산성 저하와 동조 압력 등의 폐해를 만들어냅니다.

그럼 이러한 옥시토신에 따른 부정적인 작용에 대하여 우리는 어떻게 대처해야 할까요?

사실 해결법은 쉽습니다. 팀이라는 개념(일체감을 느끼는 범위)을 확장하는 것입니다. 과 단위의 팀에서 부 단위로. 또한 회사 전체로서 사명이나 목적, 계획이나 목표를 정해서 공유하고 조직을 넘은 소통을 강화합니다. 또한 자신의 조직 밖으로 시선을 돌리게 하기 위해서 조직을 초월한 팀을 형성하거나 사내 부업을 장려하는 것도 효과적입니다.

이 질문의 전반에 설명한 것은 조직의 구심력(내향적인 힘)을 강화하는 이야기였는데 분파주의를 방지하려면 **원심력(외향적인 힘)도 추가하는 것이 중요합니다**. 이렇게 조직이 뒤섞이는 방법은 [질문 20]에서도 자세히 설명하겠습니다.

여기까지 좋은 팀을 만드는 방법에 관하여 생각했습니다. 그중에서도 '심리적 안전성'과 나란히 팀 만들기에서 최근 필수적인 주제가 있습니다. 바로 다양성(다이버시티)입니다. 최근이라면 'DEI&B[83]' 등 다양한 단어와 붙여서 말할 수도 있습니다.

'여성 활약을 위해서', '혁신을 일으키기 위해서' 등 다양한 목적으로 다양성을 말하는데 그 본질은 무엇일까요? 다음의 [질문 15]에서 살펴보겠습니다.

관련된 질문

- 질문 08　필요한 인재 스펙을 어떻게 정의할 것인가?
- 질문 15　다양성과 그 효과를 어떻게 실현할 것인가?
- 질문 23　사람 사이에서 일어나는 문제를 어떻게 방지할 것인가?
- 영역 1　(이상적인 사람·조직의 모습)의 모든 질문
- 영역 5　(사람의 유지)의 질문 16·20

Q15 다양성과 그 효과를 어떻게 실현할 것인가?

'다양성'에서 느껴지는 위화감의 정체

'우리 회사는 여성 관리직 비율 ○%를 목표로 한다'
'다양성은 실적 향상을 위해서 중요하다'

 국제적인 흐름도 있어서 이러한 선언을 내세우는 회사가 늘어났습니다. 그러나 이러한 내용에 왠지 모르게 이해가 가지 않거나 위화감을 느끼는 사람도 있을 것입니다. 그 이유는 무엇일까요?
 결론부터 말하자면 다양성의 목적과 정의, 실현 수단을 여러 각도에서 말하는 탓에 무엇이 옳은지 알 수 없는 상태가 되었기 때문입니다. 이제부터 당신이 느끼는 위화감의 정체를 자세히 설명하는 동시에 과학적인 연구를 근거로 한 정확한 다양성 실현 방법을 다시 정리하겠습니다.

먼저 사회에서 논의되는 '다양성의 목적'을 정리하면 다음의 3가지가 주로 존재합니다.

✱ **다양성의 목적**
- 윤리[Good]: 지금까지 사회적으로 억압당한 계층(여성이나 흑인 등)의 인권을 존중한다 (공정한 회사라는 인지를 높인다)
- 위험 요소 절감[Safe]: 동질적인 사람만 모이면 시야가 좁아지고 위험한 판단[84]을 할 가능성이 높아지므로 그런 요소를 억제한다
- 경쟁력[Strong]: 실적 향상과 혁신을 만들어낸다

대부분의 논의에서는 'Good 회사가 되기 위한' 이야기와 'Safe나 Strong한 회사가 되기 위한' 이야기를 일괄적으로 정리하지 않은 채 말하기 때문에 혼란과 위화감이 생기는 것입니다.

예를 들면 Good(공정한) 회사가 되려면 여성 비율을 인구 구성(50퍼센트)에 근접하게 하는 것 등을 생각할 수 있습니다. 한편 '여성 비율을 50퍼센트에 맞추는 이야기'와 '혁신을 만들어내는 Strong한(경쟁력 있는) 회사를 실현하는 이야기'가 다 중복되는 것은 아닙니다. 그러니 먼저 당신 회사가 제시하는 다양성의 목적을 명확히 하고 Good, Safe, Strong 중 무엇을 위한 이야기인지 식별해보세요.

질문 15의 개요 도해

다양성의 목적을 명확화해서 무엇을 위한 이야기인지 식별한다

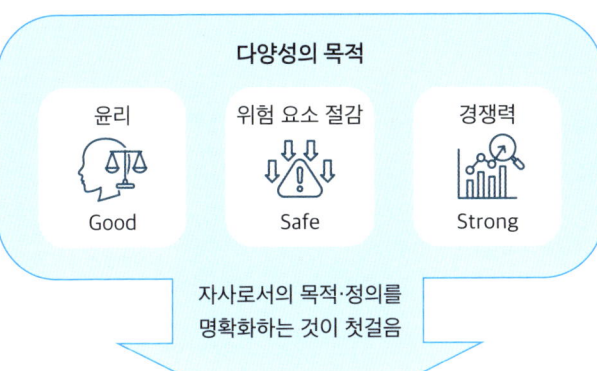

다양성의 목적
- 윤리 — Good
- 위험 요소 절감 — Safe
- 경쟁력 — Strong

자사로서의 목적·정의를 명확화하는 것이 첫걸음

다양성의 정의

표층 수준
- 속성면: 성별·나이·국적·인종 등

심층 수준
- 인지면: 가치관, 관점, 사고방식 등

Safe와 Strong 사회가 되기 위한 다양성에 필요한 요소

- ☑ 심층적인 다양성 중시
- ☑ 필요적 안전성 확보
- ☑ 멤버 사이를 중개하고 차원이 더 높은 목적 성취로 이끄는 리더십
- ☑ 지식·의견의 공유와 아이디어 창출의 촉진
- ☑ 아이디어 창출과 실행 담당자의 공존

다양성 추진을 위한 더욱 포괄적인 대처

- ☑ 개개인의 능력자 특성 가시화
- ☑ 리더층의 다양성 실현
- ☑ 적정한 일과 사람의 배치
- ☑ 공정한 평가와 승격의 시스템
- ☑ 공정한 교육과 육성 시스템
- ☑ 각각에 어울리는 유연한 업무 방식 제공

'다양성'은 목적별로 생각해서 도입한다

또한 다양성의 정의 자체에도 2가지 수준이 있습니다.[85]

✱ **다양성의 정의**
① 표층 수준: 성별·나이·국적·인종 등의 속성 면에서
② 심층 수준: 가치관, 관점이나 사고방식 등[86] 인지 면에서

①과 ②는 어느 정도 이어집니다. 예를 들면 성별이나 나이, 국적이 다르면 가치관과 관점이 어느 정도 다릅니다. 하지만 이러한 '태어났을 때의 속성(표층 수준)'으로 인간의 이상적인 모습이 정해질까요?

당연히 아닙니다. 쌍둥이라 해도 성인이 되면 성격이 달라지기도 합니다. 하물며 같은 인종이나 성별이라고 해도 태어난 후에 무엇을 접하고 어떤 경험을 해 왔느냐에 따라 가치관과 관점은 변화합니다.

그래서 속성(표층 수준)으로 모든 것을 단정하는 것은 위험하며 실패할 수 있습니다. 특히 **위험 요소 절감**[Safe]이나 **경쟁력·혁신 창출**[Strong]에서는 심층 수준의 다양성이 중요하다고 알려져 있습니다.[87] 따라서 Safe와 Strong한 회사를 위한 논의에서 '여성 비율' 등의 표층 수준에만 초점을 맞추면 차이가 생깁니다. 이것이 다양성의 논의에서 일어나는 위화감의 두 번째 원인입니다.

또한 무엇이든지 다양성만 높이면 될까요? 그것도 틀렸습니다. 특히 속성(표층 수준)의 다양성만 추구하면 긍정적인 효과보다도 부정적인 효과가 웃돌 수 있습니다.[88, 89] 속성이나 사고방식이 다르면 일을

진행하는 방법이나 판단 기준이 다르기 때문입니다. 그렇게 하면 충돌이 늘어나 조율이 필요해져서 생산성이 떨어집니다.

예를 들어 내일부터 여러분이 성별과 나이가 다른 미국, 프랑스, 중국, 인도의 동료와 일하게 되었다고 합시다. 언어 문제 외에도 아마 첫 점심 식사 장소를 정하는 일에도 고생할 것입니다.

그러한 의미에서도 다양성에는 적합하고 부적합한 일이 있습니다. 시야가 좁아질 위험을 배제해야 하는 일이나 아이디어의 확장이 필요한 일에는 심층 수준의 다양성을 높여야 효과적입니다. 한편 해야 할 일이 정해져 있고 여러 가지를 계속 진행해야 하는 업무에는 다양성의 중요성이 떨어집니다. 목적에 따라 다양성을 구별해서 높이는 것이 중요합니다.

아이디어를 창출하거나 개혁을 실행할 때 다양성은 긍정적으로 작용한다

그럼 아이디어의 확장이 필요한 업무에서 다양성을 혁신으로 이어 나가려면 무엇이 필요할까요? 그것은 다음의 5가지입니다.

✴ **변혁적 다양성에 필요한 요소**
① 심층적인 다양성의 실현[90]
② 심리적 안전성 확보[91]
③ 멤버 사이를 중개하고 차원이 더 높은 성취로 이끄는 리더십[92]

④ 지식·의견의 공유와 아이디어 창출의 촉진[93]
⑤ 아이디어 창출과 실행 담당자의 공존[94]

①은 앞에서 설명한 것과 같습니다. ②의 심리적 안전성은 [질문 14]에서 설명했습니다. 이러한 토대를 만든 후 '가치관의 충돌'을 적극적인 에너지로 바꿔서 모든 일을 진행하는 힘이 필요해집니다. 그 힘이 ③의 리더십입니다. A와 B의 가치관이 충돌할 때 '그럼 C가 좋지 않을까'라고 승화시키려면 리더의 존재가 반드시 필요합니다.

또한 다양한 인재가 모여 있어도 각자 단독으로 일하면 의미가 없습니다. 지식과 의견을 교환하고 새로운 아이디어를 만들어내는 협력을 촉진해야 합니다. 단 아이디어가 생긴 후에는 팀 편성을 바꿔도 무방합니다. 앞에서 언급했듯이 다양성은 구분해서 높이는 것이 중요하기 때문입니다. 아이디어를 재빠르게 실행하려면 다양성을 빼야 좋을 수도 있습니다.

다양성을 도입해서 좋은good 사회가 되는 방법

여기까지 Strong(또는 Safe) 회사가 되기 위한 다양성을 중심으로 설명했습니다. 그럼 Good 회사가 되기 위한 대처 방법은 완전히 다를까요? 또 여성 관리직 비율이나 임원 비율 등의 목표를 세우고 그 개선을 지향하는 자세는 전혀 쓸모없을까요?

아니오, 그렇지 않습니다. Good, Safe, Strong 회사가 목표로 하는 세계에는 겹치는 부분이 있습니다. 이를 말로 표현하면 다음과 같습니다.

'각자가 보유하는 잠재 능력이 최대한 발휘되어 서로를 향상하고 보완하며 일하는 보람과 훌륭한 퍼포먼스를 만들어낸다'

어떤 의미에서 '당연히' 지향해야 하는 회사의 모습입니다.
그렇다면 지금 이 자세는 실현되어 있을까요?
일본의 현재 '여성 관리직 비율'은 12.7퍼센트로 G7에서 단연코 최하위입니다.[95] 이는 '각자(여성)가 지진 잠재 능력이 최대한 발휘되는 모습'이라고 할 수 없습니다. 원인은 다양한데 '지금까지의 남성 중용 스타일(잠재적인 생각)이 지속된' 점[96]이 가장 큰 원인이 되었습니다. 이러한 낡은 인습을 바꾸려면 의식적·계속적인 교정이 필요합니다.

이를테면 골프를 치는데 잘못된 스윙이나 움직임이 몸에 배었을 경우 어떻게 할까요? 아마 스윙이나 움직임을 바로잡으려고 매우 의식해서 정확한 동작을 반복할 것입니다. 교정 중에는 '정말로 이렇게 하면 괜찮을까?'라고 위화감을 꽤 느낄 수 있습니다. 그러나 바른 상태가 몸에 배면 그런 위화감은 머릿속에 떠오르지 않고 의식하지 않아도 자연스럽게 더욱 좋은 플레이를 할 수 있습니다.

여성 비율의 목표 설정과 이를 실현하는 대처 방법도 마찬가지입니다. 바른 상태, 즉 '여성이 보유하는 힘이 최대한 발휘되는 자세'를 의식하고 이를 목표로 해서 끊임없이 행동해야 합니다. 교정 중에는 질투나 불만 등 약간의 '위화감'을 느낄 수도 있을 것입니다. 하지만 이 단계는 어디까지나 이행 기간입니다. 빨리 졸업해서 '당연한 일을 무의식적으로 할 수 있고 좋은 플레이를 할 수 있는 상태'로 옮기는 것이 중요합니다.

다양성의 원래 목적과 의미는 '각자가 보유하는 잠재 능력이 최대한 발휘되는 모습'을 만들어서 '훌륭한 퍼포먼스'를 만들어낼 수 있게 하는 것이 목표입니다. 최종적으로는 여성뿐만 아니라 모든 시점에서 이러한 상태가 실현되어야 합니다.

여기까지 [영역 4 (사람의 활약)]에서는 퍼포먼스를 높이는 방법, 사람과 일의 배치, 팀 만들기, 다양성에 관하여 설명했습니다.

지금까지 설명한 대로 사람의 활약은 다양한 요소가 얽혀 있습니다. 하지만 사람을 조달(채용)해서 육성하고 활약을 촉진했는데 곧바로 그만두면 의미가 없습니다. 이러한 문제에 어떻게 마주해야 할 것인지 다음의 [영역 5 (사람의 유지)]에서 함께 생각해 보겠습니다.

관련된 질문

질문 03 이상적인 사람·조직(문화)을 만들기 위해 무엇을 중시할 것인가?

영역 3 (사람의 육성)의 질문 08·09

영역 4 (사람의 활약)의 질문 13·14

영역 5 (사람의 유지)의 질문 16·17

영역 4 인적 자본 경영 실천도 진단

	질문 12 인재의 퍼포먼스를 어떻게 높일 것인가?	질문 13 인재와 일을 어떻게 어울리게 할 것인가?	질문 14 좋은 팀을 어떻게 만들 것인가?	질문 15 다양성과 그 효과를 어떻게 실현할 것인가?
5단계	퍼포먼스의 상황이나 지향성을 모니터링해서 개개인에게 더 적합한 퍼포먼스 향상 시책으로 개선하거나 구조 전체를 재검토한다	상사도 본인에게 양보하고 본인도 일에 직접 대처하는 의의로 되돌아가는 것을 촉구하는 구조가 구축되어 있다	심리적 안전성과 팀의 구심력을 높이는 시스템과 함께 분파주의를 배제하는 구조도 구축되어 있다	남녀·국적 등 표면의 다양성뿐만 아니라 가치관·사고방식과 같은 심층적인 영역의 다양성까지 파고든 시책을 실행하고 있다
4단계	개인·일·팀·환경과 같은 포괄적인 관점에서 퍼포먼스를 높이는 구조가 정비되어 있다	현장에서도 본인의 의지Will나 특성을 근거로 해서 부여하는 일의 장애 요소나 내용을 조정하는 시스템이 있다	매니저의 행동 변화를 포함해서 팀의 심리적 안전성을 높이는 시스템이 구축되어 있다	자사로서의 다양성 정의, 추진하는 일의 목적이 정의되어 있으며 목표·대처법과의 일관성이 있다
3단계	개인의 역량(동기 부여)과 능력을 모두 높이기 위한 효과적인 시스템이 정비되어 있다	인재의 능력과 특성뿐만 아니라 본인의 의지Will도 확인해서 이동이나 배정을 결정하는 시스템이 있다	팀 멤버 간의 교류의 상호 이해, 팀워크 향상을 촉진하는 시스템이 있다	다양성에 관한 목표가 설정되어 있으며 채용·육성·평가 등 포괄적인 대처가 이뤄지고 있다
2단계	일대일 미팅이나 평가 제도의 피드백 방법 개선 등 개인에게 초점을 맞춘 대처는 시행하고 있다	인재의 능력과 특성을 의식해서 이동이나 배정을 결정하는데 본인의 의지Will까지는 확인하지 않는다	팀으로서의 목적·목표는 명확하지만 퍼포먼스·관계성을 향상하기 위한 시스템은 없다	여성 관리직 비율 등 다양성에 관한 목표를 설정하는데 이를 실현하기 위한 충분한 대처는 이뤄지지 않는다
1단계	육성 시스템이나 평가 제도 등은 존재하지만 퍼포먼스 향상에 효과적으로 활용되지 않는다	인재와 일을 일치시키는 시스템이 없다	팀으로서의 목적·목표를 명확히 하거나 퍼포먼스·관계성을 향상하기 위한 시스템은 없다	다양성의 필요성이나 목표로 해야 하는 자세, 대처법에 관해 검토하지 않는다

영역 5

사람을 어떻게
유지할 것인가?

Q16 인재의 인게이지먼트를 어떻게 높일 것인가?

'관계'와 '열의'의 양면이 중요하다

여러분은 축제에서 가마를 짊어진 적이 있나요?

경험은 없어도 '해보고 싶다'고 생각한 적은 있을지 모릅니다.

실제로 가마를 짊어지는 일은 엄청난 중노동이고 거액의 보수를 받는 것도 아닙니다. 그럼 사람은 왜 가마를 짊어질까요?

자발적으로 참가하는 사람은 다음과 같은 마음이 있을 것입니다.

- 신에 대한 감사와 기도와 같은 고차원적인 행동으로 이어질 수

있다
- 즐겁게 가마를 짊어지는 사람들과 한 몸이 될 수 있다
- 일상에서 느끼지 못하는 흥분과 감동을 얻을 수 있다

이러한 실질적인 보수 외의 동기 부여는 앞으로 기업에서 사람과의 관계 유지에 중요한 역할을 합니다. 그 이유는 1장에서 설명했듯이 요즘의 인재가 '한 회사에 계속 고용되는' 것을 고집하지 않기 때문입니다.

고용되지 않는다(가마를 짊어지지 않는다)는 선택지도 있습니다. 다른 지역의 가마에 매력을 느껴서 옮기는 선택도 있습니다. 그러한 상황 속에서 기업은 인재와 관계를 맺으며 적극적으로 공헌하도록(가마를 짊어지도록) 해야 합니다.

이러한 조직과의 관계와 공헌 의욕을 '종업원 인게이지먼트'라고도 합니다. 종업원 인게이지먼트는 일반적으로 다음의 2가지 요소로 구성됩니다.[97]

- 관계: 조직이나 동료에 대해서 귀속 의식과 애착의 마음을 갖고 있다
- 열의: 조직을 위하여 자진해서 공헌하려고 하는 의욕이 있다

이 영역의 주제는 '어떻게 사람을 유지할 것인가?'입니다. '사람의 유지'라는 말을 들으면 '관계(관계성 맺기)'에만 신경 쓰기 쉬운데 그것만으로는 부족합니다. 가마채를 들고 있어도 열의를 갖고 들어 올리

려고 하지 않는 사람이 여러 명이나 섞여 있으면 다른 가마꾼에게 폐를 끼쳐서 곤란하잖아요. '관계'와 '열의'는 어느 한쪽도 빠뜨릴 수 없는 요소입니다.

그럼 종업원 인게이지먼트는 어떻게 높여야 할까요?

각 회사에는 인간과 마찬가지로 각자의 특성이 있습니다. 지압할 때를 생각해 보세요. 몸 상태에 따라 눌러야 하는 혈점이 다르며 부적절한 부위를 누르면 역효과가 납니다. 회사도 똑같습니다. **당신 회사에 적합한 인게이지먼트를 높이는 포인트를 찾는 것이 중요합니다.**

인게이지먼트라는 말에는 '서약'이나 '약속'이라는 의미가 있습니다. 즉 '종업원과의 약속'입니다. 어디서 들어본 것 같지 않나요? 맞습니다. [질문 04]에서 소개한 EVP(사원에게 제공하기를 약속하는 '가치')입니다.

EVP에는 크게 '일, 경력, 보수, 사람, 환경, 회사'라는 요소가 있었습니다. 당신 회사에 있는 인재가 이중 어느 것을 중시하느냐에 따라서 인게이지먼트를 높이는 포인트가 달라집니다.

급성장 중인 IT 벤처 기업의 사원을 예로 들어 생각해 볼까요? 그 기업에 소속된 사원은 성장 속도나 일 자체의 보람 등을 바랄 가능성이 높다고 생각할 수 있습니다. 그러한 회사에서는 발탁과 권한 이양이 효과적인 한편, 워크 라이프 밸런스를 향상하려고 모든 사원을 정시에 퇴근시키는 것은 효과가 전혀 없을 수 있습니다.

어떤 요소가 가장 효과적인지는 회사마다 다릅니다. 인게이지먼트를 높이려면 당신 회사에 적합한 포인트를 찾는 것이 우선입니다.

질문 16의 개요 도해

종업원 인게이지먼트의 구성 요소

조직이나 동료에 대해서 귀속 의식과 애착의 마음을 갖고 있다

관계 | 열의

조직을 위하여 자진해서 공헌하려고 하는 의욕이 있다

두 요소 모두 필수적이다

인게이지먼트를 높이기 위한 각 회사의 포인트를 찾는다

찾는 방법

사원에게 설문 조사한다(체계적인 조사 실시)

EVP(6요소)의 경우

일	경력	보수
사람	환경	회사

☑ 일할 때 무엇을 중시하는가?
☑ 그것은 어느 정도 충족되었는가?

정량적·통계적으로 분석

중시 항목과 충족 항목을 비교해 본다

중시도　　충족도
10 ◀·····▶ 2
차이가 있다

우선적으로 대응해야 하는 문제를 찾는다

'(중)회귀 분석'을 사용한다

부(-)의 상관관계　정(+)의 상관관계
-1 ◀····· 0 ·····▶ 1
상관관계 없음

인게이지먼트와 상관관계에 있는 항목을 압축한다

당신 회사의 포인트를 과학적으로 찾는 방법

그럼 어떤 식으로 포인트를 찾아야 할까요? 그럴 때는 **과학적·정량적으로 분석하는 방법**이 효과적입니다.

앞에서 언급한 EVP 6요소를 활용하며 사원에게 '일할 때 무엇을 중시하는가', '그것은 얼마나 충족(만족)되었는가'를 설문조사로 물어봅니다. 또한 인게이지먼트의 정의에서 다룬 2요소(관계·열의)도 얼마나 높은지 함께 확인하세요. 이를 '인게이지먼트(의 높이)'라고 합시다. 분석할 때는 다음의 2가지를 확인합니다.

A: 사원이 '중시하고' 있지만 '충족(만족) 못하는' 항목은 무엇인가?
B: 어느 항목이 '인게이지먼트(의 향상)'에 영향을 주는가?

A는 각 항목의 중요도와 충족도를 비교해 보면 쉽게 알 수 있습니다. 이를테면 사원이 '적절한 평가'를 중시하는데 그 충족도가 낮다는 설문조사 결과가 나오면 이것이 우선적으로 대응해야 할 과제입니다.

B에는 통계의 지식이나 기술이 조금 필요한데 이 책에서는 요점만 간단히 설명하겠습니다. 수집한 정보를 정리해서 엑셀의 '데이터 분석'에서 '(중)회귀분석' 기능을 사용하면 대부분 버튼 하나로 분석할 수 있습니다.

(중)회귀분석이란 항목 간의 관계(상관) 정도를 숫자로 나타내는 것입니다. -1에서 1의 숫자로 나타내며 1에 가까우면 정(+)의 상관(어느 한쪽이 높아지면 다른 한쪽도 높아진다), 0이라면 관계가 전혀 없다

는 의미입니다. 이와 반대로 −1에 가까우면 부(−)의 상관(어느 한쪽이 높아지면 다른 한쪽은 낮아진다)이라는 의미입니다. '인게이지먼트'와의 상관관계가 1에 가까운 항목이 중요하다고 생각할 수 있습니다.[98] 이러한 간이 분석도 참고할 수 있습니다.

통계 분석에서 재미있는 점은 '왠지 모르게 중요한 것 같다'라고 느낀 항목과 다른 효과가 나타나는 것입니다. 예를 들면 '우리 회사는 보수가 낮은 탓에 그 점이 인게이지먼트에 가장 큰 영향을 준다. 급여를 올리는 것이 가장 적절한 해답이다'라고 생각하는 사례를 자주 봅니다. 하지만 분석해 보면 경력 형성이나 성장 등 다른 요소가 인게이지먼트 향상에서 중요했다는 경우가 종종 있습니다.

이런 일은 인간의 특성에 기인합니다. 인간은 쉽게 생각해낼 수 있는 최근의 정보와 친근한 정보를 토대로 해서 판단하는 '가용성 휴리스틱Availability Heuristic(머릿속에 쉽게 떠오르는 정보를 근거로 삼아 판단하고 결정하는 것. 사건의 가능성을 기억의 가용성에 근거해서 추정하는 방법 - 옮긴이)'이라는 마음의 필터가 있기 때문입니다. '급여가 적다'라는 말은 귀에 잘 들어오기 때문에 그것이 중요하다고 굳게 믿는 것입니다.

정량적·통계적인 분석을 진행하면 개인의 경험칙이나 감에 의지한 판단에서 벗어나 정확도가 더욱 높은 수단을 밝혀낼 수 있습니다.

이 항목에서는 인게이지먼트를 높이려면 EVP의 6요소(일, 경력, 보수, 사람, 환경, 회사)를 개선해야 한다고 설명했습니다. 그러나 사실은 모든 요소에 효과적으로 접근할 수 있는 방법이 있습니다. 바로 '평가 제도'의 개선과 구축입니다. 이에 관해서는 [질문 17]에서 설명하겠습니다.

관련된 질문

질문 03 이상적인 사람·조직(문화)을 만들기 위해 무엇을 중시할 것인가?

질문 04 무엇을 당신 회사의 매력으로 설정할 것인가?

질문 26 사람과 조직의 데이터를 어떻게 활용할 것인가?

영역 3 (사람의 육성)의 질문 08·09

영역 4 (사람의 활약)의 모든 질문

영역 5 (사람의 유지)의 질문 16~19

Q17 개개인의 퍼포먼스를 어떻게 평가할 것인가?

사원의 의욕을 꺾는 인사 평가의 3가지 원인

여러분, 평가를 좋아합니까?

기말 평가 시기가 되면 평가하는 사람이나 평가받는 사람이나 기분이 조금 우울해지지 않나요? 이는 훌륭한 성과를 올린 경우라도 적잖이 생기는 감정입니다. 우리가 이토록 평가를 거북해하는 이유는 무엇일까요?

원인은 3가지를 생각할 수 있습니다. '제도의 목적이 잘못됐다', '제도를 잘못 설계했다', '상사를 좋아하지 않는다' 중 하나거나 전부입니다. 반대로 말하자면 이런 것을 바로잡으면 **인사 평가 제도의 건전화**뿐만 아니라 회사 전체의 인게이지먼트가 향상되고 경영적으로도 매우 큰 효과가 나타납니다. 자세히 살펴보겠습니다.

먼저 '평가 제도의 목적 설정'에 관해서 설명하겠습니다. 원래 평가 제도는 평가하는 행위 자체나 급여·상여 등을 결정하는 것이 목적의 전부는 아닙니다.

평가 제도의 목적을 넓게 파악하면 다음의 5가지를 들 수 있습니다.

A: 회사(상사)와 본인 간의 상호 이해 위에서 방향성을 조율한다
B: 회사나 조직의 목표 달성을 위한 동기를 부여한다
C: 성장을 위한 과제 파악과 행동 개선을 촉진한다
D: 목표 달성과 성장을 위해서 필요한 지원(상사나 동료의 지원, 인원 보충, 필요한 권한 등)을 명확히 한다
E: 처우(급여·상여·승격 등)를 결정한다

이런 것은 사실 EVP의 모든(일, 경력, 보수, 사람, 환경, 회사) 요소와 연결됩니다. 바꿔 말하자면 평가 제도를 잘 돌리면 인게이지먼트 향상에 매우 효과적이라는 뜻입니다.

그러나 A~E의 목적을 내세워도 좀처럼 실현하지 못하는 조직도 많지 않나요? 그 이유는 '그 목적을 실현하기에 제도가 적절하지 않다', '상사의 이상적인 모습·소통에 문제가 있다' 중 하나입니다.

전자는 제도로서 '너무 복잡해서 이해할 수 없다', '현장에서 사용하기 어렵다', '급여나 상여의 결정만 중시된다'와 같은 상황에 빠졌

질문 17의 개요 도해

평가를 싫어하는 원인 3가지
- ✓ 제도의 목적이 잘못됐다
- ✓ 제도 설계가 잘못됐다
- ✓ 상사를 좋아하지 않는다

바로잡는다 ↓

평가 제도의 목적
상호 이해·방향성을 조율한다
목표 달성을 위한 동기를 부여한다
과제 파악과 행동 개선을 촉진한다
필요한 지원을 명확히 한다
처우를 결정한다

EVP의 모든 영역과 연결된다 ↓

인사 평가 제도의 건전화 **+** 인게이지먼트 향상

경영적으로 매우 큰 효과를 낸다

평가와 처우의 거리를 둔다
평가자(상사)의 소통 능력이 높으면 평가 기준이나 논리가
조금 모호해도 좋은 결과를 얻을 가능성이 있다

기준이나 논리의 명확성

평가자의 이상적인 자세와 소통

매니저(평가자)에게 필요한 능력
- ✓ 부하 직원을 각각 볼 수 있다
- ✓ 서로를 이해해서 신뢰 관계를 쌓을 수 있다
- ✓ 회사의 목표나 필요한 역할·능력이 무엇인지 이해한다
- ✓ 기대치를 자신의 말로 해서 알기 쉽게 전할 수 있다
- ✓ 적절한 피드백과 코칭, 동기 부여를 할 수 있다

음을 나타냅니다. 여러분의 회사에서도 짐작 가는 점이 없나요? 이러한 원인의 근본을 찾아보면 '기준이나 논리의 공평함을 지나치게 중시하는' 행동에 다다릅니다.

특히 대기업은 '공평하게 평가하고 공평하게 처우를 결정하기' 위해서 평가 기준을 엄밀하고 까다롭게 정의하는 경우가 많습니다.

예컨대 '능력 평가의 「S」는 영업으로 말하자면 「고객 지향성」이 레벨 3 이상이며 영업 성적이 상위 10퍼센트 이내에 적어도 2분기 연속으로 들어가며 행동 규범에 반하는 행동이 없고……'라는 식으로 사람에 따른 판단의 차이가 최대한 발생하지 않도록 구체적인 기준을 마련하는 일에 주력합니다.

또한 평가 결과와 처우를 결정하는 논리에도 다양한 요소를 반영하려고 합니다. 이를테면 목표의 중요도에 따라 중점에 차이를 두거나 '난이도나 도전하는 정도에 따라 평가 점수를 ○배로 한다' 등으로 설정하는 방식입니다.

대기업에는 여러 인재가 있으므로 공평함을 유지하려고 하면 아무리 해도 이렇게 되고 맙니다. 하지만 사실, 구조를 이것저것 정비해도 일반적으로 본인 평가와 상사 평가의 상관 계수는 0.35(낮은 상관) 정도[99]뿐입니다. 올림픽 경기의 채점자와 경기자의 점수 상관이 0.9(강한 상관) 정도인 점을 감안해서 보면 큰 차이가 생기는 것을 알 수 있습니다.

게다가 지나친 기준·논리의 정밀화는 '제도와 운용의 복잡화'라는 폐해를 일으킵니다. 그리고 그 뒤에는 평가 제도가 원래의 목적에서 벗어나게 운용되어 제대로 기능하지 않는 사태가 발생합니다.

이를테면 평가 기준의 지나친 구체화는 좋든 나쁘든 '어긋난 값'을 배제하기 쉽습니다. 뛰어나게 좋은 퍼포먼스를 내거나 뒤떨어진 성과를 내도 기준에 들어맞아야 평가받습니다. 특히 회사에서 결정한 기준이 구체적일수록 '평가하고 싶은데 평가할 수 없는' 사례가 많이 나옵니다. 이렇게 되면 현장으로서는 '사용하기 어려운' 제도가 됩니다.

또한 처우 결정이라는 것은 매우 큰 관심사입니다. '평가 기호로 부하 직원의 급여가 결정된다'라고 하면 아무리 해도 종업원은 '어떤 기호를 매길까'에만 의식이 쏠리고 맙니다. 특히 논리를 너무 정밀하게 설정하면 평가자가 숫자 맞추기에 쏠리기 쉽습니다.

행동 개선이 필요한 사람에게 낮은 평가를 매기지 못하는 경우가 종종 있습니다.

예를 들면 '이대로는 A씨의 급여가 떨어지고 말 거야. 이곳의 평가 점수를 조금 올려 줘야지'와 같은 추측이 발생합니다. 이렇게 되면 '성장을 위한 과제 파악과 행동 개선을 촉진한다'라는 원래의 목적이 어딘가로 사라지고 맙니다.

매니저의 수준이 높으면 급여·승격은 대략적으로 결정한다

그럼 이러한 '처우 결정에만 관심이 쏠리는' 폐해를 어떻게 해결해야 할까요?

평가와 처우의 거리를 둬야 합니다. 다시 말해 성과나 능력의 개별 평가 결과를 직접 승급이나 상여 등에 반영시키지 않게 하는 것입니다. 이러한 제도는 '노 레이팅no rating'이라고 하며 IT 기업에서 종종 도입하고 있습니다.

이러한 기업에서도 상여나 승급을 위한 평가 기준은 결정하지만 그 일에 시간을 쓰지 않습니다. 목표 달성도와 다른 요소를 참고하며 대략적으로 결정합니다.

'그렇게 엉성하게 결정하면 사원이 이해할까?'라고 조금 불안하게 느낄지 모릅니다. 실제로 이러한 모호한 성질이 있는 제도는 '상사의 이상적인 모습과 소통'에 따라 성공하느냐 마느냐가 달라집니다.

이를테면 여러분은 다음 중 어느 상황의 이해도가 높습니까?

A: 평가 기준은 구체적이고 논리는 정교하고 치밀하다. 그러나 자신을 잘 봐주지 않고 존경할 수도 없는 상사로부터 평가 결과만 통보했다

B: 평가 기준이나 논리는 조금 모호하다. 하지만 자신을 제대로 봐주고 존경할 수 있는 상사의 자상한 소통이 있었다

아마 B가 아닐까요? 물론 어느 정도는 기준이나 논리가 명확한 것보다 더 좋은 것은 없습니다.[100] 그러나 마지막에는 상사의 이상적인 모습이나 소통이 가장 중요합니다. 이는 평가와 처우의 거리를 두는 것과 상관없이 어떤 평가 제도든 마찬가지입니다.

평가 제도를 적절히 운용하려면 다음과 같은 능력을 터득한 매니저(평가자)가 필요할 것입니다.

✱ **매니저(평가자)에게 필요한 능력**
- 부하 직원을 각각 볼 수 있다
- 부하 직원과 서로를 이해해서 신뢰 관계를 쌓을 수 있다
- 회사(조직)의 목표나 필요한 역할·능력이 무엇인지 이해한다
- 기대치를 자신의 말로 부하 직원에게 알기 쉽게 전할 수 있다
- 적절한 피드백과 코칭, 동기 부여를 할 수 있다

이런 일을 할 수 있는 매니저가 회사에 어느 정도 있는 경우에는 평가와 처우를 떨어뜨리거나 평가 기준·논리를 모호하게 해도 좋은 결과를 얻을 가능성이 있습니다.

한편 그런 수준에 이르는 매니저가 적은 경우에는 평가와 대처를 떨어뜨리지 않고 기준·논리도 명확하게 해야 합니다.

여기도 [질문 08]과 마찬가지로 구조(하드웨어) 중시인가, 사람(소프트웨어) 중시인가를 매니저의 역량에 따라 판단하는 게 중요합니다.

여기까지 여러 번 언급했듯이 평가와 그 대가인 처우는 아무리 해도 밀접한 관계가 있습니다. 또한 [영역 4]에서는 사람의 활약을 촉진하는 방법을 설명했는데 활약의 대가가 전혀 없으면 아무리 열망이 높은 사람이라도 버티지 못합니다.

이어지는 [질문 18]에서는 당신 회사의 처우에 관한 가장 적합한 답을 생각해 보겠습니다.

관련된 질문

질문 08 필요한 인재 스펙을 어떻게 정의할 것인가?

질문 09 어떤 사람의 정보를 어떻게 '가시화'할 것인가?

질문 18 활약·성과에 걸맞은 대가를 어떻게 줄 것인가?

Q18 활약·성과에 걸맞은 대가를 어떻게 줄 것인가?

'승인 4가지'로 인게이지먼트를 높인다

'어떤 일을 하든지 다른 사람에게 인정받고 싶다'

이렇게 생각하는 사람은 18세부터 29세까지의 30퍼센트에 달합니다.[101] '가능하면 다른 사람에게 인정받고 싶다'라고 대답한 사람도 포함하면 60퍼센트가 넘습니다.

이러한 '승인 욕구'는 젊은 세대뿐만 아니라 누구나 갖고 있습니다. 예를 들면 결국 자신의 이야기만 한다, '바쁘다'라고 어필한다, 메일에 답장이 없으면 불안해진다…… 이러한 감정도 일종의 승인 욕구입니다. 반대로 말하자면 누구나 '승인 욕구'가 충족되기를 갈망하는 것일 수도 있다.

그럼 사람을 매니지먼트할 때 어떤 '승인'을 해서 이러한 욕구를 충족시켜야 할까?

코칭 이론에 따르면 '승인'은 다음의 4가지로 분류됩니다.

✱ 승인 4가지
    ① 결과 승인: 실행한 일이나 내놓은 성과를 인정한다
    ② 행동 승인: 바람직한 행동에 관하여 인정한다
    ③ 성장 승인: 이전과 비교해서 얼마나 성장했는지 인정한다
    ④ 존재 승인: 그 사람의 존재 자체를 인정한다

기업으로서도 이러한 승인 4가지를 실행하고 그 욕구를 건전하게 충족시키면 동기 부여와 인게이지먼트 향상으로 이어질 수 있습니다.

기업의 사원에 대한 승인에는 구조(하드웨어 측면)로 실행하는 방법과 소통(소프트웨어 측면)으로 할 수 있는 방법이 있습니다.

먼저 '① 결과 승인'의 경우 하드웨어 면에서의 승인이란 성과에 관한 평가나 상여·인센티브 제도 등이 해당합니다. 한편 소프트웨어 면에서의 승인은 상사의 위로나 성과에 대한 피드백 등입니다.

'② 행동 승인'과 '③ 성장 승인'은 ①의 결과 승인에 가까운 것이 있는데 승격·승진 등에 따라 훨씬 큰 재량과 권한, 기회를 주는 것이 하드웨어 면에서의 승인에 해당합니다. 이른바 '일의 보수는 일'이라

질문 18의 개요 도해

승인 4가지

- ① 결과 승인: 실행한 일이나 내놓은 성과를 인정한다
- ② 행동 승인: 바람직한 행동에 관하여 인정한다
- ③ 성장 승인: 이전과 비교해서 얼마나 성장했는지 인정한다
- ④ 존재 승인: 그 사람의 존재 자체를 인정한다 / ①~③의 토대가 된다

⬇ 인게이지먼트 향상에 매우 큰 효과를 낸다

승인 방법

	구조 (하드웨어 면)	소통 (소프트웨어 면)
① 결과 승인	성과에 관한 평가, 급여·인센티브 제도	상사가 건네는 위로의 말, 피드백
② 행동 승인	승격·승진으로 더 큰 재량과 기회를 부여한다	
③ 성장 승인	행동이나 능력 발휘에 관한 평가, 표창·승격 제도	
④ 존재 승인	'충분히 걱정하고 있어', '여기에 있어도 돼'라는 메시지를 보낸다 '비금전적'인 보수도 아울러 제공한다	

'비금전적'인 보수도 아울러 제공한다

는 식입니다. 또한 행동과 능력 발휘에 관한 평가, 표창, 승급 제도 등도 승인입니다.

소프트웨어 면에서의 승인으로는 결과 승인과 마찬가지로 상사의 위로의 말과 피드백이 여기에 해당합니다.

'④ 존재 승인'이란 '충분히 걱정하고 있어', '이곳에 있어도 괜찮아', '당신이 있는 것 자체가 고마워'라는 메시지를 보내는 것입니다. 어쩐지 부끄러운 느낌도 드는데 인사를 하거나 사소한 변화를 알아채 주는 것만으로도 존재 승인이 됩니다.

존재 승인은 다른 승인의 토대가 되는 중요한 것이며 일상적으로 실행하는 것이 중요합니다. 예를 들면 평소에 인사도 하지 않고 자신에게 전혀 관심이 없어 보이는 상사가 "최근 들어 눈에 띄게 성장했네"라고 갑자기 말을 걸면 당신은 어떤 느낌이 들 것 같나요? '기분 내키는 대로 코칭을 배우기 시작했나? 기분 나쁘네……'라고 생각하지 않나요?

그런 식으로 받아들이지 않게 평소의 인사와 관계 유지도 필수적입니다.

여기까지 소개한 '승인'은 대부분이 상사가 본인과의 접점을 이룹니다. 평가 제도의 피드백이나 현장에서의 위로, 권유 등 모든 것이 그렇습니다.

앞의 [질문 17]에서도 언급했는데 여기에서도 역시 매니저에 대한 교육이 최우선 항목입니다.

보수는 총보상(금전·비금전을 모두 포함)으로 지급한다

이러한 소프트웨어 면의 승인력을 높이는 것은 어떤 의미에서 보수에 따른 승인보다 더 강력할 수 있습니다. 금전적인 보수는 그 효과가 오래 지속되지 않고 부정적으로 치우칠 위험도 있기 때문입니다.

보수가 동기 부여로 이어지는 이유는 도파민이라는 뇌내 물질이 방출되기 때문입니다. 그러나 이 도파민은 '보수의 양' 자체에 반응하는 것은 아니라는 연구 결과[102]가 있습니다. '사전의 기대치'와 '실제로 받은 가치'와의 차이에 반응하는 것입니다.

이를테면 '이번 분기의 상여는 100만 엔을 받을 수 있을 것이다'라고 생각했는데 150만 엔을 받았다고 합시다. 이 경우 100만 엔과 150만 엔의 '차이'에 대하여 도파민이 분비된다는 뜻입니다. 이를 '보수 예측 차이'라고 합니다.

회사가 '급여와 상여를 이만큼 주니까 충분할 것이다'라고 생각해도 사원이 '이 정도는 당연히 받아야 한다'라고 생각하면 효과는 약합니다.

또한 '100만 엔을 받을 수 있을 것이다'라고 생각했는데 50만 엔만 받으면 큰 충격을 받겠지요? 인간의 감정은 얻는 기쁨보다 잃는 아픔이 더 큽니다. 이를 심리학에서는 '전망 이론 prospect theory'이라고 합니다.

이처럼 '금전적인 보수'는 처리하기가 매우 어렵습니다. 그럼 어떻게 해야 할까요?

'비금전적'인 보수도 합해서 제공하는 것입니다. 비금전적 보수란

서두에서 예로 든 소프트웨어 면에서의 승인(위로, 피드백) 외에도 일하는 보람이 있는 업무 제공과 성장 촉진, 일하기 쉬운 환경 제공 등 여러 가지가 있습니다. 이러한 금전·비금전의 보수를 조합해서 공헌에 보답하는 것을 '총보상total reward'이라고 합니다. 애플랙 생명보험[103]과 SAP 재팬[104]에서는 이러한 총보상에 따라 사원의 공헌에 보답하는 것을 방침으로서 구조를 만들었습니다.

비금전적인 보수는 좋은 의미에서 기습이 가능합니다.

사소한 장면에서 칭찬해주거나 '자네를 믿으니까 이 건은 맡기겠네'라고 하며 권한을 이양하는 등 실행은 언제든지 할 수 있습니다. 또한 칭찬하는 말을 바꾸거나 보상하는 방법을 바꾸는 등 패턴도 무한대로 있습니다. 그렇게 하면 '사전의 기대치'를 웃돌아 좋은 동기부여로 기능할 것입니다. 언제나 같은 방식으로 칭찬할 경우에는 타이밍이나 표현을 바꾸면 효과적일 수 있습니다. 또한 금전적인 보수를 지급할 때 한마디를 덧붙이는 조합도 효과적입니다.

관련된 질문

질문 17 개개인의 퍼포먼스를 어떻게 평가할 것인가?

Q19 유연한 업무 방식을 어떻게 제공할 것인가?

생산성 향상을 위하여 원격 근무는 일주일에 며칠이 가장 적합한가?

여러분은 원격 근무를 한 적이 있나요?

주 1회 이상 원격 업무를 하는 사람의 80.3퍼센트가 '계속하고 싶다'라고 생각합니다.[105] 또한 미국에서 조사한 결과로는 '원격 근무를 할 수 없는 경우 이직을 검토하는' 사람의 비율이 무려 47퍼센트에 달합니다.[106] 종업원 인게이지먼트를 높여서 이직자를 방지하려면 원격 근무 도입은 피할 수 없습니다.

한편 회사 측으로서는 '생산성이 떨어지지 않을까?', '관리가 힘들다'라는 생각이 머리를 스쳐서 꽤 골치 아픈 문제가 아닌가요? 실제로 원격 근무 도입으로 '5C 문제'[107]가 생깁니다.

✱ 원격 업무 도입에 따른 5C 문제

- 커뮤니케이션 Communication 장벽이 생긴다
- 코디네이션 Coordination (사소한 조정이나 조율)이 대면보다 어렵다
- 커넥션 Connection (동료 등과의 연결)이 약해지고 소외감을 느끼기 쉬워진다
- 크리에이티비티 Creativity (창조성)를 만들어내는 유동적인 대화가 일어나기 어렵다
- 컬처 Culture (조직 문화)가 형성되기 어렵고 잘 어울리지 못한다

어떤 조사[108]에 따르면 원격 근무가 주 10~30시간 이하인 사례에서 행복도와 노동 생산성이 상승했다는 분석 결과가 있습니다. 그래서 현재는 하이브리드 근무(일주일에 며칠은 출근, 나머지는 재택 근무)라는 형태로 자리 잡기 시작했습니다. 하지만 모든 업무와 직장에서 이것이 가장 적합한 해답이라는 의미는 아닙니다.

이러한 고민은 일하는 '시간'의 유연성에 관해서도 마찬가지입니다. 실제로 일하고 싶은 시간대와 시간 수, 스케줄 형태에 대한 요구가 다양해지고 있습니다. 그렇게 하면 일하는 시간도 '유연성을 얼마나 인정할 것인가'를 생각해야 합니다.

시간·장소의 유연성을 판단하는 기준
2가지 전제 + '특·희·명·규·귀'로 판단한다

그렇다면 일하는 장소와 시간의 유연성에 관하여 얼마나 인정해야 할까요? 선행 연구[109]를 정리한 결과 2가지 전제+'특·희·명·규·귀'로 업무 방식의 유연성을 판단하는 것이 좋다고 생각할 수 있습니다.

먼저 일하는 장소와 시간의 유연성을 높이려면 반드시 충족해야 할 조건으로 다음의 2가지가 있습니다.

✱ **일하는 장소와 시간의 유연성을 높이기 위한 전제 조건**
- 작업이나 절차의 디지털화: 종이로 하는 작업이나 도장 날인 등 실물이 필요하거나 그 자리에 있어야 하는 경우에는 어렵다
- 소통의 디지털화: 메일이나 도면, 온라인 회의 도구 등 제때 주고받을 수 있는 환경이 마련되지 않은 경우에는 어렵다

물론 실무적으로는 보안이나 노동시간의 관리 등 생각해야 할 것이 수두룩한데 여기에서는 구체적인 내용은 생략하겠습니다. 일단 큰 틀에서 이러한 조건을 해결한 후 다음에 예로 드는 '특·희·명·규·귀'로 판단합니다.

✱ **일하는 장소나 시간의 유연성을 판단하는 방법**
특(일의 특성): '개인으로 집중한다', '협동한다' 중 무엇이 중요한가
희(멤버의 희망): 유연한 업무 방식을 희망하는 사람이 많은가, 그렇

질문 19의 개요 도해

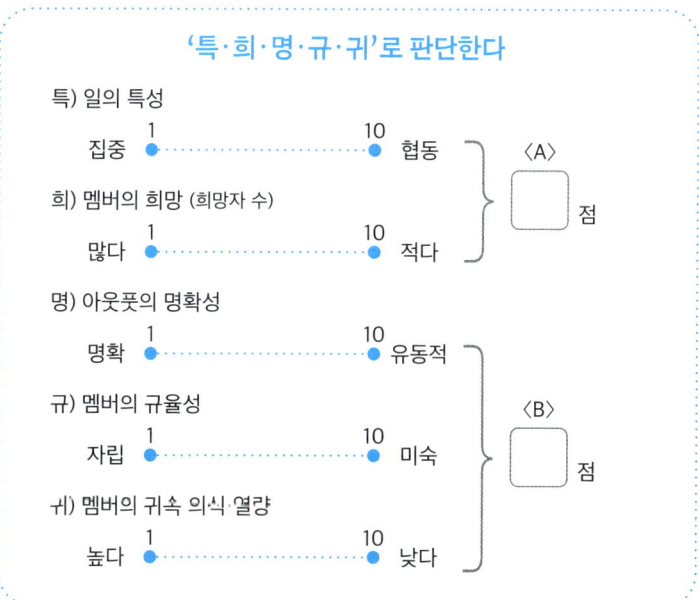

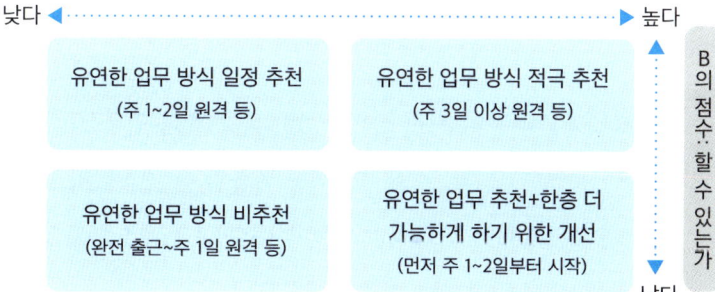

2장 사람을 끌어들이는 '인재·조직의 비전'과 '인사 전략'을 작성하자

지 않은가

명(아웃풋의 명확성): 아웃풋이 명확한가, 유동적인가

규(멤버의 규율성): 자율적·성숙한 멤버가 많은가, 그렇지 않은가

귀(멤버의 귀속 의식·열량): 인게이지먼트가 높은가, 그렇지 않은가

처음의 2가지는 '유연한 업무 방식을 선택해야 하는가'에 대한 판단 축입니다. 혼자서 집중하는 것이 중요하다면 원격이나 유연한 업무 방식이 적합하며 협업·협력이 필요하다면 출근·고정적인 업무 방식이 적합합니다. 또한 원격으로 일할 수 있는 환경이라도 멤버가 그렇게 하고 싶지 않다면 강요는 역효과를 냅니다.

후반의 3가지는 '유연한 업무 방식을 선택할 수 있는가'에 대한 판단 축입니다. 아웃풋의 명확성이나 멤버의 자율성·성숙도 외에도 귀속 의식·열정(인게이지먼트의 높이)도 중요합니다. 아무리 자율적이고 성숙도가 높은 멤버가 모였더라도 회사에 대한 귀속 의식과 일의 열정이 적은 경우에는 위험이 있습니다. 이런 사항을 점수로 매겨서 어떤 업무 방식이 바람직한지 간이로 진단하는 매트릭스를 준비했습니다([질문 19]의 개요 도해 참조).

이러한 업무 방식의 유연성은 회사 전체나 직장 단위로 결정할 수도 있습니다. 또한 팀의 상황에 따라 유연성을 바꿔도 상관없습니다.

예를 들면 정수장 등의 시설 설비를 설계하는 메타 워터에서는 회사·라인장이 승인한 사원은 주휴 3일제를 적용할 수 있습니다.[110] 상세한 판단 기준은 명확하지 않지만 업무에 대한 영향도나 주휴 3일제의 필요성(이유)으로 판단하는 것으로 예상됩니다.

또한 이 회사의 주휴 3일제는 다른 회사에서 도입한 '급여 감소형'이 아닙니다. 노동 일수의 감소에 따라 급여를 줄이지 않는다는 뜻입니다. 하지만 업무량 자체도 줄이지 않으면서 생산성 향상을 가져옵니다. 이 회사에서는 이러한 제도 도입뿐 아니라 알찬 디지털 도구와 위성 사무실 설치 등의 시책도 실행해서 제도의 정착·활용을 도모합니다.

'부업'이나 '업무 위탁'으로 업무 방식의 자유도를 높인다

시간이나 장소와 같은 관점 외에도 '다양한 업무 방식'의 유형으로 '부업(투잡)'이나 '사원의 업무 위탁화'를 들 수 있습니다. 이를테면 부업의 효과로는 시야가 넓어지고 도전 의식 향상 등을 들 수 있습니다.[111]

사원의 업무 위탁화는 헬스 기기 제조회사인 타니타TANITA의 사례가 유명합니다.

타니타에서는 희망하는 사원이 있으면 고용 계약을 종료하고 업무 위탁의 관계성으로 전환할 수 있습니다.[112] 3년 동안 일을 제공하는 것을 약속하고 보수도 회사원 시절의 잔업 포함 연봉을 토대로 정해집니다. 추가적인 업무를 위탁하게 되면 그만큼의 보수를 '성과 보수'로 지급합니다.

이러한 업무 방식은 개인에게도 장점이 있습니다. 예를 들면 '노력에 걸맞은 보수를 얻을 수 있다', '업무량 자체의 증감도 포함해서 유

그림 2-4 부업의 효과

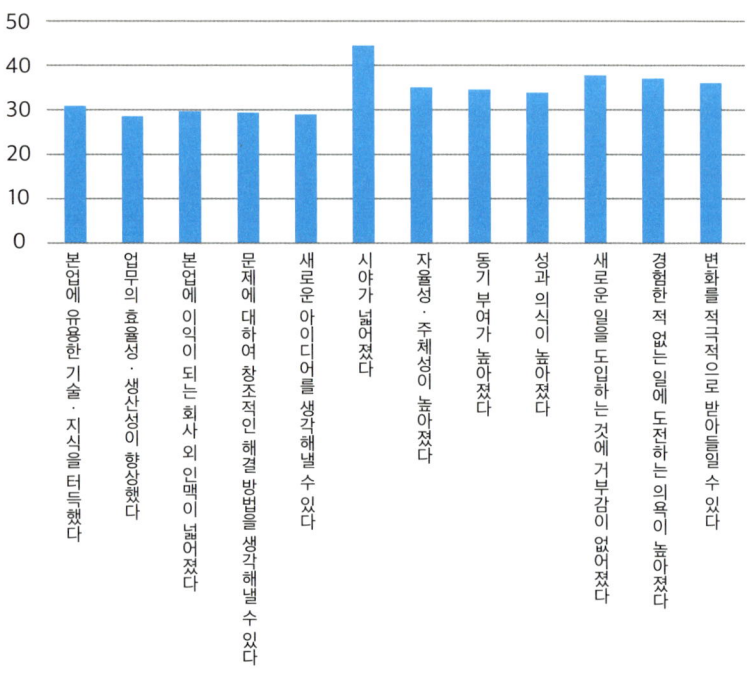

출처: 파스널종합연구소 '제2회 부업의 실태·의식에 관한 정량 조사'(2021)

연하게 일할 수 있다', '주체적으로 경력을 형성할 수 있다', '성장 의욕이 높아진다' 등입니다(그림 2-4).

한편 이러한 방법은 '인원 감축(정리 해고)이나 인건비·잔업비를 억제하기 위함이 아닌가?'라는 비판을 받기 쉽습니다. 사원의 업무 위탁화를 진행하는 회사 중에는 그런 의도가 있는 회사도 존재할 수 있습니다. 그러나 본인의 희망을 토대로 실행하며 회사에서도 일정하게 지원하는 한 추천되어야 할 대처라고 생각됩니다.

일본 회사의 평균 수명은 23.3년[113]으로 인간의 수명보다 짧아진 가운데 앞으로는 자율적으로 살아갈 힘이 개인에게 필요합니다. 그 힘을 완전히 터득하기 전까지의 도움닫기를 도와준다는 의미에서는 '엄격하게 보여도 사실은 친절한 제도'일 수 있습니다. 또한 이렇게 해서 퇴직한 인재와 관계를 맺어 놓으면 힘을 빌릴 수도 있을 것입니다.

여기까지 업무 방식의 유연성에 관하여 생각했습니다.

[영역 5]에서는 사람의 유지와 동기 부여 등의 방법을 설명했습니다. '엄격함'을 동반하는 대처도 일부 있었지만 오히려 '친절함'이 중심이었습니다. 하지만 육아와 마찬가지로 '친절함'이 과하면 의존 관계가 지나치게 강해져서 폐해가 생길 위험이 있습니다.

다음의 [질문 20]에서 이에 관한 대응 방법을 생각해 보겠습니다.

관련된 질문

질문 07 어떤 수단으로 인재를 조달할 것인가?
영역 4 (사람의 활약)의 모든 질문
영역 5 (사람의 유지)의 질문 16·17

Q20 기업의 신진대사를 어떻게 촉진할 것인가?

개혁을 방해하는 '파충류의 뇌'

당신이 근무하는 회사에 '다코츠 보돈'이나 '우치무킹'은 없나요?

이는 인기 게임 캐릭터 이름이 아닙니다. 2002년 보스턴 컨설팅 그룹 보고서[114]에 소개된 '일본 기업에 잠재하는 체인지 몬스터'들입니다. 체인지 몬스터란 조직 변혁을 방해하거나 나쁜 의미에서 조직을 휘두르는 인간적·심리적인 요인을 말합니다. 이 보고서에서는 몬스터 일곱 마리를 소개했는데 여기에서는 대표적인 세 마리를 소개합니다.

- 다코츠보돈タコツボドン(다코츠보는 문어나 낙지를 잡는 항아리 – 옮긴이): 자신의 담당을 초월한 시야 갖기를 거부하며 '외부인'의 관여를 부정한다
- 우치무킹ウチムキング(우치무키는 내향화 – 옮긴이): 모든 판단이나 행동이 고객의 시선이 아니라 회사 안에서 무엇이 평가받는가를 중심으로 이뤄진다.
- 노라쿠라のらくら(빈둥빈둥 – 옮긴이): '전례가 없다' 등 다양한 변명으로 '변화'를 회피한다

이 보고서가 나온 지 20년이 넘었지만 조직에 따라서는 지금도 몬스터들이 계속 설치고 있을지 모릅니다. 그러나 이는 어떤 의미에서 어쩔 수 없습니다. '자신을 지키고 싶다', '변화하고 싶지 않다'라는 감정은 인간의 뇌와 마음의 구조상 피하기 어렵기 때문입니다.

생물학적으로 말하자면 인간이 보유하는 '파충류의 뇌[115]'가 그 원인입니다. 인간의 뇌 중 가장 깊은 곳에는 '뇌간'이라는 부위가 있습니다. 이는 악어나 도마뱀과 같은 파충류가 보유하는 원시적인 뇌이며 생존을 위해서 자기 이익을 추구하거나 변화를 피하는 것을 지향합니다. 또한 가장 빨리 반응하고 가장 강한 영향력이 있다[116]고 합니다. 심리학이나 인지과학적으로 인간은 불확실성을 피하거나 자신의 가치관을 보호하려고 하는 등으로 뇌의 에너지 소비를 줄이려 한다고 알려져 있습니다.

이러한 '자기방어'와 '변화 회피'의 의식을 방치해 놓으면 조직은 변화에 대응하지 못하는 경직화된 존재가 되고 맙니다. 이러한 내향

질문 20의 개요 도해

개혁을 방해하는 '파충류의 뇌'

자신을 지키고 싶다

변화하고 싶지 않다

'자기방어'나 '변화 회피'의 의식을 만들어낸다

의도적인 혼란을 만들어내서 의식이나 조직을 흔든다

흔드는 방법(혼란시키는 방법)

채용	육성	이동

이질적인 사람을 넣는다	'경계 초월 학습' 촉진	내용·환경·사람을 바꾼다

평가	체제	업무 방식

피드백을 준다	조직 변경·횡단시킨다	부업이나 창업을 지원한다

'타인'과 '외부'를 의식하게 해서 '파충류의 뇌'를 유연하게 한다

지향의 '답답한 조직'은 이익률도 떨어진다는 연구 결과[117]도 있을 만큼 중요한 문제입니다.

그럼 어떻게 해결해야 할까요?

조직을 혼란하게 해서 물질대사를 촉진한다

의도적인 카오스(혼돈)를 만들어내서 의식이나 조직을 흔드는 것이 해결책이 됩니다. 이를테면 다음과 같은 방법이 있습니다.

✦ 의식·조직을 의도적으로 혼란하게 하는 방법

- 채용: 이질적인 사람을 넣는다 (신규 졸업 사원 등을 넣는 것도 포함한다)
- 육성: 사외 스터디 등 '경계 초월 학습' 촉진, 가르치는 입장에 서게 한다
- 이동: 업무 내용이나 장소·입장(직위)을 바꾼다, 공모나 사내 FA 제도를 활용한다
- 평가: 솔직한 피드백을 준다, 360도 평가한다
- 체제: 조직을 변경한다, 조직 횡단 프로젝트를 시작한다
- 업무 방식: 부업이나 창업을 지원한다

사내 FA 세도는 호시노(星野) 리조트의 대처법이 참고가 됩니다. 이 회사에서는 총지배인과 관리직을 입후보제로 결정합니다.[118]

연 2회 '입후보 프레젠테이션 대회'가 있는데 '내가 이 직책을 맡으면 이러한 전략으로 이런 성과를 내겠습니다'라고 발표합니다. 이 발표 내용을 들은 사원이 투표하거나 논의해서 취임 여부를 결정합니다. 해마다 입후보자 30~40명이 나오며 그때마다 직책이 교체됩니다. 즉 늘 경쟁 원리가 작용합니다.

이렇게 사람이나 일을 '흔들어서' 건전한 긴장감과 위기감을 자아내는 것입니다.

또한 이 회사에서는 이러한 지위에 오르는 것을 '출세'가 아니라 '발산'이라고 하며 떨어져도 '강등'이 아니라 '충전'이라고 말합니다. 지위에 올라서 자신의 생각과 에너지를 발산한다, 실패하면 지위에서 떨어지고 그 경험을 근거로 반성하며 에너지를 충전한다, 또 부활한다. 이러한 사고방식을 사내에 전파하고 있습니다.

'타인'과 '외부'를 의식하게 한다

앞에서 예로 든 시책은 전부 '타인'이나 '외부'를 의식하게 합니다. 이러한 의식화로 '자기방어'와 '변화 회피'의 의식(파충류의 뇌)을 풀어 주는 것이 목적입니다. 물론 '타인'이나 '외부'의 의식을 지나치게 강화해도 인재 유출로 이어질 수 있으므로 균형을 잡는 게 중요합니다.

이 질문의 주제인 의식화는 [질문 11 (어떻게 리스킬링할 것인가?)], [질문 14 (좋은 팀을 어떻게 만들 것인가?)]와도 관련되어 있습니다.

[질문 11]에서는 지금까지의 의식을 버리게 하는 방법으로 '한계

경험', '경계 초월', '자기 성찰'이라는 세 시점을 소개했습니다. 또한 [질문 14]에서는 팀으로서의 구심력(내향적인 힘)을 강화하기 위해서 원심력(외향적인 힘)을 더하는 것의 중요성에 관하여 설명했습니다.

이런 것은 전부 개인·팀·조직을 '흔드는' 대처법과 관련되어 있으므로 병행해서 검토하는 것이 좋습니다.

여기까지 [영역 5 (사람의 유지)]에서는 인게이지먼트를 높이는 방법, 평가와 대가를 주는 방법, 업무 방식, 물질대사 촉진에 관하여 생각했습니다.

[영역 2 ~ 5]까지는 인재 매니지먼트의 '공격'을 생각했는데 [수비]의 측면도 잊으면 안 됩니다.

다음의 [영역 6 (사람의 위험 요소 줄이기)]에서 생각해 보겠습니다.

관련된 질문

질문 02 어떤 행동을 구현하게 하고 싶은가? (어떤 조직 문화를 만들 것인가?)

질문 11 어떻게 리스킬링할 것인가?

질문 14 좋은 팀을 어떻게 만들 것인가?

질문 23 사람 사이에서 일어나는 문제를 어떻게 방지할 것인가?

영역 5 인적 자본 경영 실천도 진단

	질문 16 인재의 인게이지먼트를 어떻게 높일 것인가?	질문 17 개개인의 퍼포먼스를 어떻게 평가할 것인가?
5단계	인게이지먼트를 정기적으로 측정한 후 통계적인 방법도 활용해서 과제의 명확화와 개선에 대처하고 있다	평가 제도나 운용·규칙 자체가 기업의 상황과 인재·직장의 상황에 따라 적절하게 재검토할 수 있도록 구축되어 있다
4단계	자사로서의 이상적인 인게이지먼트 상태가 정의되어 있고 그 상태를 측정할 수 있는 항목이 설정되어 있다	평가 제도가 인재의 동기 부여나 성장, 상사·부하 직원의 상호 이해를 위해서 적절하게 운용·규칙화되어 있다
3단계	종업원의 인게이지먼트를 정기적으로 조사·측정하고 있다	평가 제도가 현장의 매니지먼트나 상사·부하 직원의 소통 시에 효과적으로 활용되고 있다
2단계	종업원 만족도 등에 따라 부분적인 조사·측정을 실시하고 있다. 또는 인게이지먼트를 임시적으로 조사한 적이 있다	평가 제도는 운용되고 있지만 처우(상여나 승격 등)를 결정하기 위한 수단이 되어 있다
1단계	종업원의 인게이지먼트(조직이나 동료에 대한 귀속 의식과 애착 또는 조직을 위하여 자진해서 공헌하려고 하는 의욕)를 조사·측정하지 않는다	평가 제도는 존재하지만 형식만 있고 의미가 없다

질문 18	질문 19	질문 20
활약·성과에 걸맞은 대가를 어떻게 줄 것인가?	유연한 업무 방식을 어떻게 제공할 것인가?	기업의 신진대사를 어떻게 촉진할 것인가?
설문조사 등을 통하여 총보상의 혼합을 적절히 재검토해서 최적화하고 있다	업무상 편의성 정비에 그치지 않고 부업이나 독립 지원 등 유연한 관계성을 맺을 수 있는 시스템도 정비되어 있다	사외와의 교류나 경계 초월 학습 등 기업의 틀을 뛰어넘은 대처도 활용해서 의도적으로 조직을 흔들고 있다
금전 보수·비금전 보수를 포함한 총보상의 체계가 구축되어 있다	일하는 시간·장소의 유연성을 확보하기 위한 제도와 규칙뿐만 아니라 그 실효성을 높이기 위한 디지털 도구·직장 환경 정비가 전략적으로 이루어지고 있다	전략적인 의도로 이동(공모·FA)이나 조직 체제 변경, 부문 횡단 프로젝트 조성 등으로 신진대사를 촉진하고 있다
금전 보수뿐만 아니라 피드백이나 일하는 보람 제공 등 비금전적인 보상도 일부 도입하고 있다	일하는 시간·장소의 유연성을 확보하기 위한 제도와 규칙이 만들어졌다	360도 평가 등으로 본인에게 솔직한 피드백을 주거나 때로는 엄격한 대응(강등, 감봉)이 적절하게 이루어지고 있다
활약·성과는 급여나 상여(금전 보수)에 반영되어 있으나 이해성이 높은 구조가 형성되지 않았다	법률상 요구되는 일정한 정도의 노동 환경은 정비되어 있다 (휴일·휴가 확보·장기 노동 억제 등)	신입사원의 소속 배치나 이동 등으로 교체가 있지만 내향 의식이 강하고 긴장감이 없는 조직이 되어 있다
활약·성과에 걸맞게 처우해 주는 제도가 없다	업무 방식의 환경이 정비되어 있지 않다(주력하지 않는다)	인사이동이나 직책 변경은 일정한 정도로 이루어지고 있지만 신진대사가 원활히 이루어지지 않는다

영역 6

사람이 지닌 위험 요소를 어떻게 줄일 것인가?

Q 21 건강을 어떻게 유지·향상할 것인가?

조직적인 건강 증진에 대처하는 자세의 중요성

여러분은 본인의 건강에 자신 있나요?

'자신 있다'라고 대답한 사람이 적을 수도 있습니다. 실제로 일본인의 60퍼센트가 건강 불안을 느낀다는 조사 결과[119]가 있을 정도로 건강은 누구나 관심 있는 주제입니다.

회사로서는 당연히 사원들을 대상으로 정기적인 건강 진단이나 스트레스 체크 등 법에 따라 대응할 텐데 그 정도의 대응만으로는 충분하다고 할 수 없습니다.

회사가 사원이나 노동자의 건강을 지켜야 하는 이유 2가지가 있습니다.

첫 번째는 **사원의 생산성에 크게 관여하기 때문입니다**. 이는 결근이나 휴직 등 눈에 보이는 문제만은 아닙니다. 근무할 수는 있어도 건강상의 문제로 생산성이 떨어지는 상태를 '**프리젠티즘**^{Presenteeism}(회사에 출근했지만 육체적, 정신적인 건강 문제로 업무 성과가 떨어지는 현상 – 옮긴이)'이라고 합니다. 프리젠티즘에 따른 손실은 의료비와 상병 수당 등 눈에 보이는 비용의 세 배 정도에 달한다는 조사[120]도 있습니다. 프리젠티즘의 원인으로는 류머티즘, 당뇨병, 암과 같은 심각한 질병부터 편두통이나 비만, 고혈압과 같은 생활습관병까지 폭넓게 존재합니다. 편두통이라도 얕보면 안 됩니다. 편두통이 50퍼센트의 생산성 저하로 이어진다[121]는 조사 데이터도 있습니다.

또한 '왠지 모르게 나른해서 일할 의욕이 생기지 않는다'라는 경험은 누구나 있을 것입니다. 예를 들면 연봉 400만 엔인 사람이 스트레스가 높은 상태로 프리젠티즘에 빠지면 연간 139만 엔이 손실된다고 합니다.[122] 그러한 '생산성 저하'를 모든 사원의 분량만큼 끌어모으면 엄청난 손실로 이어진다고 할 수 있습니다.

건강을 경시할 수 없는 이유 두 번째는 기업의 평판과 관계가 있기 때문입니다. 특히 지나친 업무로 과로사가 생겼을 경우에는 인재의 확보는커녕 실적에도 큰 영향을 미칠 수 있습니다. 또한 일부 노동조합이나 네티즌들이 선정하는 악덕 기업 리스트에 오르기라도 한다면 인터넷상에 영구 박제됩니다.

반대로 건강 기업은 투자와 사람을 불러들입니다. 건강 증진에 적

질문 21의 개요 도해

건강 증진의 대처+직무 직장 설계 역시 깊이 생각해서 대응한다

육체적인 건강 증진 대처

건강 상태 확인

법률로 규정한 건강 진단

건강 촉진과 계발

건강 증진 이벤트 개최와 휴가 확보 촉진

건강을 해치는 행위를 금지

장시간 노동 방지와 금연 프로그램의 보조

정신적·사회적으로 건강해지는 직장 만들기

업무 진행 방식에 관하여 재량을 부여한다

일하는 장소와 시간의 유연성을 높인다

직장 문제에 관하여 해결할 자리를 마련한다

동료끼리 협력관계를 구축할 수 있게 한다

인원을 적절히 배치해서 업무량을 알맞게 조율한다

극적인 기업은 그렇지 않은 기업보다 주가 퍼포먼스가 높다는 일본 경제산업성의 조사[123]도 있습니다. 해마다 일본 정부가 '건강 경영 브랜드'를 발표해 투자를 촉진하는 점에서도 그 중요성을 짐작할 수 있을 것입니다.

사람의 확보에도 건강 경영은 중요합니다. 어떤 조사[124]에 따르면 이직자의 53.5퍼센트가 기업을 선택할 때 '건강 경영에 대처하는가'를 중시했다고 대답했습니다. 주위에서 '격무 탓에 건강을 해쳤다', '더는 이렇게 일하고 싶지 않다'는 말을 들어본 적이 있지 않나요? 여러분의 회사가 이러한 평판을 얻지 않도록 하기 위해서라도 건강 경영에 대처해야 합니다.

건강 증진을 위한 기초가 되는 대처

건강과 마주하는 것의 중요성은 이해했을 텐데 기업으로서 어떻게 대응해야 할까요?

먼저 일반적으로 이루어지고 있는 건강 증진 대처를 적극적으로 도입해 보세요. 건강에 대해 1달러를 투자하면 3달러의 수익을 얻는다는 조사 결과[125]도 있습니다. 이러한 대처는 다음의 세 종류로 정리할 수 있습니다.

✱ **건강 증진을 위한 대표적인 대처법**
① 건강 상태를 확인한다

② 건강 촉진과 계발을 한다

③ 건강을 해치는 행위를 금지한다

①은 법정 건강 진단이 전형적인 사례인데 '종업원의 진단 비율이 오르지 않는다'라며 골치 아파하는 회사도 많을 것입니다. 인사과에서 권해도 '지금은 바쁘다. 시간을 봐서 가겠다'라고 해놓고 정신을 차려보면 기말이 되었다는 경우도 꽤 많습니다.

그러나 건강 상태 확인은 질병의 발견이나 의식화를 위한 중요한 대처이며 철저하게 지켜야 합니다.

편의점을 전개하는 주식회사 로손에서는 정기 건강 진단과 종합건강검진을 1년 동안 받지 않은 사원과 직속 상사의 보너스를 삭감하는 제도를 2013년에 도입[126]했습니다. 본인은 15퍼센트, 상사도 10퍼센트를 삭감하는 엄격한 시책입니다. 이 회사에서 발표한 최신 〈로손 그룹 건강 백서 2023〉에 따르면 최근 5년 동안 건강 진단 검진 비율과 재검진 결과 보고 비율은 100퍼센트가 유지되고 있습니다. 찬반이 있는 대처일 듯하지만 기업으로서 건강에 대한 진지함을 보여주는 방법이라고 할 수 있습니다.

②의 대처로는 건강 증진 이벤트 개최나 건강 개선에 따른 사내 포인트 등의 부여, 휴가·휴식 취득 촉진, 운동이나 건강한 식사 장려 등이 있습니다.

③의 대표적인 대처는 장시간 노동 방지와 금연 프로그램의 보조 등이 있습니다. 단순히 강제적으로 금지할 뿐만 아니라 금연 외래에 들어간 치료비를 복리후생으로 회사가 부담하는 사례 등도 있습니다.

이러한 아날로그 시책에 더해서 최근에는 과학 기술과 데이터를 활용한 대처도 존재합니다. 이를테면 물류회사인 히타치 유통에서는 피로와 스트레스를 실시간으로 측정하는 디바이스를 운전기사가 장착하고 있습니다.[127] 피로와 스트레스는 사고의 원인으로 이어지기 때문에 생체 데이터와 행동 데이터를 통해 사고 위험을 예측해서 운전기사와 관리자에게 통지하게 되어 있습니다.

조금 전문적인 이야기인데 사실 '피로'와 '피로감'은 다릅니다. '조금 피곤하다'와 '피로감'을 느꼈다고 해도 실제로는 실질적인 '피로'가 그것을 웃도는 경우가 자주 있습니다. 인간은 동물 중에서 유일하게 뇌내 물질 도파민의 작용으로 '피로'를 느끼게 하지 않을 수 있기 때문입니다.

즐거운 일을 할 때나 집중할 때는 활기찼는데 끝나자마자 피로가 확 몰려왔다는 경험이 있지 않나요? 이는 도파민 분비가 원인입니다. 이러한 뇌의 구조는 지나친 업무와 과로사로 이어질 수도 있기 때문에 검진을 통한 객관적인 피로도 파악이 효과적입니다.

건강 증진을 위한 '직무·직장의 설계'도 깊이 생각한다

하지만 지금까지 예로 든 건강 증진 대처를 많이 하고 있다고 해서 안심하면 안 됩니다.

'건강'이란 원래 육체적 건강＋정신적 건강＋사회적 건강(사회에 참가한다)이라는 3요소로 구성된다[128]고 합니다. 지금까지 소개한 대처법은 육체적 건강이 중심이었는데 정신적 건강이나 사회적 건강도 중요합니다. 아무리 사원 식당에서 건강 메뉴가 풍부하게 제공되더라도 스트레스가 넘쳐나는 직장이거나 의미를 찾지 못하는 일이라고 하면 건강하다고 할 수 없습니다. 진정한 건강을 위해서는 정신적인 부분과 사회적인 측면도 고려해서 직장과 직무까지 깊이 생각하는 대처가 필요합니다.

구체적으로는 다음과 같이 직장·직무를 바꾸는 것이 건강과 행복(웰빙) 향상에 효과적이라고 합니다.[129]

✱ **정신적·사회적으로 건강해지는 직장 만들기**
- 업무 진행 방식에 관하여 재량을 부여한다
- 일하는 시간과 장소의 유연성을 높인다 (단 불안정한 근무 스케줄은 피한다)
- 직장의 문제와 개인적 요구에 관하여 대화해서 해결한 자리를 마련한다
- 인원을 적절히 배치해서 업무량을 알맞게 조율한다
- 동료끼리 협력적인 관계를 구축할 수 있게 한다

이런 방법은 [질문 13]에서 소개한 [잡 크래프팅]이나 [질문 14]의 팀 구축하기, [질문 19]의 업무 방식 등과 관련되어 있습니다. 결국은 사람의 활약을 촉진해서 사람의 마음을 끄는 조직으로 만드는 것이 긴깅 경영으로 이어집니다.

지금까지 종업원의 건강에 관해서 생각했는데 종종 '안전'과 함께

다뤄집니다. 직장의 안전이라고 하면 공장이나 연구소 근무 이외의 사무실 근무자는 별로 친숙하지 않을 것입니다. 그러나 그 본질은 '인간이 실수나 실패하는 심리에 대한 대응'이며 어느 직장에서든지 생각해 봐야 하는 문제라고 할 수 있습니다.

사무직이라도 '아, 저질렀다……'라는 상황이 있을 것입니다. 이러한 일이 왜 일어나고 어떻게 대응해야 하는지 다음의 [질문 22]에서 생각해 보겠습니다.

관련된 질문

- 질문 13 인재와 일을 어떻게 어울리게 할 것인가?
- 질문 14 좋은 팀을 어떻게 만들 것인가?
- 질문 19 유연한 업무 방식을 어떻게 제공할 것인가?

Q22 직장의 안전을 어떻게 보장할 것인가?

실수나 실패를 부르는 5M을 정리한다

'1주를 61만 엔에 팔 생각이었는데 1엔으로 61만 주를 팔고 말았다……'

이는 2005년에 어느 증권회사에서 일어난 오발주입니다. 한 담당자가 컴퓨터에 잘못 입력한 것이 원인이었습니다. 이른바 '제이컴 주식 대량 오발주 사건'으로 증권회사는 400억 엔이 넘는 손실을 입었다고 합니다.

이러한 인간의 잘못이나 실수는 금전적 손실뿐만 아니라 열차와 비행기, 공장과 원자력 발전소 등의 공간에서는 사람의 목숨과 관련된 중대한 영향을 미칠 수도 있습니다. 실제로 노동 재해나 사고의 80퍼센트는 인간의 위험한 행동이 원인이 되어 발생합니다[130].

그럼 실수나 실패는 왜 발생하며 어떻게 해야 방지할 수 있을까요? 안전 공학을 근거로 하면 5M(원인)으로 정리해서 분석하는 것이 중요합니다.

Man: 본인이나 본인 외의 직접 관여한 사람
Machin: 설비·기기·시스템
Material: 재료(사무의 경우에는 '정보')
Method: 작업 순서와 매뉴얼
Management: 조직·사람을 관리하는 구조

실수나 실패는 전부 인간[Man] 탓이 아니라 다른 요인과 얽혀서 발생합니다. 앞에서 소개한 제이컴 주식 사건으로 말하자면 비정상적인 주식 발주를 멈추는 시스템[Machine]이 작동하지 않은 점이 원인입니다. 일단 디스플레이에는 경고 표시가 뜨는데 무시할 수도 있었습니다. 게다가 일정 조건을 충족시킨 다음에는 발주 후에 취소할 수 없는 프로그램이었습니다.

작업 순서[Method] 면에서 말하자면 이러한 비정상적 사태가 발생했을 때의 역할 분담과 절차가 명확하지 않은 점도 있는 듯합니다. 그러한 위험 요소를 탐지하지 못한 조직[Management]의 책임도 있을 것입니다.

질문 22의 개요 도해

실수나 실패를 만드는 5M (원인)

| 인간 Man | 시스템 Machine | 재료 Material | 작업 순서 Method | 구조 Management |

↓ 정리해서 분석

안전 관리의 기본: 5E

- 교육·계발 Education
- 기술적 대응 Engineering
- 강화 Enforcement
- 모범 제시 Example
- 환경 개선 Environment

+

휴먼 에러 Human Error (인간의 실수)를 줄인다: 4M

| 위험이 따르는 작업 수를 줄인다 Minimum encounter | 실수할 확률을 줄인다 Minimum probability | 에러 검출책을 마련한다 Multiple detection | 피해 최소화로 준비한다 Minimum damage |

하지만 원래 입력을 잘못하거나 디스플레이에 표시된 경고를 무시하는 행위는 인간의 문제입니다. 이러한 일이 일어나는 것은 인간의 '인지 특성'에 원인이 있습니다.

인간은 먼저 오감(시각·청각·후각·미각·촉각)으로 뭔가를 '지각·인지'합니다. 그리고 그것을 '기억·판단'해서 '행동'으로 옮깁니다. 이 각 단계에 인간만이 일으키는 위험 요소가 있습니다.

이를테면 '지각·인지'에서는 억측이나 착각에 따른 차이가 생길 수 있습니다. 특히 인간은 '보고 싶은 것만 보는' 경향이 있습니다. 예컨대 '이 사람은 싫다'라고 생각하면 싫은 점에만 시선이 가지 않나요? 이러한 마음의 움직임을 **'확증 편향'**이라고 합니다. 또한 뇌는 글을 잘못 읽는 상습범이기도 합니다.

'일부러 글자을 잘모 읽었니슙다'

위의 문장을 그다지 위화감 없이 읽을 수 있는 것은 뇌가 에너지를 아끼기 위해 지금까지의 경험치에서 추측(억측)하기 때문입니다.

실패나 실수를 방지하기 위해서 5E와 4M로 대응한다

이렇게 생각하면 '나는 정확하게 이해해서 옳은 일을 할 것이다'라는 인간의 억측이 얼마나 불확실한지 잘 알 수 있습니다. 조직으로서 이러한 실패나 실수 방지에 대처하려면 어떻게 해야 할까요?

먼저 기반을 만들어야 합니다. 안전 공학을 근거로 하면 5E로 대응하는 것이 안전 관리의 기본이 됩니다. 5E는 다음과 같습니다.

Education (교육·훈련·계발)
Engineering (안전성을 높이는 기술적 대응)
Enforcement (작업의 표준화와 매뉴얼화·벌칙 강화)
Example (업무상의 모범·사례 제시)
Environment (작업 환경 개선)

제이컴 주식 사건으로 말하자면 실수 방지 교육과 시스템의 프로그램 설치, 입력하거나 확인할 때 비정상적 사태가 발생했을 경우 절차의 명확화, 어떻게 입력하면 오류가 생기기 어려운지의 예시, 집중할 수 있는 사무실 환경 정비 등입니다.

이 부분은 당연히 대처하는 내용일 수 있습니다. 이 5E에 더해서 인간의 실수에 대응하기 위하여 4M도 소개하겠습니다. 4M이란 다음과 같습니다.

Minimum encounter (위험이 따르는 작업 수를 줄인다)
Minimum probability (각 작업에서 실수할 확률을 줄인다)
Multiple detection (다중의 에러 검출책을 마련한다)
Minimum damage (피해를 최소로 하기 위해서 준비한다)

이것은 원래 손으로 입력하는 방식을 고친다, 입력할 수 있는 수치의 폭을 정해 놓는다, 오류 표시가 뜬 경우에 상사가 확인하게 한다, 거래를 즉시 멈출 수 있는 사양으로 해놓는다는 의미입니다. 인간은 실수를 저지른다는 전제로 대비해 놓아야 합니다.

당연히 이러한 안전상의 시책에 더하여 [질문 21]에서 다룬 건강한 상태로 일할 수 있는 환경 정비, [질문 13]의 사람과 일의 일치, [질문 14]의 팀 만들기(심리적 안전성) 등도 중요합니다.

'죄를 미워하되 사람을 미워하지 말라'가 아니라 실수나 실패를 하는 인간을 질책하지 말고 그런 일이 일어나게 한 구조와 환경에 초점을 맞추는 것이 중요합니다. 그리고 PDCA를 돌리며 구조와 환경의 개선을 계속 실행하는 것이 실수와 실패를 0에 가깝게 하는 유일한 방법입니다.

여기까지는 의도하지 않는 실수나 실패에 관하여 어떻게 대응할 것인지 설명했습니다. 그러나 안타깝게도 아무리 실수에 대한 대책을 마련해도 '의도적'인 실수·실패는 일어날 수 있습니다. [질문 23]에서 대응책을 생각해 보겠습니다.

관련된 질문

질문 10 인재를 어떻게 배우고 성장하게 할 것인가?

질문 13 인재와 일을 어떻게 어울리게 할 것인가?

질문 14 좋은 팀을 어떻게 만들 것인가?

Q23 사람 사이에서 일어나는 문제를 어떻게 방지할 것인가?

문제를 끌어당기는 3요소란?

'회사에서 일하는 7.4명 중 1명'이 무엇을 나타내는 숫자인지 이해되나요?[131]

부정에 관여하거나 목격한 적이 있는 사람의 비율입니다. 즉 1천 명이 일하는 회사에서는 135명이 어떠한 부정에 관여하거나 목격한다는 뜻입니다.

부정의 발생은 회사의 평판에 크게 영향을 미칠 뿐만 아니라 그곳에서 일하는 사람의 행복도와 취업 의욕에도 부정적으로 작용합니다.[132]

이러한 부정이나 이른바 컴플라이언스(법과 규범 준수) 위반은 왜 일어날까요?

일반적으로는 세 요소가 얽혀서 생긴다고 하며 이를 '부정의 트라이앵글'이라고 부르기도 합니다.

✱ 회사에서 부정이 일어나는 3요소

A: 동기 (본인이 지닌 문제나 회사에서 주는 부담감이 있다)

B: 기회 (부정을 저지를 기회와 권한이 있다)

C: 정당화 (부정을 정당화할 수 있는 상황과 본인의 특성이 있다)

예를 들어 거액의 빚이 있는 경리 사원이 있는데(동기) 회사의 돈 관리가 허술하고(기회) 그 사원이 급여에 불만을 가졌다(정당화)고 합시다. 이런 상황이 갖춰지면 부정이 일어나기 쉽다고 합니다. 어떤 의미에서 '개인의 문제'와 '조직의 문제'가 곱해져서 부정이 발생합니다.

'북풍'과 '태양'을 혼합해서 부정을 방지한다

그럼 이러한 부정은 어떻게 방지해야 할까요? 강요하거나 주의를 엄격화하는 것만으로는 근절할 수 없습니다. 이솝 우화 〈북풍과 태양〉에 등장하는 '북풍'과 '태양'을 혼합해서 대응하는 것이 효과적입니다.

'북풍'이란 '내부 통제 프레임워크'를 사용해서 하드웨어(구조)를 확실히 정비하는 것입니다. 이 부분의 구체적인 내용은 전문 서적에 맡기고, 쉽게 설명하자면 다음의 방법 6가지를 조합해서 대응합니다.

✶ **내부 통제 프레임워크 ('북풍'과 같은 대처법)**
① 통제 환경: 경영 방침이나 조직 풍토, 권한 설정이나 인재 관리 방법
② 위험 요소 평가: 위험 요소를 식별하고 평가해서 대응하는 구조
③ 통제 활동: 분담·관리 규정이나 업무 매뉴얼, 직장에서의 확인 방법
④ 정보와 전달: 필요한 정보가 올바르게 관리·처리되어 관계자에게 전달되는 구조
⑤ 모니터링: 관리자나 제삼자 등이 확인하는 구조
⑥ IT에 대한 대응: IT의 효율적 활용과 운용·안전성 확보 구조

이는 세계 표준의 방법론으로 보급되는 것이며 내부 통제와 관계가 있는 사람은 잘 알 것입니다. 그러나 내부 통제는 엄격하게 파고들수록 성악설(인간의 본질은 악하다)을 근거로 해서 사람을 취급하게 됩니다.

예를 들면 비품 한 가지를 사는데도 규정이나 규칙이 확고해서 상사가 여러 번 확인하고 감사도 받는 상황이 있었다고 합시다. 이런 회사에서 일하고 싶나요? 아마 '나를 믿어주지 않는구나'라고 느껴서 의욕도 떨어질 것입니다. 또한 당연히 업무 효율도 떨어지고 내부 통세 비용도 커집니다.

따라서 인간다움을 존중한 '태양'의 접근 방식도 조합하는 것이 중

질문 23의 개요 도해

부정을 일으키는 3요소
(부정의 트라이앵글)

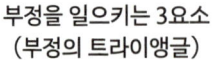
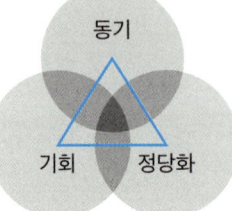

개인의 문제
거액의 빚이 있는 사원 (동기)

×

회사의 문제
돈의 관리가 허술하다 (기회)

요소들이 곱해져서 부정이 발생

북풍(하드웨어 면)과
태양(소프트웨어 면)을
섞어서 대응한다

'북풍'과 같은 대처법
내부 통제 프레임워크
6요소로 대응

통제 환경	위험 요소 평가

통제 활동	정보와 전달
모니터링	IT에 대한 대응

'태양'과 같은 대처법
인간다움을 존중한 대처

동기
개인의 문제를 공유하고 함께 해결할 수 있는 신뢰 관계를 쌓는다

기회
조직을 흔들어서 업무의 속인화를 개선한다

정당화
멋진 직장을 만들어서 이를 '무너뜨리고 싶지 않은' 마음이 들도록 한다

요합니다. 구체적으로는 '부정의 트라이앵글'에서 예로 든 동기·기회·정당화의 상황을 소프트웨어(직장 환경 정비 등) 측면에서 풀어가는 것입니다.

✱ **인간다움을 존중한 대처 ('태양'과 같은 대처법)**
  ① 동기: 본인이 떠안은 문제나 회사에서 주는 부담감을 소프트웨어 면에서 해결한다
  ② 기회: 부정을 저지를 기회와 권한을 차단할 수 있도록 소프트웨어 면에서 해결한다
  ③ 정당화: 부정을 정당화할 수 있는 상황이나 본인의 특성을 파악해서 해결한다

먼저 '① 동기'에 관해서 살펴보겠습니다. 본인의 문제에는 관여하기 어려울지 모르겠는데 상사와 본인 사이의 신뢰 관계가 있으면 문제를 공유하거나 함께 해결할 기회가 생길 수 있습니다.

회사에서 주는 부담감은 본인의 일, 조직 문화, 상사라는 세 관점에서 대응해야 합니다. 일단 개인의 일로 지나치게 큰 목표를 설정하지 않았는가, 기한에 무리가 없는가를 확인해야 합니다. 그리고 [질문 02]에서 설명했듯이 성급한 조직 문화에 치우치지 않았는지도 확인하면 좋습니다. 이는 결국 상사(매니저)의 입버릇으로 알 수 있습니다. '지금 당장', '최대한 빨리', '속도를 내서', '좀 더' 등의 입버릇이 있는 직장은 위험도가 높으므로 대응이 필요합니다.

'② 기회'는 회사의 구조와 규칙에 빠져나갈 구멍이 있는 경우도

있는데 '업무의 속인화'도 큰 원인이 됩니다. '그 사람만 알 수 있다'라는 상태라면 하고 싶은 대로 내버려두게 될 뿐만 아니라 그 사람이 쉬거나 없어지면 업무가 멈추고 맙니다.

이러한 속인화를 해소하려면 [질문 20]에서 소개한 '사람의 의식이나 조직을 흔들기'가 참고가 됩니다. 이를테면 공모나 사내 FA 제도를 활용하거나 조직 횡단 프로젝트를 시작하는 방법 등입니다. 또한 구글에서는 일주일에 한 번 각 팀에서 무작위로 뽑힌 사람을 강제적으로 자택 근무하게 합니다.[133] 그 멤버는 다른 사람의 질문에 절대로 답하면 안 됩니다. 이를 통해 일과 정보의 편향을 점검하고 위험에 대비합니다. 이런 의도적으로 '장애'를 발생시켜서 진짜 장애에 대비하는 방법은 '카오스 엔지니어링'이라고도 합니다.

마지막 '③ 정당화'에 관해서 설명하겠습니다. 부정을 정당화할 수 있는 상황이란 '자신이 정당하게 취급받지 못하는 상황'이라는 뜻일 뿐입니다. 이는 보수뿐만 아니라 경력 면(승격·승진)이나 장시간 노동, 상사의 대우 등 다양한 측면이 있습니다.

확실히 이 부분은 [영역 3~5]의 사람의 육성이나 활약, 유지가 어디까지 높은 수준으로 실현되는지를 묻습니다. 실제로는 앞에서 말한 '내부 통제 프레임워크'도 한계가 있습니다. 이를테면 여러 사람(신청자와 승인자)이 함께 모의해서 진심으로 부정을 저지르려고 하는 경우에는 막을 수 없습니다. 따라서 훌륭한 직장과 조직을 만들어내면 '그것을 망가뜨리고 싶지 않다'라는 마음의 작용이 가장 효과적인 방법이라고 할 수 있습니다.

노무와 컴플라이언스 위반을 방지하는 방법

여기까지 부정이라는 주제로 넓게 다뤄봤는데 사람과 조직의 영역에 초점을 좁히면 '노무 관리상 컴플라이언스 위반이나 문제를 어떻게 방지할 것인가'라는 점이 중요한 주제로 거론될 것입니다. 노무상의 위반은 사원과 회사 간의 분쟁으로 발전할 수 있습니다.

최근의 노동 분쟁에서는 '따돌림·괴롭힘', '노동 조건의 마찰', '퇴직·해고' 등이 가장 많습니다.[134] 이러한 문제는 결국 '규칙이 없다·부적절하다', '(주로 매니저의) 지식·의식이 부족하다'는 점에서 발생합니다. 전자는 적절한 규칙을 정비하면 되는데 문제는 후자입니다.

지식이나 의식을 양성하려면 연수와 이러닝 e-learning 으로 '이것은 알아두어야 한다', '이런 말과 행동을 하면 이런 악영향이 있다'라는 내용을 가르치는 것이 일반적입니다. 그러나 여러분도 경험했을 텐데 다음 날이 되면 다 잊어버립니다. 그래서 지식을 새기거나 의식화를 위해서는 '자신의 일'로 바꾸는 것이 효과적입니다.

예를 들어 종합 엔터테인먼트 기업 세가사미 SEGA Sammy 에서는 관리직에게 '리스크 맵'을 작성하게 해서 자신이 노출될 수 있는 위험 요소를 실감하게 합니다. 또한 그룹 회사의 사원과 컴플라이언스 기준 및 대처에 관하여 토론하는 기회를 설정합니다. 이는 '그 회사는 이런 일까지 한다', '나도 제대로 해야겠다'라는 깨달음으로 이어져서 사원들에게도 호평을 얻은 듯합니다.[135]

이 [영역 6]에서는 사람의 건강과 직장의 안전을 확보하는 방법, 사람에 관한 문제를 없애는 방법을 생각했습니다. [영역 6]뿐만 아니라 [영역 2~5](사람의 조달, 육성, 활약, 유지)에서는 구조 정비와 매니저 교육, 의식화, 경영진 끌어들이기 등이 필요해집니다.

　이러한 대처를 이끌고 회사 전체에 영향력을 발휘하기를 기대하는 조직이 인사부입니다. 즉 지금까지 설명한 일을 실현할 수 있느냐의 여부는 인사부가 기능하느냐에 달렸습니다. 다음의 [영역 7]에서 생각해 보겠습니다.

관련된 질문

질문 02 어떤 행동을 구현하게 하고 싶은가? (어떤 조직 문화를 만들 것인가?)

질문 20 기업의 신진대사를 어떻게 촉진할 것인가?

영역 6 인적 자본 경영 실천도 진단

	질문 21 건강을 어떻게 유지·향상할 것인가?	질문 22 직장의 안전을 어떻게 보장할 것인가?	질문 23 사람 사이에서 일어나는 문제를 어떻게 방지할 것인가?
5단계	정기적인 모니터링과 정량적인 분석을 근거로 해서 건강 증진 시스템·체제·계획 등을 개선하고 있다	안전한 직장을 만들기 위한 하드웨어·소프트웨어 면의 시스템이 정비되어 있으며 정기적으로 시스템·체제·계획 등이 개선되고 있다	컴플라이언스 위반을 방지하는 하드·소프트웨어 면 시스템이 정비되어 있으며 정기적으로 시스템·체제·계획 등이 개선되고 있다
4단계	업무나 팀의 관계성, 직장 환경과 같은 영역까지 파고든 건강 증진 대처가 이뤄지고 있다	안전한 직장을 만드는 하드웨어 면 시스템뿐만 아니라 사람이 실패에 대한 방어 조치와 의식 계발을 위한 대처도 충분히 이뤄지고 있다	컴플라이언스 위반을 방지하는 하드웨어 면 시스템뿐만 아니라 의식 계발을 위한 대처도 충분히 이루어지고 있다
3단계	종업원의 몸과 마음의 건강을 유지·향상하기 위한 체계적인 시스템이 존재한다	사고 위험의 포괄적인 분석·평가를 근거로 해서 안전한 직장을 만들기 위한 시스템·규칙이 존재한다	컴플라이언스 위험의 체계적인 분석·평가를 근거로 해서 컴플라이언스 위반을 방지하는 시스템·규칙이 존재한다
2단계	법 대응 이상의 대처는 이루어지고 있지만 이벤트나 프로그램 등이 산발적이다	안전한 직장을 만드는 시스템·규칙은 존재하지만 위험 요소의 포괄적인 분석·평가를 근거로 만들어지지는 않았다	컴플라이언스 위반을 억제하기 위한 시스템·규칙은 존재하지만 위험 요소의 포괄적인 분석·평가를 근거로 만들어지지는 않았다
1단계	종업원의 건강 유지에 관해서는 법에서 요구하는 최소한의 대응만 실행하고 있다	종업원의 안전 유지와 사고 방지에 관해서는 법에서 요구하는 최소한의 대응을 하고 있다	컴플라이언스 위반이나 그 위험의 억제에 관해서는 법에서 요구하는 최소한의 대응을 하고 있다

영역 7

인사 체제를
어떻게 정비할 것인가?

Q24 인사 조직을 어떻게 만들 것인가?

경영·사업·관리직의 3층 구조와 연결되면서 현장에서는 존재감을 드러내지 않는다

'인사부는 더 이상 필요 없습니다'

1998년에 《인사부는 더 이상 필요 없다 人事部はもういらない 136》(야시로 나오히로 八代尚宏 저, 고단샤 講談社)라는 책이 출판되어 '인사부 불필요론'이 일어났습니다. 급여 계산 등 사무 처리는 외부에 위탁해야 정확하고 빠르다. 인사는 채용이나 평가, 이동의 최종 권한을 가진 경우가

많지만 현장과 먼 탓에 개개인을 다 보지 못하고 단순한 '관리'가 되고 말았다. 그런 인사부는 해체해서 현장에 권한을 넘겨야 기업의 이익과 사원의 활성화로 이어진다는 주장이었습니다.

약 30년 전의 내용이지만 자신도 모르게 고개를 끄덕이는 사람도 있지 않나요? 최근에는 인사 시스템이나 웹 서비스로 채용과 육성, 평가, 이동, 급여 계산 등 모든 일을 자동으로 할 수 있게 되었습니다. 인사가 담당하는 업무의 72퍼센트에 AI 시스템화할 여지가 있다는 보고서[137]도 존재하는 가운데 앞으로의 인사는 어떻게 해야 할까요?

외부 위탁이나 시스템화가 진행되어도 보편적인 인사의 역할이 있습니다. 그것은 **경영층·사업 리더·매니저에 대하여 각각 영향력을 미치는 것입니다.** 자세히 설명하겠습니다.

먼저 '경영진'에게 영향력을 행사할 수 있는 '최고 인사 책임자'가 필요합니다.

여기까지 [영역 1~6]의 대처를 하려면 그에 어울리는 투자가 필요합니다. 거기에는 자금뿐만 아니라 회사의 중요한 시간과 인적 자원을 사용하게 됩니다. 그러한 다양한 의미에서의 투자에 대한 의사 결정을 내리기 위해 강력한 인사 최고 책임자가 회사에 필요합니다.

상장 회사라면 주주에게 설명 책임을 다하고 투자의 이해를 얻는 역할로서도 중요한 위치를 차지합니다. 게다가 경영진을 끌어들이는 힘과 협상력을 보유하면 시책을 원활하게 전개할 수 있습니다.

특히 인사 시책은 현장의 시간과 사람을 빼앗아서 반발을 부르기도 합니다. 이를테면 매니저 연수를 비롯한 교육의 시책은 효과가 잘 나타나지 않아서 현장의 역정을 사는 경향이 있습니다. 하지만 거기

질문 24의 개요 도해

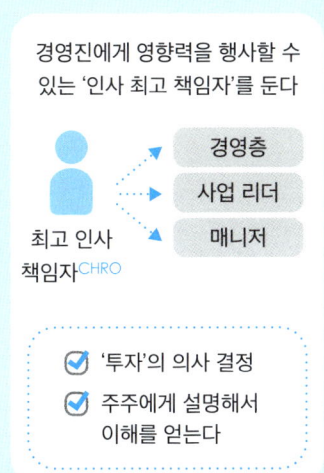

경영진에게 영향력을 행사할 수 있는 '인사 최고 책임자'를 둔다

최고 인사 책임자 CHRO → 경영층 / 사업 리더 / 매니저

- ✓ '투자'의 의사 결정
- ✓ 주주에게 설명해서 이해를 얻는다

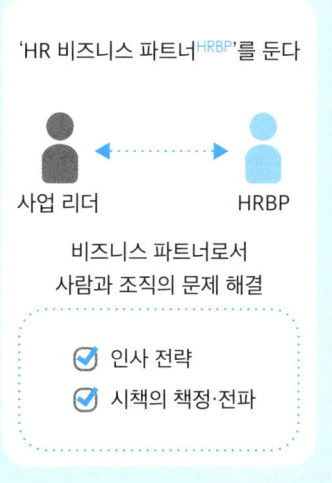

'HR 비즈니스 파트너 HRBP'를 둔다

사업 리더 ↔ HRBP

비즈니스 파트너로서 사람과 조직의 문제 해결

- ✓ 인사 전략
- ✓ 시책의 책정·전파

본사 인사 또는 HRBP가 환경의 핵심이 되는 매니저의 질을 높인다

HRBP 도입을 성공시키는 포인트 3가지

❶ 바람직한 인사 전략이나 시책이 각각 다른 듯한 사업·부문별 조직에서 도입한다
❷ HRBP가 전략 업무에 집중할 수 있는 환경을 정비한다
❸ HRBP로서의 컨설팅 능력을 높이는 구조를 만든다

에 경영진을 끌어들여서 필요성을 설득하고 다닐 수 있느냐의 여부로 시책의 성공률도 달라집니다.

직책은 '최고 인사 책임자^CHRO'가 아니어도 상관없는데 경영 회의에 상시 참석하고 의사 결정에 대한 영향력이 있는 지위여야 합니다. 또한 어느 조사[138]에 따르면 최고 인사 책임자의 65퍼센트에게는 그런 힘을 부여하는 모양입니다.

최고 인사 책임자가 회사 전체를 엄격히 감독하는 체제는 사업의 수가 적은 경우나 중앙집권적인 조직이면 가능합니다. 그러나 사업의 수가 많거나 사업에 권한을 넘길 경우에는 잘 되지 않습니다. 그럴 때는 'HR 비즈니스 파트너^HRBP'라는 역할을 설치하는 것도 방법입니다.

HRBP는 이른바 사업이나 부문 전속의 사내 인사 컨설턴트입니다. 각 조직의 인사 전략이나 시책 결정, 전파를 실행하는 동시에 사업 리더의 파트너로서 사람과 조직의 과제를 해결하기를 기대합니다.

현재 HRBP는 회사 중 11.3퍼센트에 설치되어 있는데 '전략 입안 등과는 거리가 멀고 단순한 사업 측의 심부름꾼이 되고 말았다'는 의견도 많이 듣습니다.[139]

그럼 어떻게 해야 할까요? HRBP 도입을 위한 성공 요인은 3가지입니다.

① 바람직한 인사 전략이나 시책이 각각 다른 듯한 사업·부문별 조직에서 도입한다
② HRBP가 전략 업무에 집중할 수 있는 환경을 정비한다
③ HRBP로서의 컨설팅 기술을 높이는 구조를 만든다

①은 중앙집권적인 회사나 소규모 회사에서 억지로 HRBP를 도입하지 않는 것입니다.[140] 이런 경우 애초에 사업별로 인사 전략이나 제도를 나누거나 다른 시책을 진행할 필요성도 낮은 탓에 HRBP가 나설 자리가 거의 없습니다. 본사의 인사 기획이 검토·대응하면 될 뿐입니다.

②는 HRBP에서 인사 오퍼레이션 업무를 분리하는 것입니다. 종업원의 문의나 서무 대응과 같은 업무를 담당하게 하면 그 일에 쫓겨서 전략 업무에 관여하기 어려워집니다. 정형·간이 업무는 외부에 위탁하거나 인사 업무 부대에게 맡깁시다.

③은 HRBP로서의 기술을 높이는 구조를 만드는 것입니다. HRBP는 '사내 인사 컨설턴트'라고 불렀듯이 과제 발견력, 가설 구축력, 높은 절충·조정력 등의 뛰어난 기술이 필요합니다. 이러한 기술은 정형적인 업무에 관여하며 터득할 수 있는 것이 아니므로 계획적으로 육성해야 합니다. 이 ③에 관해서는 [질문 25]에서도 다룹니다.

인사로서 사업 리더 다음의 '매니저 층'과의 관계도 중요합니다. 사람의 육성이나 활약 촉진, 유지, 위험 요소 감소의 경우에는 매니저가 어떤 행동을 하고 사원과 어떻게 접하느냐가 시책의 성패를 좌우합니다. 현장의 핵심이 되는 매니저의 수준을 높이고 의식을 바꾸며 무기를 주는 것은 인사에게 중요한 미션입니다. HRBP를 도입한 회사에서는 HRBP, 그렇지 않은 회사는 본사 인사가 각각 그 역할을 담당하게 됩니다.

NTT 커뮤니케이션에서는 매니저의 경력 지원력과 면담력 향상을 목적으로 해서 〈분발·태도 이론 発奮·スタンスセオリー〉이라는 핸드북을

작성했습니다.[141] 그 전까지는 커리어 컨설턴트 약 10명이 사원 2만 명에 대응하지 못해서 세심한 대응이 어려운 상황이었습니다. 그래서 사원 개개인의 특성과 지향성을 이해하고 숨은 관계성을 구축할 수 있는 매니저에게 경력 지원 역할을 담당하게 했습니다. 그 모습을 실현하기 위한 무기로 이 핸드북을 작성했습니다. 지금까지 3천여 명의 경력 면담을 통해서 배운 것을 500쪽이 넘는 매뉴얼과 동영상으로 정리해서 '게임 공략집과 같은 감각'으로 쓸 수 있는 자료로 완성했습니다. 이 대처는 2022년 '일본의 인사부'가 주최하는 'HR 어워드'에서 기업 인사 부문 우수상으로 뽑혔습니다.

여기까지 설명한 경영·사업·관리직에 대하여 영향력을 미치는 일은 시스템이나 외부 위탁처에게는 어려울 것입니다. 또한 앞으로 고성능 AI 인사가 나타나 논리적으로 매우 당연한 말을 하는 세계가 올 것이라고 합니다. 그래도 역시 사람의 마음을 움직이는 영역까지는 미치지 못할 것입니다. 결국 회사에서 사람에게 다가가고 사람의 마음을 움직여야 하는 한 '인사 업무'는 계속 남지 않을까요?

이 항목에서는 인사 체제 만들기에 관해서 설명했습니다. 경영·사업·관리직에게 영향력을 미치는 일에 중점을 두고 그 이외의 일은 외부화나 시스템화, AI화를 하면 조직으로서 수준이 높아질 것입니다.

하지만 인사 체제를 정비해도 이를 담당하는 인사 직원의 역량이 부족하면 기능하지 않습니다. 앞에서 예로 든 HRBP도 포함해서 어떻게 육성하면 좋을까요? 다음의 [질문 25]에서 생각해 보겠습니다.

관련된 질문

질문 08 필요한 인재 스펙을 어떻게 정의할 것인가?

질문 10 인재를 어떻게 배우고 성장하게 할 것인가?

질문 11 어떻게 리스킬링할 것인가?

Q25 인사 직원의 능력을 어떻게 향상시킬 것인가?

5가지 힘과 3가지 시점을 익힌다

'염색가게 주인의 흰 바지'

알다시피 염색가게 주인은 '흰 천을 남색으로 물들이는' 일을 하는데 자신의 바지가 흰색 그대로라는 뜻입니다. 즉 다른 사람을 힘껏 보살피는 탓에 자신에게는 손길이 미치지 않는 것을 나타내는 일본 속담입니다. 이 말은 인사부에도 적용됩니다.

인사는 '사람과 조직의 성장'을 촉진하는 일인데 정작 같은 부서의 동료에 대한 성장을 촉진하는 데는 부족한 기업을 자주 봅니다. 실제로 어느 조사[142]에 따르면 인사부서 20대의 31퍼센트가 '어떤 기술을 익혔는지 모르겠다', 45퍼센트가 '내 업무의 성과가 보이지 않는다'라는 불안을 느끼는 듯합니다. 인사 담당자가 자신의 기술이나 성과에 자신감이 없는 상황은 인사 조직으로서의 퍼포먼스도 오르지 않고 회사 전체의 사람 만들기·조직 만들기에도 영향을 줄 수 있습니다. 피트니스 센터의 트레이너가 피부가 하얘서 미덥지 않아 보이는 상황과 마찬가지입니다. 그럼 인사로서 어떤 힘을 터득해야 할까요?

여기에는 확실한 연구 데이터가 있습니다. 세계 각국의 1,000개가 넘는 조직, 3,500명이 넘는 인사의 능력과 행동 수준competency을 통계적으로 분석한 HRCSHuman Resources Competency Study(인적 자원 역량 연구)라는 조사입니다. 1987년부터 4~5년에 한 번 실시되어 최근 2021년에 8회째 실시했습니다. 이 조사에서 인사로서 실적에 영향을 주기 위한 5가지 힘이 추출되었습니다.

✱ **인사 직원이 실적에 영향을 주기 위한 5가지 힘**
① 비즈니스에 관한 안목
② 사람·조직에 관한 안목
③ 정보를 활용하는 힘
④ 협동을 촉진하는 힘
⑤ 복잡성을 단순화하는 힘

①은 먼저 비즈니스의 외부 환경이나 경쟁의 우위성, 어떤 가치를

질문 25의 개요 도해

인사로서 실적에 영향을 주기 위한 힘 5가지

① 비즈니스에 관한 안목   ② 사람·조직에 관한 안목

비즈니스와 사람·조직의 중간 역할을 한다

③ 정보를 활용하는 힘   ④ 협동을 촉진하는 힘

'지혜'로서의 정보와 '정'으로서의 인간관계 구축력이 함께 필요하다

⑤ 복잡성을 단순화하는 힘

①~④의 모든 것과 관계

5가지 힘을 익히려면?

경영자·사업 리더·매니저가 추궁할 기회를 많이 만든다

그건 어떤 의미가 있는가?
그게 최선의 방법인가?

좀 더 깊이 이해해야 하겠구나…

경영진 ／ 인사

인사로서 3가지 눈을 갖게 한다

새의 눈	곤충의 눈	물고기의 눈

경영자와 같은 높은 시선으로 생각한다	조직·사람의 현실을 이해한다	사회 동향과 데이터로 흐름을 파악한다

제공하는가를 이해하는 것입니다. 그런 다음 사업의 성공을 위하여 어떤 변화를 언제 어떻게 추진해야 하는지 생각할 수 있는 힘을 말합니다.

②는 사람·조직·리더가 어떤 상태인지 잘 이해하는 것입니다. 그리고 사람이나 조직을 어떻게 진화·성장시키면 비즈니스에서 성공하는지 그 순서를 생각할 수 있는 힘입니다. 일단 이 두 힘으로 비즈니스와 사람·조직의 중간 역할을 할 수 있습니다.

③은 사회의 변화 등 외부 정보를 파악하는 동시에 다양한 정보를 분석해서 데이터를 근거로 결단을 내리는 힘을 말합니다.

④는 자신감·성실함·겸손함을 통해서 다른 사람과 신뢰 관계를 쌓은 후 다양한 배경의 사람과 효과적으로 협동하는 힘을 말합니다. 어떤 대처라도 사람을 움직여야 시작할 수 있습니다. 그러기 위해서는 '지혜'로서의 정보·데이터와 '정'으로서의 인간관계 구축력. 이 두 힘이 필요합니다.

⑤는 복잡하게 얽힌 문제에 대하여 무엇이 중요한 사항이며 어디에 초점을 맞춰야 하는지 확인하는 힘입니다. 이 힘은 ①~④와도 관계가 있습니다. 비즈니스와 환경, 사람과 조직, 정보와 관계자, 모든 것이 복잡해진 가운데 그 소용돌이 속에 휩쓸리지 않는 힘의 중요성이 늘어났습니다. 예를 들면 팬데믹이 일어나서 실적이 크게 요동치며 사람의 가치관이 크게 달라지는 환경이라도 침착하게 '무엇을 해야 하는가'를 생각할 수 있는 힘도 중요합니다.

이 5가지 힘은 지금까지의 인사부를 상상하면 조금 위화감이 느껴질 수 있습니다.

지금까지의 인사에 필요한 힘이라고 하면 '채용·배치·육성의 지식이 있다', '노동 법령의 이해가 있다', '적확·정확함' 등을 들었는데 인사 노무나 채용 업무의 위탁 시장은 연 5~6퍼센트의 속도로 성장하고 있습니다.[143] 인사 시스템 시장에 이르러서는 연 12.8퍼센트의 성장률[144]을 보입니다. 'A는 B다'라는 방정식이나 정답이 있는 일은 점점 위탁화 또는 시스템화됩니다.

반대로 인사에 남는 일은 방정식이나 정답이 없는 일, 즉 앞의 질문에서 언급했듯이 경영자·사업 리더·매니저의 마음을 움직이는 것이 중심이 됩니다.

그럼 이 5가지 힘을 어떻게 익히게 하면 좋을까요?

그 답은 단순합니다. 경영자·사업 리더·매니저에게 추궁당할 기회를 많이 만드는 것입니다. [질문 10]에서 말했듯이 성인의 학습에는 강한 동기와 필요성이 중요합니다. 그저 단순히 '비즈니스에 관해서 공부하세요', '데이터를 분석할 수 있게 해 놓으세요'라고만 하고 자기 스스로 진지하게 공부하는 사례는 거의 없습니다. 그게 아니라 경영자나 사업 리더에 대하여 인사로서의 대처와 그 결과를 보고할 기회를 강제로 늘리거나 매니저에 대하여 현장에서 실현하고 싶은 일이나 해주기를 바라는 일을 설득하는 상황을 많이 설정합니다. 이렇게 '사람과 대치하는' 상황을 늘리는 것입니다.

경영자와 사업 리더, 매니저들이 '그건 실적이나 비즈니스에 어떤 의미가 있나요?', '그게 최선의 방법인가요?', '왜?'라고 지적하리라고 예상됩니다.

그럴 때 '좀 더 비즈니스를 이해해야 한다', '사람이나 조직에 관해서 공부해야 한다', '외부 정보를 모으거나 데이터를 활용해야 한다'라는 위기감이 생깁니다.

매니저는 '그렇기는 해도 현장은……', '이상론은 그렇지만……'이라며 논리로는 결론을 내릴 수 없는 얽히고설킨 이야기를 거론할 것입니다. 그런 다양한 관계자의 의도가 얽힌 상황 속에서 모든 일을 진행해야 합니다.

이러한 상황에 놓이면 일단 다른 주제로 매니저와 친해지거나 정에 호소하거나 다른 사람을 통해 다가가는 등 '자기 기술을 써서 끌어들이는' 다양한 수단을 습득할 수 있습니다. 또한 인사로서 얽히고설킨 세계를 이해해 놓는 것 자체가 시책이 현장의 실태와 지나치게 동떨어지지 않게 하는 데 중요합니다.

이러한 학습을 통해서 인사는 '3개의 눈'을 갖게 됩니다. 먼저 경영자나 사업가와 같은 높은 시선에서 모든 일을 생각할 수 있는 '새의 눈'. 조직·사람에 관한 현장의 현실을 이해할 수 있는 '곤충의 눈'. 사회 동향과 다른 사람의 상황, 데이터를 활용해서 흐름을 파악하는 '물고기의 눈'. 이 3개의 눈이 인사로서 실적에 영향을 주는 힘이 됩니다.

이러한 힘 중에서 특히 '정보를 활용하는 힘'이 최근 들어 중요성이 커졌습니다. 피플 애널리틱스^{People Analytics}(인재 분석 기술)라고 하는 인사 데이터 활용이 급격하게 진행되고 있기 때문입니다. 피플 애널리틱스나 데이터 활용은 인적 자본의 공시에도 밀접한 관계가 있으며 다음의 [질문 26]에서 설명하겠습니다.

관련된 질문

질문 08 필요한 인재 스펙을 어떻게 정의할 것인가?

질문 10 인재를 어떻게 배우고 성장하게 할 것인가?

질문 11 어떻게 리스킬링할 것인가?

Q26 사람과 조직의 데이터를 어떻게 활용할 것인가?

'무엇을 어떻게 모아서 어떻게 분석할 것인가' 이상으로 '사용하게 하는 방법'을 생각한다

〈사이코패스〉라는 일본 애니메이션이 2012년에 방영되어 인기를 끌었습니다.

이 세계에서는 인간의 모든 감정과 욕망, 심리적 경향이 가시화, 수치화되어 있습니다. 그 수치를 관리해서 많은 사람이 '좋은 인생'을 보낼 수 있으며 또한 범죄가 생기지 않는 세계를 만든다는 이상향과 같은 미래를 그려 놓았습니다.

기업에서도 사람에 관한 데이터의 가시화와 분석·활용이 진행되고 있습니다. 이러한 피플 애널리틱스라고 하는 방법은 이 책의 [영역 1 ~ 6]으로 정리하면 다음과 같은 상황에서 활용을 생각할 수 있습니다.

[영역 1 (이상적인 사람·조직의 모습)] 조직 문화의 정착 상황 확인, 인원 과부족 예측
[영역 2 (사람의 조달)] 사람의 판단, 채용··응모까지의 이탈 방지
[영역 3 (사람의 육성)] 추천 연수나 학습 제시, 연수 효과의 측정
[영역 4 (사람의 활약)] 사람과 일의 일치, 개인과 팀의 퍼포먼스 분석
[영역 5 (사람의 유지)] 인게이지먼트와 직장의 상황 파악, 퇴직 위험 예측
[영역 6 (사람의 위험 요소 줄이기)] 안전·건강상·컴플라이언스상의 위험 요소 탐지

피플 애널리틱스에 따라 신의 계시처럼 다양한 것이 보이고 의사 결정의 정확도가 높아진다. 이에 가까운 주장이 자주 눈에 띕니다. 이 신화를 믿고 '일단 모든 데이터를 모으자!', '일단 여러 가지를 분석할 수 있게 하자!'라며 크게 호령하는 회사도 눈에 많이 띕니다. 그러나 이는 시간과 수고가 많이 들고 목적지 또한 분명하지 않습니다.

이러한 막무가내식 대응 대신 먼저 해야 할 일은 데이터 사용 상황을 판별하는 동시에 '사용하게 하는 방법'을 생각하는 것입니다. 순서대로 설명하겠습니다.

질문 26의 개요 도해

데이터 사용 상황 파악하기

본서 영역 1 ~ 6 활용 장면 예시

- **영역 1** 이상적인 사람·조직의 모습 ➡ 조직 문화의 정착 상황 확인, 인원 과부족 예측
- **영역 2** 사람의 조달 ➡ 사람의 판단, 채용·응모까지의 이탈 방지
- **영역 3** 사람의 육성 ➡ 추천 연수나 학습 제시, 연수 효과의 측정
- **영역 4** 사람의 활약 ➡ 사람과 일의 일치, 개인과 팀의 퍼포먼스 분석
- **영역 5** 사람의 유지 ➡ 인게이지먼트와 직장의 상황 파악, 퇴직 위험 예측
- **영역 6** 사람의 위험 요소 줄이기 ➡ 안전·건강상·컴플라이언스상의 위험 요소 탐지

데이터 분석으로 할 수 있는 일

분석 수준
1. 기술적 분석 — 예전의 사실을 말한다
2. 진단적 분석 — 인과관계를 밝힌다
3. 예측적 분석 — 결과를 예측한다
4. 처방적 분석 — 행동이나 선택지를 제시한다

편견이 강하고 부족한 인지 상태 그대로 의사를 결정하는 상황에서 도입한다

그럴 리 없어! 진짜인가…?

의사 결정자에게 데이터를 사용하게 하는 방법을 고려한다

데이터를 중시해 의사를 결정하는 조직 문화 구축 방법
- 모든 회의에서 '데이터 뒷받침'을 중시
- 정책 발신

먼저 데이터 분석으로 할 수 있는 일은 다음의 4가지로 정리할 수 있습니다.[145]

① 예전의 사실을 말한다
② 인과관계를 밝힌다
③ 결과를 예측한다
④ 행동이나 선택지를 제시한다

①은 '이전 5년 동안 퇴직률이 높았다' 등으로 파악하는 것으로 '기술적 분석'이라고 합니다. 이는 예전에 일어난 사실을 말할 뿐이며 분석 수준 1이라고 할 수 있습니다.

②는 '사원의 소개로 입사한 사람은 퇴직률이 낮아 보인다'라고 분석하는 것이며 '진단적 분석'이라고 합니다. 이는 인과관계를 밝히는 것으로 분석 수준 2라고 할 수 있습니다.

③은 '5일 연속으로 결근한 A 씨는 퇴직 위험이 45퍼센트다'라고 밝히는 것이며 '예측적 분석'이라고 합니다. 이것이 분석 수준 3입니다.

④는 '이것을 실행하면 퇴직률이 이만큼 떨어진다' 등을 밝히는 것이며 '처방적 분석'이라고 합니다. 이러한 행동이나 효과까지 나타내는 것이 분석 레벨 4입니다.

그럼 이러한 분석에서 어떤 이점을 얻을 수 있을까요? 크게는 다음의 2가지입니다.

- '그런 사실이나 방법을 인식하지 않았다'라는 것을 깨닫게 한다
- 'A는 B인 줄 알았다'라는 것이 잘못(또는 확실하다)임을 알려준다

하지만 여기에는 한계가 있습니다. 바로 이런 것입니다.

① 예전 데이터의 연장으로만 예측할 수 있다
② 의사 결정자가 나온 결과나 예측을 사용하지 않을 가능성이 있다

①은 2018년 아마존사에서 'AI를 사용한 채용 시스템'을 사용 정지한[146] 일이 상징적입니다. 이 회사는 2014년 무렵부터 응모자의 이력서에서 우수한 인재를 자동적으로 판별해주는 AI 개발을 추진했습니다. 이전 10년 간의 이력서를 학습시켜서 거의 완성에 이르렀으나 사용해 보니 '여성의 평가를 낮게 매긴다'는 문제가 생겼습니다. 원인은 학습시킨 10년치 이력서가 남성에 편중된 점이었습니다. 이렇듯 예측적 분석으로 얻을 수 있는 것은 '예전에 이랬으니까 그 경향이 지속되면 이렇게 된다/이렇게 말할 수 있을 것이다'라는 예상에 그칩니다.

이러한 한계는 데이터 취급이나 나온 결과의 해석 등의 문제를 유의하면 비교적 대처하기 쉬운 문제입니다.

그러나 ②는 더욱 뿌리 깊은 문제입니다. 이는 어떤 의미에서 사람 인지의 한계라고 할 수 있습니다.

지금까지 설명했듯이 사람에게는 다양한 마음의 필터(편견)가 있어서 뭔가를 깨닫지 못하거나 잘못 인식할 가능성이 있습니다. '데이

터에 따른 사실 제시'는 그것을 보충하거나 바로잡는 것일 텐데 여기서 아이러니한 현상이 일어납니다. 앞에서도 언급한 '확증 편향'이 강하면 자신의 신념과 사고방식에 일치하지 않는 정보를 받아들이지 못합니다.

인사 데이터를 분석한 결과 '당사의 영업사원은 맹렬히 힘쓰는 성격보다도 섬세한 성격을 가진 사람의 성적이 뛰어나다'라는 예측이 나왔다고 예를 들어보겠습니다. 경영진이나 사업 리더에게 그 결과를 보고하고 채용 기준을 바꾸도록 제안했다고 합시다. 그들/그녀들이 '그럴 리 없어! 우리가 현장에 있었을 때는 체육과 출신이 압도적으로 움직임이 좋았어!'라는 신념·생각이 있으면 어떻게 될까요? 아마 제안을 받아들이지 않아서 이 데이터 분석은 아무런 의미도 없게 됩니다.

데이터 분석의 비극은 아직 계속됩니다. 특히 빅 데이터를 이용한 분석에서는 '당연한 일'이 결과와 예측으로 나올 가능성이 있습니다.

인사 세계에서 빅 데이터 분석은 그다지 진행되지 않았지만 마케팅 등에서는 '방대한 데이터를 수집·해석했더니「인기 있는 상품은 잘 팔린다」라는 사실을 알았다'라는 농담 같은 일도 일어납니다. 이는 극단적인 사례인데 고생해서 인사 데이터를 대량으로 수집한 뒤 분석해서 알게 된 결과가 '받아들이기 쉬운' 것일수록 '그걸 분석하는 의미가 있어?'라는 상황이 벌어집니다.

그럼 어떻게 해야 할까요?

일단 데이터 분석이나 활용은 편견이 강하게 작용하거나 인지 부족이 큰 영향을 끼치는 의사 결정 상황을 중심으로 도입해 나갑니다.

하지만 아날로그로 대응해야 하는 일은 실행한 후 어떤 분석이 필요한지 생각해야 합니다.

예를 들면 사람의 판단은 응모자에 관한 정보나 접하는 시간도 적기 때문에 편견이 생기는 경향이 있습니다. 하지만 구글에서 실시하는 구조화 면접[147] 등의 방법을 받아들이거나 면접 횟수와 시간을 늘릴 수 있으면 어느 정도 의사 결정을 잘못할 위험은 줄일 수 있습니다. 이처럼 '데이터 분석이 필요'한 상황이나 목적을 제한하면 '무슨 일이든지 데이터를 수집해서 분석'한다는 지옥에서 빠져나올 수 있습니다.

다음으로 의사 결정자에게 데이터를 '사용하게 하는 방법'을 생각해 보겠습니다.

피플 애널리틱스가 진행되지 않는 원인을 조사한 결과[148]를 살펴보면 1위는 '인사 직원의 기술 부족'인데 2위는 '경영진의 관심이 적다', 3위는 '경험과 감이 중시되며 데이터는 경시된다'라는 결과가 나왔습니다. 가장 좋은 대응책으로는 데이터를 중시한 의사 결정이 이루어지는 조직 문화의 구축입니다.

예를 들면 구글에서는 대부분의 회의실에 프로젝터 두 대가 준비되어 있습니다. 한 대는 비디오 회의나 회의 기록용, 다른 한 대는 데이터 표시용입니다. 모든 회의는 후자의 프로젝터로 데이터를 비춰서 '이 데이터를 보세요'라는 말로 시작됩니다. '글자뿐인 슬라이드'나 '내 의견은'이라는 말은 통하지 않습니다. 이처럼 '모든 의사 결정이 데이터를 근거로 이루어진다'라는 방침이 곳곳에 관철되어 있습니다[149].

이 '데이터를 사용하는 의식 양성'과 '데이터 활용 상황과 목적의 제한'이 함께 작용하면 피플 애널리틱스의 투자 대비 효과를 최대화할 수 있습니다.

이 [영역 7]에서는 인사로서의 체제를 만들고 능력을 높이며 데이터로서의 무기를 얻는 방법에 관하여 생각했습니다. 이 대처법 3가지로 인적 자본 경영의 선도 역할로서 인사가 기능하기 시작합니다. 이 질문에서 설명한 '데이터'는 특히 파악해야 하는 정보가 있습니다. 그것은 '사람과 조직이 이상적인 모습에 다가갔는가', '잘 대처하고 있는가'입니다. 그렇습니다. 이러한 정보가 확실히 인적 자본의 가시화와 공시로 이어집니다. 다음 3장에서 설명하겠습니다.

관련된 질문

영역 1 ~ 영역 7 의 모든 질문

영역 7 인적 자본 경영 실천도 진단

	질문 24 인사 조직을 어떻게 만들 것인가?	질문 25 인사 직원의 능력을 어떻게 향상시킬 것인가?	질문 26 사람과 조직의 데이터를 어떻게 활용할 것인가?
5단계	경영 전략이나 사업 전략, 사업 조직 체제 등의 문화에 따라 인사의 기능·조직이 재검토되어서 최적화되어 있다	경영진이나 사업 리더와 논쟁할 수 있는 수준의 인사 직원이 끊임없이 배출되는 OJT·Off-JT 시스템이 갖춰져 있다	데이터 활용이나 고도의 분석뿐만 아니라 경영·사업·현장 등에서 그 활용을 촉진하기 위한 계발 등도 충분히 이루어지고 있다
4단계	오퍼레이션은 거의 시행하지 않고 경영·사업·관리직에 대하여 충분히 영향을 줄 수 있는 조직이 되어 있다	인사 내부뿐만 아니라 사업이나 사외·대학 등과 함께 제휴한 프로그램을 제공하고 인사 직원의 육성에 투자하고 있다	인사 영역 이외(예: 재무 데이터 등)와의 데이터를 뒤섞어서 장래 예측과 인재 매니지먼트의 고도화에 기여하는 활용이 이루어지고 있다
3단계	인사에 필요한 기능은 일정한 정도 갖춰져 있고 경영이나 사업에서 필요로 하는 조직이 만들어져 있다	인사 직원에게 필요한 능력이 정의되어 있고 그 능력을 얻기 위해서 필요한 경험이나 연수 등이 정비되어 있다	인재 매니지먼트 등에서 필요한 대부분의 데이터가 시스템에 축적되어 있으며 일부는 분석 등에도 활용되고 있다
2단계	인사 전략이나 기획 입안을 포함해서 인사에 필요한 기능은 일정한 정도 갖춰진 조직이 만들어져 있지만 충분히 기능하지 못한다	인사 내부에서의 스터디나 지식 공유 등 소규모·발산적인 대처는 이루어지고 있다	일부 영역의 인사 데이터는 시스템 등에 축적되어 있지만 효과적으로 활용되지 않는다. 또한 인사 업무도 일부 업무에서만 시스템을 활용하고 있다
1단계	입사 처리나 급여 계산 등 최소한의 오퍼레이션을 대응하고 있다	인사 직원 육성에 관한 시스템과 프로그램이 존재하지 않는다	인사 데이터가 축적되어 있지 않다. 시스템이 전혀 활용되고 있지 않다

정리 파트

답을 정리해서 '인사 비전', '인사 전략'을 만든다

여기까지 [영역 **1**~**7**]에서 사람·조직의 비전과 인사 전략을 만드는 방법에 관하여 생각해 봤습니다. 각 질문에 대한 여러분의 답은 찾으셨나요?

모든 답을 찾지 못하더라도 먼저 18쪽의 링크에서 다운로드할 수 있는 '인사 전략 포맷'에 기입해 보는 방법을 추천합니다. 그렇게 하면 생각이 한층 잘 정리되는 동시에 빈칸인 질문의 답을 찾을 수도 있습니다. 인간은 '공백'이나 '불완전'한 부분이 있으면 이를 채우거나 수정하고 싶어지는 '폐쇄Closure'150라고 하는 의식이 작용하기 때문입니다.

여기에서 정리한 내용이 사람·조직의 비전이 되고 인사 전략의 핵심이 됩니다. 또한 이 내용 자체를 인적 자본 공시에 활용할 수도 있습니다.

이 장에서 그린 비전·전략을 끊임없이 개선·진화시키기 위해서라도 3장에서 인적 자본의 가시화·공시의 방법을 생각해 보겠습니다.

3장

인적 자본 경영을 진화시키는 '인적 자본 공시'를 하자

인적 자본의 가시화·공시의
'왜?'와 '무엇?'

인적 자본의 가시화·공시는 상장 회사 외에도 필요하다

먼저 '인적 자본의 가시화·공시란 무엇인가'를 다시 한번 돌아보면 다음의 2가지를 실행하는 것이었습니다(그림 3-1).

- 사람과 조직이 이상적인 모습(비전)에 다가갔는가, 대처(인사 전략)가 잘 되어 있는지 확인한다
- 그 결과를 다른 사람에게 설명·대화하는 동시에 피드백을 받는다

전자가 인적 자본의 '가시화', 후자가 '공시'입니다.
그리고 그 목적은 2가지로 정리할 수 있습니다.

① 사람·조직의 비전이나 인사 전략을 개선한다 (효과적인 사람에게 투자한다)
② 주주·투자가가 회사 안팎의 인재와 관계자에게 설명 책임을 다 하고 대처나 투자의 동의를 얻는다

여기까지 되돌아봤습니다. 인적 자본의 '공시'는 상장 회사만 2023년 3월기 결산 이후에 의무화되었습니다(우리나라는 2026년 이후로 인적 자본을 포함한 ESG 공시 의무화를 추진 중이다-옮긴이)
그러나 가시화·공시는 상장 기업 외에도 깊은 관련이 있습니다. **인사 전략 개선이나 대처의 동의를 얻는 것은 어떤 기업이든 필요하기 때문입니다.** 오히려 시장에서 신뢰를 얻고 앞으로 큰 성장을 이뤄낼 비상장 기업으로서는 반드시 필요한 대처라고 할 수 있습니다.
예를 들면 경영자가 '우리 회사는 일하기 쉽고 좋은 회사다'라고 생각해도 그 인식이 반드시 옳다고 할 수 없습니다. 인간은 자신에게 불리한 점은 무시하거나 '내가 옳다'라고 생각하는 '자기 정당화 편향'이라는 마음의 필터를 갖고 있습니다. 경영자 본인이 '조직이나 직장에 대하여 잘 알고 있다'라고 생각해도 사실은 단편적인 정보와 인상으로 편향된 판단을 할 가능성도 있습니다.
그래서 남에게 의견을 얻고 객관적인 사실과 데이터를 살펴보고 벌거벗은 임금님이 되는 것을 피해야 합니다. 실제로 40퍼센트가 넘

그림 3-1 인적 자본의 가시화·공시란 무엇인가

**사람과 조직이 이상적인 모습에 다가가는지
다른 사람에게 설명해서 피드백을 받아 개선하는 대처**

는 비상장 기업에서 '인적 자본의 가시화·공시'를 이사회나 경영회의의 의제로 들었습니다.[1]

사실은 '상장 회사 외에도 인적 자본의 가시화·공시를 의식해야 한다'라고 할 수 있는 이유가 하나 더 있습니다. 그것은 2016년에 일본에서 시행된 '청년 고용 촉진법'입니다.

청년 고용 촉진법이란 응모자나 학교 등에서 채용과 육성, 고용 관리에 관한 정보를 의뢰했을 때 기업에 그 제공을 의무화하는 법률입니다. 구체적으로는 **그림 3-2** (a)~(e)의 카테고리에서 최소 한 가지 이상의 항목에 관하여 정보를 제공하도록 의무화되어 있습니다.

이것은 상장과 상관없이 모든 기업이 대상이 됩니다. 단 벌칙이 없기 때문에 대부분이 알려지지 않은 실정입니다.

'벌칙이 없다면 신경 쓰지 않아도 되지 않나?'라고 생각할 수 있습니다. 그러나 응모자가 정보 제공을 의뢰했을 때 기업으로서 '어디까

그림 3-2 일본의 청년 고용 촉진법에서 기업이 의무화해야 하는 정보 공시

카테고리	항목
(a) 채용·모집에 관한 상황	• 이전 3년간 신규 졸업 채용자 수 • 이직자 수 • 이전 3년간 신규 졸업 채용자 수의 남녀별 인원수 • 평균 근속 연수
(b) 직업 능력의 개발·향상에 관한 상황	• 연수의 유무·내용 • 자기 계발 지원의 유무·내용 • 멘토 제도의 유무 • 경력 컨설팅 제도의 유무·내용 • 사내 검정 등 제도의 유무·내용
(c) 고용 관리에 관한 상황	• 전년도 월평균 소정 외 노동시간 실적 • 전년도 유급 휴가의 평균 취득 일수 • 전년도 육아 휴직 취득 대상자 수와 취득자 수(남녀별) • 임원에 차지하는 여성 비율과 관리적 지위에 있는 여성의 비율

일본의 청년 고용 촉진법에서는 (a)~(c)의 카테고리에서 최소 한 가지 이상의 항목에 관하여 기업이 정보를 제공하도록 의무화되어 있다

지 알려줬는가', '어떻게 대응했는가'는 알 수 있습니다. 이러한 내용은 인터넷 등에 노출될 위험도 있습니다.

실제로 와타나베 마사히로^{渡邉正裕}의 저서 《'좋은 회사'는 어디에 있는가?^{「いい会社」はどこにある?}》(다이아몬드사)에서는 실제 기업명을 거론하며 각 기업의 대응 등에 관하여 생생하게 설명했습니다.

상장 기업이든 아니든 이러한 인적 자본에 관한 정보 제공을 의뢰했을 때는 당당하게 공개할 수 있도록 준비해 놓아야 할 것입니다.

인적 자본의 가시화·공시의 5단계

그럼 여러분의 회사에서는 인적 자본의 가시화·공시가 얼마나 되어 있을까요? 가시화, 공시별로 어느 정도의 수준까지 도달했는지 자기 진단해 보세요.

먼저 그림 3-3 의 〈가시화 단계〉에 관하여 살펴보겠습니다.

맨 처음에 4, 5단계의 상태에 관하여 설명하겠습니다. 일단 4단계(망라적)는 2장에서 그린 '사람·조직의 비전'이 실현되어 있는가, '인사 전략'이 잘 되어 있는지 파악한 상태입니다. 즉 2장의 [영역 1~7]에 대하여 다음의 질문 7가지에 대답할 수 있는 상태입니다.

1 이상적인 사람과 조직의 모습이 실현되었는가?
2 사람을 적절하게 조달했는가?
3 사람을 적절하게 육성했는가?
4 사람의 활약을 적절하게 촉진했는가?
5 사람을 적절하게 유지했는가?
6 사람이 지닌 위험 요소를 적절하게 줄였는가?'
7 인사 체제를 적절하게 정비했는가?

2장에서 뿌린 씨앗을 제대로 키워서 수확했는지 완성된 모습을 확인하는 상태입니다. 여기까지 실현하면 가시화 4단계(망라적)라고 할 수 있습니다.

이러한 정보에 더해서 투자자나 주주, 경영자가 가장 알고 싶어 하

그림 3-3 인적 자본의 가시화·공시의 5단계

단계		개요	상세
가시화 단계	1	미정비	특히 사람·조직에 관한 데이터는 가시화되어 있지 않다
	2	최소한	퇴직률·인건비 등 최소한의 데이터는 가시화되어 있다
	3	일정 정도	인사 전략과 관련된 중요한 항목은 어느 정도 가시화되어 있다
	4	망라적	인사 전략의 PDCA를 위한 망라적인 항목이 가시화되어 있다
	5	발전적	위에 내용에 더해서 실적에 대한 관계·공헌도 가시화되어 있다
공시 단계	1	비공시	사내도 포함해서 대부분의 정보가 공시되지 않았다
	2	의무화 항목 한정	의무화된 항목은 공시하고 있다
	3	비교 항목 공시	다른 회사가 제시하는 항목이나 비교할 수 있는 항목을 공시하고 있다
	4	독자 항목 공시	자사의 독자적인 항목이나 아이디어로 공시하고 있다
	5	적극적	수많은 정보를 공시해서 대화·개선에 활용하고 있다

는 것이 무엇일까요? 결국은 '사람에 대한 투자의 중장기적인 수익'일 것입니다. 다시 말해 다음의 질문에 대답할 수 있는 상태를 만들어야 합니다.

❶ 인적 자본은 무엇에 어떻게 공헌했는가?

위의 큰 질문 8가지를 정리한 것이 그림 3-4 입니다. 이 질문들에 대답할 수 있는 상태를 만들면 가시화 5단계(발전적)라고 할 수 있습니다. 그러나 현재 상태로 가시화 단계가 1이나 2인 기업이 곧바로 5단계를 지향하기란 비현실적인 경우도 있을 것입니다.

그런 경우에는 '자사의 비즈니스 전략에서 **핵심·장애물이 되는 질문**'을 중심으로 가시화를 진행하는 것이 효과적입니다.

이를테면 비즈니스 전략상 [2 사람의 조달]이 핵심이라고 합시다. 그런 경우에는 채용 브랜딩의 구축 상황이나 인재 확보 상황, 채용 비용 등을 확인해서 가시화하는 것을 최우선으로 합니다.

또한 비상장 기업에서는 자사의 매력을 어필할 수 있는 영역이나 질문을 가시화하는 것도 좋습니다.

홋카이도에서 치과의원을 운영하는 의료법인 mirai 사이와이 덴탈 클리닉에서는 상장 기업 뺨칠 정도로 22쪽에 달하는 인적 자본 공시 리포트를 공표했습니다. 〈People Fact Book〉에서는 자아실현을 실감할 수 있는 조직 체제와 조직 풍토의 이상적인 모습, 커리어 플랜 등을 알기 쉽게 나타냈습니다(자료 3-1).

이러한 공시로 채용 후보자에게 어필하는 동시에 내부 인재에게도 자기 직장에서 일하는 안정감을 줄 수 있습니다.

이처럼 공격을 의식해 가시화할 수 있으면 다음은 '수비의 가시화'로 이행하세요. 사람과 조직에 과제가 있다면 앞으로의 공시를 위해서 지금부터 준비해 놓는다는 뜻입니다.

장애물(과제)이 된 항목이 의무화되지 않은 상황에서는 당장 공시하지 않아도 됩니다. 그러나 여러 선진국의 상황을 고려해서 판단해 볼

그림 3-4 7+1의 질문에 대답할 수 있는 상태를 만든다

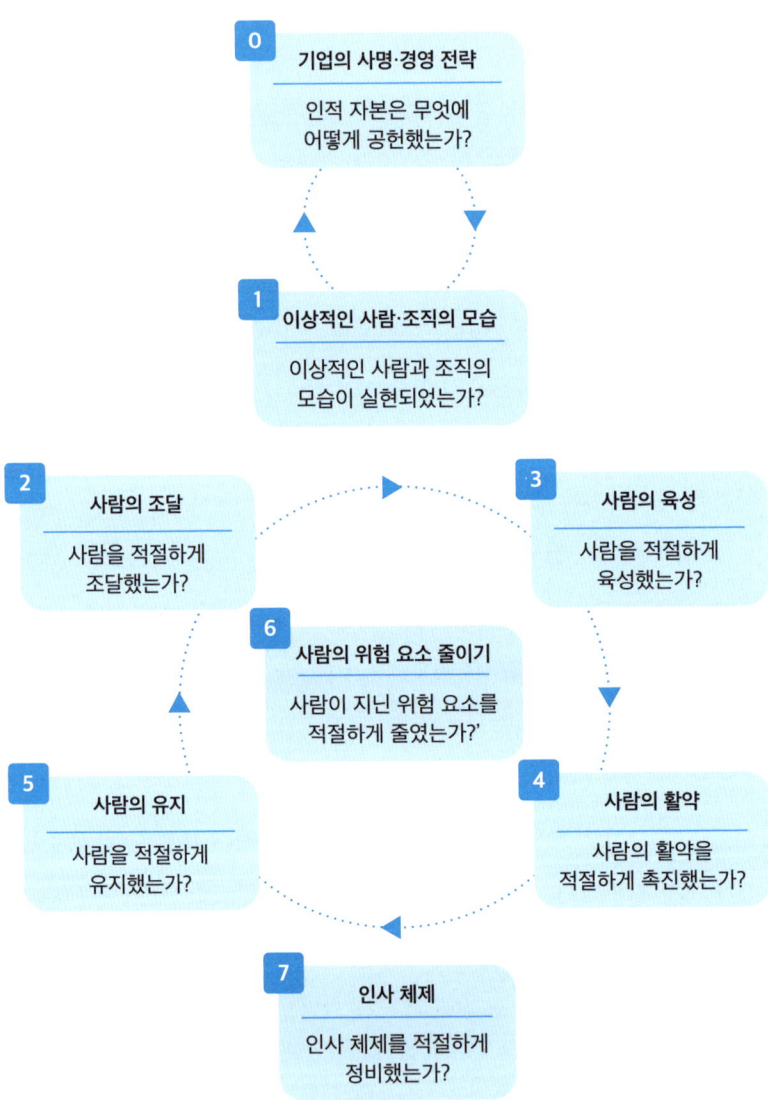

자료 3-1

1. 자기 성장을 실감할 수 있는 조직 체제 실현

일의 보수로 자기 성장을 이룹니다. 자기 성장을 하려면 조직에서 받는 교육 훈련보다 고객이나 조직에 훨씬 유익하고 난도가 높은 일을 담당하는 것이 가장 효과적입니다.
- 분원 운영에 따른 원장 자리 증설 → 한 의원의 최고 자리를 경험하면 크게 성장할 수 있습니다.
- 점포 운영 책임자 배출 → 화이트 에센스의 점포 운영 책임자를 담당하면 치과의원 경영에 참여할 수 있습니다.
- 목표 매출의 2퍼센트, 인건비의 7~8퍼센트를 교육 훈련비로 사원에게 투자(실태 조사에서는 기업 평균 0.7퍼센트)

2. 강한 공동체 감각을 느낄 수 있는 조직 풍토 실현

공동체 감각이란 조직 멤버를 믿을 수 있는 동료로 인식하고 그렇게 해서 자신이 있을 곳을 찾을 수 있으며 동료를 위해서 공헌하려고 생각할 수 있는 감각입니다. 공동체 감각을 지녔기에 용기를 내서 새로운 일이나 난도가 높은 일에 도전하는 의욕이 솟아납니다. 이를 실현하는 데 필요한 프로젝트, 이벤트 활동 지원, 각종 인사 제도 등을 뒷받침합니다.

3. '행복도'가 높은 조직 풍토 실현

현재 일본 사회에서는 20세 이하의 30퍼센트가 실로 '부모 세대보다 불행하다'라고 느낍니다. 또한 세계적으로 봐도 일본의 행복도는 낮은 것이 현재 상황입니다. 생산성이 높으면 행복도가 높아지는 경향이 있습니다. 조직의 생산성을 높여서 성장력과 행복도가 높은 직장으로 만드는 것을 목표로 합니다.

4. 생산성과 워크 라이프 밸런스를 높이는 노동 시간/휴가 제도

- 직원의 평균 잔업 시간은 월 10시간 이내를 목표로 합니다(2021년은 18시간).
- 간부직은 1년에 한 번 일주일의 휴가를 얻으며 부하 직원의 간부 의존을 없앱니다(2022년~2024년).
- 2025년에는 간부직이 1년에 한 번 2주일의 휴가를 얻어도 업무에 지장이 없는 조직을 만듭니다.
- 정시에 종례할 수 있는 조직 문화를 구축합니다.

5. 커리어 플랜

전문직 신설
S3 이상이며 부하 직원의 매니지먼트를 하지 않고 자신의 일에 집중하고 싶은 마스터 유형을 위한 자리입니다. 본인의 의향을 근거로 해서 이사장, 상사의 승인을 받아 결정합니다.

직원의 경영 계획 의의

조직이 성과를 올리려면 분업 시스템이 완전하게 작동해야 합니다. 분업 시스템이 작동하려면 각자가 맡는 역할의 범위를 명확하게 해야 하기 때문입니다. 또한 직원이 성장하려면 자신의 부족한 점을 정확하게 인식해야 하기 때문입니다. 경영 계획에서 목표, 방침, 직무, 역할 등급, 규율 등이 명확하지 않으면 본인에게 면책 범위가 생기기 쉬워집니다. 그러면 면책 부분을 상사나 다른 직원이 떠맡게 되어 조직의 성과도 나오지 않습니다. 게다가 본인은 주위 사람이 해줄 것이라는 의식이 생겨서 성장하지 못합니다. 또한 다른 직원도 직무, 등급, 규율에 따라 행동하지 않게 됩니다.
결국 경영 계획이 있어야 모든 직원이 각자의 역할을 정확하게 인식할 수 있습니다.

의료 법인 mirai 사이와이 덴탈 클리닉은 해마다 모든 직원에게 경영 계획 발표회를 통해서 조직의 비전, 목적, 목표로 해야 하는 성과를 분명히 알리고 있습니다.

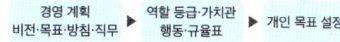

(사이와이 덴탈 클리닉 People Fact Book 2022에서)

때 공시 항목이나 대상이 되는 기업이 확대될 것을 예상할 수 있습니다.

예를 들면 영국에서는 인적 자본의 정보 공시에 매우 적극적이며 종업원 250명이 넘는 모든 기업에 '남녀 간 임금 격차'를 공시하도록 의무화했습니다.[2]

현재 일본에서 '남녀 간 임금 격차'를 공시하는 의무는 일부 기업에만 있습니다. 하지만 앞으로 대부분의 다른 회사가 임금 격차를 공표하는 가운데 여러분의 회사에서는 그 격차가 컸다고 합시다. 그렇다면 여러분의 회사는 '남녀 간 임금 격차'를 공시하든 말든 외부 인재와 투자가에게 부정적인 인상을 줄 것입니다. 따라서 지금부터 과제가 되는 지표를 개선하여 공시에 대비해 놓는 것이 바람직합니다.

이러한 공격과 수비에서 중요해지는 지표를 가시화한 '가시화 3단계(일정 정도)'의 상태에서 대답할 수 있는 지표의 영역을 늘려서 서서히 수준을 올리는 것이 이상적일 것입니다.

인적 자본의 공시가 의무화된 5항목

다음으로 〈공시 단계〉에 관하여 살펴보겠습니다.

먼저 공시 2단계는 '의무화된 항목은 공시하는' 상태입니다. 상장회사에서는 다음의 5항목을 유가 증권 보고서에서 제시해야 합니다.

① 인재 육성의 방침과 지표 (목표·실적)
② 사내 환경 정비의 방침과 지표 (목표·실적)
③ 여성 관리직 비율
④ 남성의 육아 휴직 취득률
⑤ 남녀 간 임금 격차

①은 리더나 인재의 육성(OJT나 Off-JT 등)에 관한 어떠한 시간축·방침이며 무엇에 대처하는지를 나타냅니다. ②는 업무 방식이나 안전 위생, 종업원 인게이지먼트 향상 등에 관한 어떠한 방침이며 무엇에 대처하는지를 나타냅니다. 둘 다 다양성 확보 방침이나 대처와 함께 나타내야 합니다.

이 ①과 ②는 '이 지표를 제시해야 한다'라는 구체적인 지정은 없습니다. 기업이 인재 육성이나 사내 환경 정비 등에서 중요하게 생각하는 지표를 제시하면 좋다고 판단합니다.

③~⑤는 기업의 규모와 여성 활약 추진법 등을 근거로 해서 어떤 정보를 공개하는가이며 무엇을 어디까지 공시해야 하는가에 차이가 있습니다. 꽤 복잡한 탓에 관심이 없는 사람이나 이미 이해한 사람은 넘겨 읽어도 무방합니다. 먼저 의무화의 내용을 이해하려면 공인 회계사 시미즈 교코 淸水恭子 씨가 작성한 표가 이해하기 쉬우므로 소개하겠습니다(자료 3-2, 3-3).[3]

먼저 자료 3-2를 보면 가로에 '어느 규모의 기업이며', 세로에 '어느 지표를 공시해야 하는가'를 알 수 있습니다. 여기에서 관련된 법률에 관하여 각 회사에서 어떻게 대응하느냐가 중요해집니다.

관계가 있는 법률 중 첫 번째는 여성 활약 추진법입니다. 이 법률을 근거로 하면 예컨대 상시 고용 노동자 수 301명 이상인 기업에서는 자료 3-3의 ①과 ②의 구분에서 각 1항목 이상 선택하고 2항목 이상을 인터넷 등에서 공표해야 합니다.

또한 2022년 7월 이후에는 '남녀 임금 차이'의 공표 의무가 추가되었기 때문에 총 3항목 이상을 인터넷 등에서 공표하는 것이 의무화

자료 3-2

유가 증권 보고서에서 공시하는 다양성 지표	다른 법률 등을 근거로 하는 요구 사항과의 관계		
	상시 고용 노동자 수		
	300명 이하[*1]	301명 이상	1,000명 초과
관리직에 여성 노동자가 차지하는 비율	법 ①에서의 공시 항목	법 ①에서 선택해 공표할 경우에는 유가 증권 보고서에서 공시해야 한다	
남성 노동자의 육아 휴직 취득률	법 ①에서의 공시 항목, 법 ②에서 2023년 4월 이후 의무화	법 ①에서 선택해 공표할 경우에는 유가 증권 보고서에서 공시해야 한다	법 ②에서 공표가 필수[*2]이며 유가 증권 보고서에서 공시해야 한다
남녀 노동자의 임금 차이	법 ①에서 2022년 7월 8일 이후 사업 종료 연도까지 공시 의무화	법 ①에서 선택해 공표할 경우에는 유가 증권 보고서에서 공시해야 한다	법 ①에서 공표가 필수[*3]이며 유가 증권 보고서에서 공시해야 한다

법 ① : 여성의 직업 생활에서 활약 추진에 관한 법률 (여성 활약 추진법)
법 ② : 육아 휴직, 간병 유직 등 육아 또는 가족을 간병하는 노동자의 복지에 관한 법률 (육아·간병 휴직법)
*1 : 100명 이하는 여성 활약 추진법을 근거로 하는 공표는 노력 의무
*2 : 2023년 4월 1일 시행
*3 : 2022년 7월 8일 시행
(출처: '기업 내용 등의 공시에 관한 일본 내각부령 등의 일부를 개정하는 내각부령', 각 법규제 등을 토대로 필자 작성(《기업 회계 2023년 4월호》 주오게이자이샤 中央経済社 '공시부령 개정으로 유가 증권 보고서는 이렇게 달라진다' (인적 자본·다양성)의 필자 작성【도표 3】))
(테크니컬센터 〈회계 정보〉 Vol. 560/2023.4에서)

자료 3-3

	① 여성 노동자의 직업 생활에 관한 기회 제공	② 직업 생활과 가정생활의 병행에 도움이 되는 고용 환경 정비
공시항목	• 채용한 노동자 중 여성 노동자가 차지하는 비율 • 남녀별 채용의 경쟁 배율 • 노동자 중 여성 노동자가 차지하는 비율 • 계장급에 있는 사람 중 여성 노동자가 차지하는 비율 • 관리직 중 여성 노동자가 차지하는 비율 ◀ 지표① • 임원 중 여성이 차지하는 비율 • 남녀별 직종 또는 고용 형태의 전환 실적 • 남녀별 재고용 또는 중도 채용 실적 • 남녀의 임금 차이 ◀ 지표③	• 남녀의 평균 근속 연수 차이 • 10 사업 연도 전 및 그 전후의 사업 연도에 채용된 노동자의 남녀별 계속 고용 비율 • 남녀별 육아 휴직 취득률 ◀ 지표② • 노동자의 한 달 평균 잔업 시간 • 고용 관리 구분별 노동자의 한 달 평균 잔업 시간 • 유급 휴가 취득률 • 고용 관리 구분별 유급 휴가 취득률

● 상시 고용 노동자 수 301명 이상인 사업주는 위의 ①과 ②의 구분에서 각 1항목 이상 선택하여 2항목 이상을 공표, 덧붙여 2022년 7월 이후에는 ①의 남녀 임금 차이의 공표 의무가 추가되어서 합계 3항목 이상의 공표를 의무화한다

● 상시 고용 노동지 수 101명 이상 300명 이하이 사업주는 위의 ① 또는 ②의 구분에서 1항목 이상 선택하여 공표를 의무화한다

● 상시 고용 노동자 수 100명 이하인 사업주는 위의 ① 또는 ②의 구분에서 1항목 이상 선택하여 공표(노력 의무)

(출처: 여성 활약 추진법 및 이 법을 근거로 하는 일반 사업주 행동 계획 등에 관한 성령을 토대로 필자 작성 (〈기업 회계 2023년 4월호〉 주오게이자이샤 '공시부령 개정으로 유가 증권 보고서는 이렇게 달라진다' (인적 자본·다양성)의 필자 작성【도표 2】))

(테크니컬센터 〈회계 정보〉 Vol. 560/2023.4에서)

되었습니다. 즉 '남녀 임금 차이'는 301명 이상인 기업의 경우 유가 증권 보고서에서의 공시가 필수적입니다. 그러나 '여성 관리직 비율'이나 '남성 육아 휴직 취득률'에 관해서는 301명 이상인 기업에서도 공표하지 않으면 유가 증권 보고서에서의 공시는 필수가 아니라는 뜻입니다.

단 육아·간병 휴업법(관련된 또 다른 법률)을 근거로 하면 상시 고용 노동자 수 1,000명이 넘는 기업에서는 '남성의 육아 휴직 취득률'을 인터넷 등에서 공표하는 것이 의무화되어 있습니다. 따라서 1,000명이 넘는 기업의 경우 '남성의 육아 휴직 취득률'은 유가 증권 보고서에서도 공시해야 한다는 의미입니다. 매우 까다로운 내용이지요? 자신의 회사 규모나 여성 활약 추진법 등으로 어디까지 공표해야 하느냐에 따라 유가 증권 보고서에서의 공시 의무를 판단하세요.

또한 단순히 수치만 나타내는 것이 아니라 남녀의 차이가 있는 경우, 이유와 개선책 등을 병기하는 것도 효과적입니다.[4] 예를 들면 메르카리mercari사가 2023년에 발표한 데이터에서는 남녀 평균 임금 차이가 37.5퍼센트나 되었습니다. '메르카리와 같은 선진적인 기업에서도 남녀 차별이 있는 것인가'라고 생각할 수도 있습니다. 그러나 가장 큰 요인은 급여 수준이 높은 엔지니어직에 남성이 많고 고객 서비스직은 여성이 많으며 지방에 거점이 있다는 점이었습니다.

또한 분석을 진행했더니 같은 직종·등급이라도 보수 격차가 7퍼센트에 이른다는 사실도 알았습니다. 그 원인을 통계적으로 분석했더니 절대로 남성의 평가나 승급률이 높은 것은 아니었습니다. 중도 채용 시 전직의 급여를 고려해 보수를 결정하다 보니 그 결과 '여성의 임금이 낮다'라는 사회적인 구조가 반영된 것이 원인이었습니다.

이러한 상황을 토대로 해서 이 회사에서는 채용 시의 보수 결정 과정을 개선하는 활동을 했습니다. 지금까지의 대응 내용을 병기하여 나타내면 통계 수치의 배경과 기업의 자세를 관계자가 정확하게 이해할 수 있습니다.

인적 자본 공시의 원래 모습이란?

그럼 의무화된 5항목의 인적 자본이 공시되면 충분할까요? 당연히 아닙니다.

서두에서 말했듯이 인적 자본의 가시화와 공시에는 '인사 전략의 개선', '투자자 등에 대한 설명 책임을 다하고 동의를 얻는다'라는 목적이 있습니다. 이 목적을 달성하기 위하여 **2장과 3장의 질문에 전부 대답해서 공시하는 것이 공시 5단계이며 최종 목표입니다.** 순서대로 설명하겠습니다.

2022년 8월 일본 정부에서 발표한 '인적 자본 가시화 지침'에서는 인적 자본 가시화·공시의 방법에 관한 생각을 제시했습니다. 명칭은 '가시화' 지침인데 실질적으로는 대부분의 내용이 '공시'에 관해 쓰였습니다. 하지만 비상장 기업에도 참고가 될 만한 내용으로 이루어졌습니다. 46쪽 이상에 달하는 난해한 자료지만 핵심을 응축하면 다음의 5가지로 정리할 수 있습니다.

✽ **인적 자본 가시화 지침 포인트**

① '경영 전략·비즈니스 모델', '실현에 필요한 인재상', '인사 전략과 대처', '지표'를 스토리로 연결한다
② '기업 가치 향상'과 '위험 요소'의 관점을 모두 파악한다
③ '거버넌스 governance (지배 구조)', '전략', '위험 요소 관리', '지표와 목표'의 카테고리를 활용한다
④ 자사로서의 '독자성'과 다른 회사와의 '비교 가능성' 간의 균형을 고려한다
⑤ 이론적으로 알기 쉽게 공시해서 대화나 개선에 활용한다

①의 전략 스토리를 만들어내려면 2장의 질문에 대답해서 '사람·조직의 비전'과 '인사 전략'을 만들어야 합니다. 반대로 이런 것이 없는 가운데 가시화나 공시를 생각하는 것은 집의 기둥이 없는데 벽을 만들려고 하는 것과 다름없습니다.

'지침' 중에서도 '먼저 인사 전략 등을 명확화하기'의 중요성이 여러 번 명시되었습니다. 그리고 앞으로 설명할 3장에서 인사 전략 등의 '실현도'를 확인하기 위한 질문과 지표를 규정합니다. 이러한 작업을 순서대로 실행해야 비로소 인적 자본의 공시를 위한 통합적인 스토리가 완성됩니다.

②는 바꿔 말하자면 '공격과 수비, 양쪽의 지표를 다 확인하자'라는 뜻입니다. 일단 수비는 [영역 6 (사람이 지닌 위험 요소를 적절하게 줄였는가?)]이며 그 이외의 영역이 공격으로서의 '기획 가치 향상'과 관련되어 있습니다. 이 부분도 3장의 질문에 대답하면 저절로 파악할

그림 3-5 인적 자본 가시화 지침 5가지 포인트

수 있습니다.

③은 조금 설명이 필요할 듯합니다. '거버넌스', '전략', '위험 요소 관리', '지표와 목표'라는 카테고리는 원래 '기후 변동 위험 요소'에 관한 정보 공시로 국제적으로 사용되고 있습니다. 예를 들어 온난화가 진행되면 기업 활동에 어떤 영향을 주는지를 나타낼 때 사용됩니다. 이 4카테고리는 투자가에게 친숙하므로 인적 자본의 영역에서도 활용을 추천합니다. '지침'에서 설명하는 내용을 요약하면 **그림 3-6** 의 질문에 대답해야 합니다.

'거버넌스'에 관한 질문은 3장 '영역 ❶'의 [질문 30]에 대답하면 대응할 수 있습니다. 나머지도 2장이나 3장의 질문에 대답하면 파악

할 수 있습니다.

④는 자사로서의 '독자성'과 다른 회사와의 '비교 가능성' 간의 균형을 고려해야 합니다. 먼저 '비교 가능성'의 대표로는 공시가 의무화된 '남녀 간 임금 격차'입니다. 이러한 항목은 '다른 회사와 비교해서 뒤떨어지지 않아야 한다'는 것을 알 수 있습니다. 그래서 항목과 정의를 다른 회사와 맞춰야 합니다.

단 이러한 비교 가능성만 중시하면 각 기업의 개성이나 스토리가 보이지 않게 되기 때문에 '독자성'도 나타내야 합니다.

마루이 丸井 그룹에서는 '타석 수'라는 독자 지표를 공표합니다.[5] 이는 신규 사업 설립 수를 의미하며 앞으로 이 수를 5천 번으로 할 목표를 내세웠습니다. 이는 도전을 장려하는 문화의 양성을 목표로 합니다.

그밖에도 베네세 Benesse 그룹에서 간병 사업을 하는 베네세 스타일 케어에서는 실력 있는 간병사에게 '진짜 신 マジ神'이라는 전문 자격을 부여하며 그 취득률을 공시합니다(자료 3-4). 간병 시설의 입소자의 QOL Quality of Life을 높일 수 있는 인재를 늘리는 것이 기업으로서 가치를 향상시킬 수 있기 때문입니다. 이처럼 실현하고 싶은 사람·조직의 모습과 인사 전략은 기업마다 다르므로 그 실현도를 측정하는 '독자 지표'는 각 기업에서 만들어낼 수 있습니다.

이는 피겨 스케이팅의 '쇼트 프로그램'과 '프리 스케이팅'의 평가와 비슷합니다. 전자에서는 모든 사람이 같은 요소를 포함하는 프로그램을 연기해서 '비교 가능성'을 보장하고 종합 점수로 평가되는 한편 후자에서는 각 선수의 개성과 특색을 나타낼 수 있는 자리로서 '독자성'이 필요합니다.

그림 3-6 인적 자본 공시의 4카테고리 활용

요소	설명이 추천되는 사항 (대답해야 하는 질문)
거버넌스	이사회가 인적 자본에 관하여 무엇을 어떻게 검토·확인하는가
전략	비즈니스 성공에 필요한 인적 자본이란 무엇이며 어떻게 투자하는가
위험 요소 관리	사람에 관한 위험 요소·기회는 무엇으로 어떻게 마주하는가
지표와 목표	사람에 관하여 어떤 정보를 계측하고 모니터링하며 관리하는가

인적 자본 공시의 경우에도 '독자성'과 다른 회사와의 '비교 가능성'이 병행되면 투자자와 관계자에게 높은 평가를 얻을 수 있습니다.

자료 3-4

공시 중요 주제인 DX 인재 육성과 인게이지먼트 향상 대처를 공시
3가지 시점 ①②③ 5가지 요소 ①②③④⑤

유가 증권 보고서에서는 DX 인재 육성을 위한 사원의 리스킬링 상황과 인게이지먼트를 공시. DX 인재 육성에 관해서는 DX 인재 연수 프로그램을 그 참가자 수와 함께 공시. 인게이지먼트는 현장의 의견을 토대로 회사의 변혁을 제안하는 사내 제안 제도 'B-STAGE'의 소개를 인게이지먼트 점수 상황과 함께 공시.

POINT
DX 인재 연수 프로그램 참가자 수 등 이 회사의 대처에 대응한 지표를 공시했다.

그림 57 유가 증권 보고서의 공시 내용 (발췌)

DX 인재 연수 프로그램 참가자 수 (2023년)	6,504명
인게이지먼트 등급 평가*	BBB (목표는 A)
진짜 신 인정자 수**	총 600명 (FY25)

* 대상은 자회사를 포함한 그룹 전체의 종업원. 총 11단계로 나뉘어 있으며 현행의 'BBB'는 'AAA', 'AA', 'A' 다음가는 상위에서 4단계째의 평가.
** '진짜 신'은 간병의 높은 전문성과 실천력을 인정하는 베네세 스타일 케어의 사내 자격 제도

(인적 자본 경영 컨소시엄 좋은 사례집에서)

마지막 ⑤는 2장과 3장의 내용을 이론적으로 알기 쉽게 공시하고 투자자 등의 관계자와 대화를 나누며 인사 전략과 공시 내용 자체를 개선하는 것입니다. 여기까지 가능하면 공시 5단계, 즉 공시의 원래 목적인 '인사 전략 등의 개선'과 '투자자 등에 대한 설명 책임을 다하고 동의를 얻는' 것이 실현됩니다.

물론 〈가시화〉와 마찬가지로 갑자기 수준을 올리기란 어렵습니다. 따라서 〈가시화〉와 같은 사고방식으로 일단 '**자사의 비즈니스 전략에서 핵심이 되는 질문**'에 관한 공시에 도전해 보는 것도 좋습니다.

아직 공시의 경우에는 공시 3단계나 4단계에 조금 다가가는 것만으로도 일본에서는 우량 공시 기업이 될 수 있을 것입니다.

가시화·공시의 흐름과 아웃풋 이미지

가시화·공시는 2단계로 진행한다

이제부터 인적 자본의 가시화·공시 준비에 대해 말하겠습니다. 어떤 흐름으로 진행하고 어떤 아웃풋을 만들어갈 것인지 전체적인 윤곽을 설명합니다.

이 장에서 실행하는 주요 사항은 2장에서 그린 '사람·조직의 비전'이 실현되었는가, '인사 전략'이 얼마나 실현되었는가를 확인하는 것입니다. 그러나 비전·인사 전략은 '경영 전략'이나 그 끝에 있는 '기업의 사명(목적)'으로 실현되어야 의미가 있습니다. 다시 말해 목적 →

경영 전략 → 인사 전략 → 지표를 연결해야 합니다.

그래서 1단계로 [영역 0]에서 '기업의 사명(목적)'이나 '경영 전략'을 정리하겠습니다. 목적이나 경영 전략을 제대로 설명하려고 하면 그 내용만으로 책 한 권 분량입니다. 이 책에서는 '어떤 관점에서 목적이나 경영 전략을 정리해야 할 것인가'를 독자적인 프레임워크로 알기 쉽게 설명하겠습니다.

또한 '경영 전략을 인사 전략과 연결시키세요'라며 다양한 서적에서 주장하는데 그 구체적인 방법은 거의 본 적이 없습니다. 이 책에서는 그 방법도 설명합니다. 이미 목적이나 경영 전략의 정리, 인사 전략을 연결했을 경우에는 넘겨 읽어도 상관없습니다.

이러한 기업의 사명이나 경영 전략, 인사 전략과의 연결을 정리한 후 2단계로 [영역 1~7]에서 인사 전략의 '실현도'를 확인합니다. 즉 인사 전략 → 지표의 연결입니다(그림 3-7).

어떤 지표로 실현도를 모니터링해야 하고 결과를 어떻게 다뤄야 하는가는 물론 어떤 개선 방법이 있는지 설명하겠습니다.

이 장에서는 질문에 대답하기 위한 정량 지표를 목록으로 만들었는데 모든 것을 사용할 필요는 없습니다. 앞에서 설명한 '인적 자본 가시화 지침 포인트'의 ①에서 언급했듯이 목적·경영 전략에서 이어지는 스토리를 말할 때 중요한 지표를 우선적으로 선택해서 가시화하면 됩니다.

한편 가시화한 지표를 전부 공시할 필요도 없습니다. 포인트 ④에서 말했듯이 자사로서 어필하고 싶은 독자성의 지표는 어느 것이고 다른 회사와의 비교 가능성으로 나타내야 할 지표는 무엇인지 범위를 좁히면 좋습니다.

또한 이 장에서 제시하는 지표는 가시화의 국제 규격 ISO30414와 인적 자본의 가시화 지침에서 제시하는 것도 망라해서 수록했습니다. 따라서 활동하는 나라와 지역에 상관없이 안심하고 활용할 수 있는 내용으로 구성했습니다.

[영역 0 ~ 7]에서 정리한 내용을 이 책의 특전으로 준비한 '인적 자본 가시화·공시 포맷'에 적용하면 스토리가 더 잘 보일 것입니다. 18쪽의 링크에서 다운로드할 수 있으니 활용하세요.

인적 자본 가시화·공시를 진행하기 전에 한 가지 주의해야 할 점이 있습니다. '지나친 측정(측정 집착)'의 함정에 빠지지 말아야 합니다.

인적 자본 가시화·공시에 숨어 있는 함정

'어느 대학에 다니면 좋을까?'

이 고민에 대답하는 시스템이 2015년 미국에서 도입되었습니다. '대학 스코어 카드'라고 하는 것인데 학비, 취직률, 졸업 후 연봉 등의 데이터를 웹페이지에서 검색할 수 있습니다. 이 시스템은 '어느 대학에 교육으로서의 투자(입학)를 하면 투자 대비 효과가 좋을까'를 학생과 그 부모가 판단하기 쉽게 하려는 목적이 있었습니다.[6]

학비(투자)에 대해서 얻을 수 있는 수입(수익)이 적은 대학은 전체의 4분의 1에 달한다고 추산[7]되며 그러한 대학은 자연스럽게 도태되

그림 3-7 가시화·공시는 2단계로 진행한다

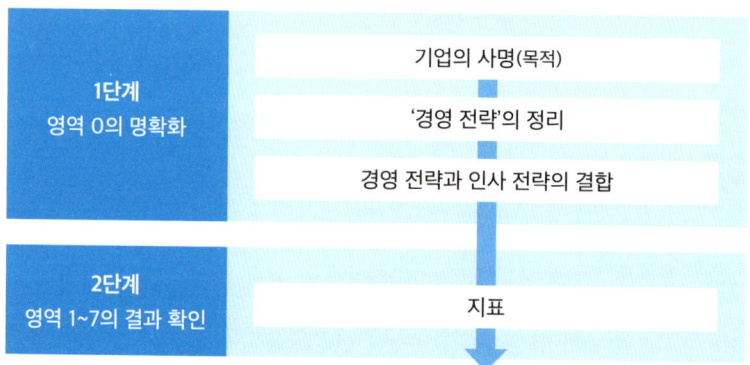

는 것이 목표였습니다. 이러한 구조는 정보의 투명성과 대학끼리의 경쟁 원리를 만들어내는 의미에서 좋은 구조로 느껴집니다.

하지만 온갖 문제점도 지적[8]되었습니다. 다음이 그 예입니다.

- '졸업 후의 연봉'이라는 수익에만 주목해서 '예술 등 마음과 인생을 풍요롭게 하는 것을 배울 수 있다'라는 측면을 고려하지 않는다 (경시한다)
- '졸업 후의 연봉'이 높은 투자은행 등으로만 대학이 사람을 보낼 가능성이 높아진다 (사회에 그것이 반드시 좋다고 할 수 없다)
- 데이터 집계를 위해서 대학 사무원이 증가하고 그것이 학비 상승을 부른다

이러한 현상은 '지나친 측정(측정 집착)' 문제라고 합니다 (그림 3-8).

그림 3-8 지나친 측정(측정 집착) 문제에 주의!

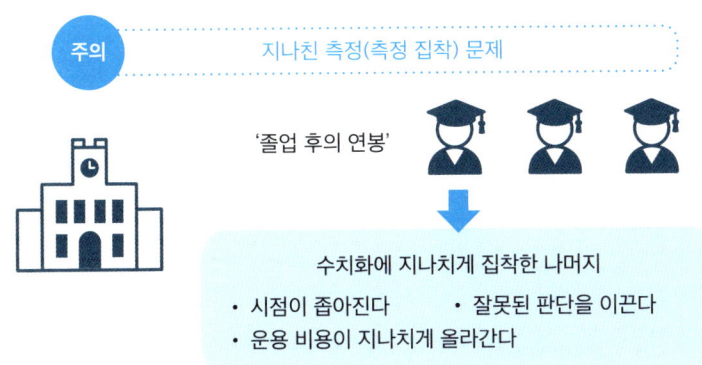

'수치화'에 집착한 나머지 시점이 좁아지거나 잘못된 판단을 이끌거나 운용 비용이 지나치게 올라가는 문제입니다. 미국 가톨릭대학교 역사학부의 제리 Z. 멀러Jerry Muller 교수 등이 쓴 《성과지표의 배신The Tyranny of Metrics》(궁리, 2020)에서는 병원이나 경찰 등의 다양한 영역에서 이러한 현상이 발생하는 것을 지적합니다. 이와 같은 현상이 인적 자본의 가시화·공시에서도 절대로 일어나지 않는다고 할 수는 없습니다.

인적 자본의 가시화·공시도 '어느 회사에 투자해야 할 것인가?'라는 주주·투자자 등의 의문을 해소하는 것이 목적 중 하나입니다. 그러나 그 때문에 다음과 같은 일이 일어날 수 있습니다.

- '기업 수익'에 관하여 금전 가치에만 주목할 경우 '인재나 사회에 주는 좋은 영향' 등의 측면을 고려하지 않는다 (경시한다)

- 가시화·공시하는 지표에만 주목해서 그 지표를 억지로 개선하려고 하는 부당한 압력이 높아질 가능성이 있다
- 가시화·공시 항목이 늘어나면 인건비와 시스템 비용이 증가한다

이러한 '지나친 측정의 함정'을 피하려면 4가지 포인트를 유의해야 합니다.

✱ **지나친 측정의 함정을 피하기 위한 포인트**
① 측정할 지표는 '정말로 알고 싶은 점'을 나타내는 것을 선택한다
② 수치 자체보다도 수치에서 얻을 수 있는 예측을 중요하게 생각한다
③ 잘못된 행동으로 이끌 가능성이 있는 경우 그 대응 방법까지 생각한다
④ 측정 지표를 늘리는 것의 장단점(비용)을 비교한다

특히 ①과 ②가 중요하므로 자세히 설명하겠습니다.
먼저 지표에는 세 종류가 있습니다(그림 3-9).

그림 3-9 가시화·공시의 지표 3가지

지표의 종류	예
인풋 (투자하는 노력·비용)	채용 투하 시간과 비용
아웃풋 (활동에 따른 결과)	채용자 수
아웃컴 (수익자에게 돌아오는 성과)	인재 충족률

이 중에서 어느 지표를 사용할 것인지 의식하는 것이 중요합니다.

아웃컴 지표는 주주·투자자와 경영자의 가장 큰 관심 사항이므로 우선적으로 측정해야 합니다. 그런데 이를테면 '인재 충족률'은 필요한 지위 수를 관리하지 않을 때는 그 측정이 어려운 경우도 있습니다. 그럴 때는 한 단계 전의 아웃풋인 '채용자 수' 등을 활용하는 방법도 생각할 수 있습니다.

하지만 아웃컴이나 아웃풋 자체는 직접 통제할 수 없습니다. 기업으로서 직접적으로 통제할 수 있는 것은 '무엇에 시간과 돈을 투자하는가'입니다. 이러한 활동 자체를 개선하려면 인풋 지표의 측정도 필요합니다. 인풋 지표와 아웃풋·아웃컴 지표의 적절한 사용처를 각각 인식하는 것이 중요합니다.

그리고 '정말로 알고 싶은 점'이 무엇인지 의식하는 것도 중요합니다. 예를 들면 '기업으로서 혁신을 창출하는 환경이 갖춰졌는가'라는 부분이 알고 싶다고 합시다. 이런 경우에는 어떤 인적 지표를 측정해야 할까요?

중요한 요소 중 하나는 '인재의 다양성'입니다. 이 다양성은 [질문 15]에서 설명했듯이 '심층면(의식과 기술)'을 측정하는 것이 적절합니다. 그러나 표층면의 다양성인 '외국인 비율' 등과 연결하면 '정말로 알고 싶은 점'과 '지표'에 차이가 생깁니다. 이렇게 되면 '혁신력을 높이기 위해서 외국인을 더욱더 채용하자'라는 잘못된 판단을 이끌 수 있습니다.

단 수치와 사실만을 늘어놓아도 의미는 없습니다. 다양한 지표와 정성 정보에서 '당사는 이 정도의 혁신력이 있다'라는 종합적인 판단과 해석이 중요합니다. 이것이 포인트 ②입니다. 앞에서 소개한 멀러 교수는 이렇게 말했습니다.

> **'측정'은 '판단'을 대신할 수 없다. 단순한 판단의 토대가 되는 정보원이다**

지표화·수치화 자체는 지향하는 상태나 그 진척, 성취도를 누가 봐도 알기 쉽게 하는 효과가 있어서 적극적으로 추천해야 합니다. 하지만 그 지표와 수치를 활용하려면 '정말로 알고 싶은 점'을 인식해서 거기에서 간파할 수 있는 예측을 추출하는 과정이 중요합니다.

또한 정량적인 지표를 측정하는 것은 아무리 해도 수고와 비용을 동반하기 어려운 경우도 있을 것입니다.

그럴 때는 이 장에서도 각 영역의 마지막에 수록한 '인적 자본 경영 실천도 진단(실현도)'을 활용해 보세요. 정성적이기는 하지만 '비전·인사 전략이 얼마나 실현되었는가'를 점수화할 수 있습니다. 일단 이런 도구도 활용하며 현재 상태와 과제를 파악해 보는 것도 좋습니다.

다음에는 먼저 [영역 **0** (인적 자본은 무엇에 어떻게 공헌하는가?)]를 생각합니다.

여기에서 정리하는 기업의 사명(목적)이나 경영 전략은 '사람·조직의 비전'과 '인사 전략', 즉 [영역 **1**~**7**]의 기점이 되기도 합니다. 따라서 일부러 항목 번호를 **0**(제로)으로 했습니다. 이미 목적과 경영 전략이 정리되어서 인사 전략과 연결한 경우에는 [질문 27~29]는 대강 훑어보고 넘겨도 무방합니다.

다음의 [질문 30 (인적 자본은 전략 실현에 어떻게 공헌했는가?)]은 인적 자본 공시의 중심이라고 해도 과언이 아닙니다. 앞에서 설명한 '지나친 측정 문제'도 의식하며 진행해 보세요.

영역 0

인적 자본은 무엇에, 어떻게 공헌하고 있는가?

Q27 당신 회사의 존재 의의는 무엇인가?

퍼포스 Purpose 는 왜 중요하며 어떤 것인가?

'자신의 가치관이나 미션과 일치하는 일을 할 수 있다면 직위나 보수를 양보해도 괜찮다'

일본의 젊은 종업원(18~34세)의 86퍼센트[9]가 이렇게 생각한다고 합니다. 연봉이나 승진보다도 일의 의의와 회사로서의 자세·이념을 중시하는 사람이 이렇게 많습니다.

회사로서의 자세·이념을 중시하는 것은 투자자·주주도 마찬가지입니다.

예를 들면 9.4조 달러(일본 엔으로 1,362조 엔[10])에 달하는 세계 최대의 자산을 운용하는 블랙 록Black Rock이라는 회사(본사: 미국)가 있습니다. 해마다 이 회사의 CEO가 투자자들에게 편지를 보내는데 2018년 편지의 제목은 'A Sense of Purpose(목적의식)'였고 '상장 기업이든 비상장 기업이든 목적의식이 없으면 기업은 보유하는 힘을 충분히 발휘하지 못하며 주요 기업 이해관계자가 그 존속 자체를 따질 것이다'라는 내용이었습니다. 사실 이 편지를 계기로 해서 '퍼포스 경영'이라는 개념이 널리 퍼졌다고 합니다.

Purpose는 '목적', '뜻' 등으로 번역됩니다. 의미가 가까운 단어로 미션, 비전, 경영 이념 등을 들 수 있습니다. 이 단어들은 무엇이 어떻게 다를까요? 퍼포스와 경영 이념 책정의 일인자인 사소 구니타케佐宗邦威 씨의 정리[11]를 근거로 하면 다음과 같이 정의할 수 있습니다.

- 미션/퍼포스=조직의 존재 의의 '우리는 무엇을 위하여 존재하는가?'
- 비전=조직이 목표로 하는 이상적인 상태 '우리는 앞으로 어떤 풍경을 만들고 싶은가?'

미션과 퍼포스의 질문은 기본적으로 같습니다. 하지만 퍼포스가 훨씬 더 긴 시간축(50년이나 100년)을 바라보는 경우가 많습니다.

미션이나 퍼포스가 'Why'에 대답하는 것이라고 하면 비전은

'What'에 대답하는 것입니다. 미션이나 퍼포스를 실현했을 때 어떤 모습이 기다리는지 '그림'으로 표현할 수 있는 것이 비전입니다. 또한 '경영 이념'의 평가는 회사에 따라 다르며 미션이나 비전도 될 수 있습니다.

같은 개념이 섞이지 않게 '어느 질문에 대답하는 것인가'를 의식하면 좋습니다.

좋은 퍼포스를 정하기 위한 질문 4가지

퍼포스는 '우리는 무엇을 위해서 존재하는가?'라는 질문에 대답하는 것입니다. 그러나 추상도가 높아서 그 질문에 갑자기 대답하기란 어렵습니다. 그래서 좋은 퍼포스를 구체적으로 생각하기 위한 프레임워크[12]를 소개하겠습니다.

✱ **좋은 퍼포스를 생각하기 위한 4가지 질문**
① 세상에 존재하는 어떤 요구에 부응할 것인가?
② 경제적인 가치를 창출할 수 있는가?
③ 왜 우리 회사여야만 하는가?
④ 우리가 열정을 가질 수 있는가?

먼저 당신의 회사가 존재하는 것에 어떤 사회적 의의의 가치가 있는지 정리하는 것이 모든 일의 시작입니다. 하지만 당연하게도 NPO(비영리 조직)가 아닌 한 이익을 만들어내야 하기 때문에 비즈니스로 성립할 수 있는 퍼포스가 잡혀있는지 파악해야 합니다.

또한 회사의 전략이나 강점과 완전히 동떨어진 내용은 상상 속 이야기로 끝나고 맙니다. 전략이나 독자적인 강점, 또는 당신 회사의 스토리와 연동하는 것이 이상적입니다.

마지막으로 경영진과 회사의 일원으로서 그 퍼포스에 약속할 수 있는가, 고객과 주주에게도 매력적인 내용인가도 중요합니다.

이렇듯 질문 4가지에 대답하며 퍼포스를 연마하는 것입니다.

그림 3-10 좋은 퍼포스란?

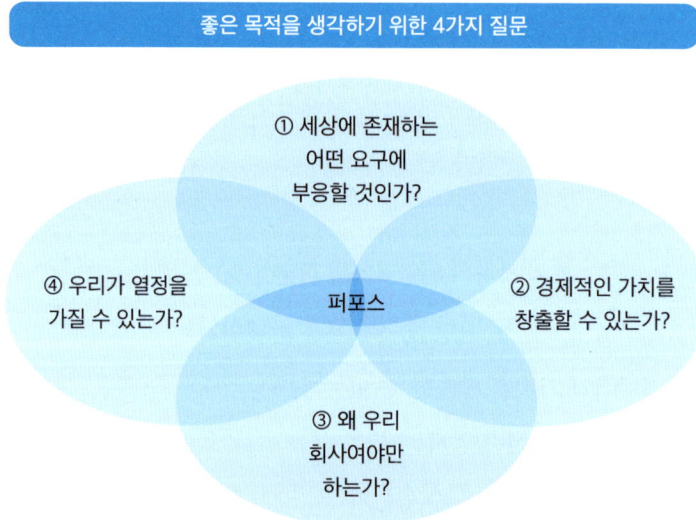

파타고니아의 미션/퍼포스 책정의 효과

미션/퍼포스를 책정해서 기업을 부활시킨 유명한 사례가 아웃도어 용품 제조회사 파타고니아입니다.

암벽 등반가이자 서퍼이기도 한 이본 취나드$^{Yvon\ Chouinard}$가 1973년에 설립한 이 회사는 원래 암벽에 말뚝을 박아 넣는 클라이밍 용품이 주력 제품이었습니다. 그러나 암벽에 복원할 수 없는 흠집을 만드는 것을 깨닫고 사업을 전환합니다.

그 후 기능과 품질에 대한 고집으로 매출을 순조롭게 늘리지만 경제 환경의 변화로 1991년에 실적이 악화하여 도산할 위기에 처합니다. 그때 이본은 간부 십여 명을 아르헨티나의 파타고니아 지역에 데리고 갑니다. 그곳에서 창업할 당시의 생각을 전하고 '우리가 소중히 해야 할 일'을 말하며 다음과 같은 미션 스테이트먼트$^{mission\ statement}$(조직 강령)를 만들어냈습니다.[13]

> '최고의 제품을 만들고 환경에 미치는 불필요한 악영향을 최소한으로 억제하여 비즈니스를 통해 환경 위기에 경종을 울려서 해결하기 위해 실행한다'

이를 앞서 소개한 질문 4가지에 적용하면 모든 요소가 포함됐음을 알 수 있습니다.

① 세상에 존재하는 어떤 요구에 부응할 것인가?

⇒ '환경 위기의 해결'이라는 큰 요구에 부응한다

② 경제적인 가치를 창출할 수 있는가?

⇒ '최고의 제품'을 만들어서 비즈니스도 성립시킨다

③ 왜 우리 회사여야만 하는가?

⇒ '기능과 품질에 만족할 줄 모르는 탐구'가 강점이며 또한 '자연에 대한 경애'에 관한 스토리를 갖고 있다

④ 우리가 열정을 가질 수 있는가?

⇒ 창업자와 간부의 생각이 담겨 있다

파타고니아사는 이러한 미션 스테이트먼트를 회사 안팎에 발표해서 회사의 중심에 놓고 사내의 인재와 환경을 소중히 생각하는 고객, 활동가 등에게 높은 동의를 얻습니다. 그 후 이 회사는 실적을 회복해서 지금은 수많은 사람에게 사랑받고 존경받는 기업이 되었습니다.

2019년 이 회사의 미션 스테이트먼트는 '우리는 고향인 지구를 구하기 위해서 비즈니스를 한다'라고 변경되었는데 당시의 생각을 끊임없이 계승하고 있습니다.

이처럼 질문 4가지로 미션/퍼포스를 정의하고 계속 실행하면 인재, 투자자, 고객 등 기업 이해관계자에게 신뢰를 얻고 칭찬받는 기업이 됩니다.

미션/퍼포스는 인적 자본의 공시에서도 그 원류에 있으며 빠뜨릴 수 없습니다. 미션/퍼포스를 기점으로 경영 전략을 책정해서 인사 전략, 지표라는 흐름으로 반영하는 것이 이상적인 흐름(스토리)이기 때문입니다.

미션/퍼포스를 정의할 수 있으면 다음으로 경영 전략의 정리를 생각해야 합니다. 경영 전략이라는 막연한 것을 어떻게 알기 쉽게 나타낼 것인지 다음의 [질문 28]에서 설명하겠습니다.

Q28 가치를 제공하기 위한 전략이 있는가?

회사의 '경영 전략'을 정리할 수 있습니까?

'전략적인 낮잠', '전략적인 간식 섭취', '전략적인 지각'……

전략이라는 단어는 다양한 말과 조합되어 기묘한 조어도 만들어졌습니다. 그 정도로 전략이라는 개념은 폭넓고 사용하기 쉬운 말일지 모릅니다.

하지만 '당신 회사의 경영 전략을 정리해서 설명해 달라'고 하면 어떨까요? 조금 어렵지 않나요?

확실히 경영 전략을 생각하기 위한 프레임워크는 세상에 수두룩합니다. 3C, 파이브 포스, SWOT, VRIO, 7S, STP 등 헤아려보면 끝이 없을 정도입니다. 이러한 프레임을 활용해서 어떻게든 경영 전략을 정리하고 그것을 인사 전략과 연결하려고 노력하는 회사도 많을 것입니다.

그러나 '왠지 억지로 연결하는 기분이 든다', '어쩐지 아우르는 느낌이 적다'라며 불안한 상태로 마무리하는 사례도 많은 듯합니다. 이러한 상태에 빠지는 것은 사실 어쩔 수 없는 일입니다.

예를 들면 SWOT 분석은 매우 일반적인 프레임워크일 것입니다. 자사의 외부 환경과 내부 환경을 Strength(강점), Weakness(약점), Opportunity(기회), Threat(위협)라는 4요소로 요인을 분석하거나 강점과 기회를 곱해서 경영 전략을 생각하기 위한 것입니다. 하지만 전략을 '만들어내는 방법'은 제시되어 있어도 만들어낸 것을 '어떻게 정리해야 하는가'는 나와 있지 않습니다. SWOT 이외의 프레임워크도 마찬가지입니다.

그럼 '경영 전략과 인사 전략의 연동'이 필요한 가운데 기점이 되는 경영 전략은 어떻게 정리해야 할까요?

당사에서 개발한 '7×7 Factors' 프레임워크를 활용해서 정리해 보세요.

이 프레임워크는 기업 가치 향상이나 이익 최대화를 위하여 기업으로서 갖춰 놓아야 하는 '전략 요소'와 '전략을 실현하기 위한 핵심이 되는 요소(=실현 요소)'를 체계화한 것입니다. 지금까지 지원한 클라이언트뿐만 아니라 상장 기업 등이 공개한 방대한 전략 자료의 분석에서 만들어진 프레임워크입니다. '전략 요소'와 '실현 요소'는 각각 일곱 가지가 존재하기 때문에 '7×7 Factors'라고 이름을 붙였습니다.

이 프레임워크의 특징(장점)은 다음의 3가지입니다.

- 어떤 업종·업태의 기업이라도 활용할 수 있다
- 어려운 말이나 개념은 사용하지 않고 대답해야 하는 '질문'을 토대로 해서 경영 전략(사고)을 정리할 수 있다
- 세상에 있는 '전략'이나 그에 준하는 개념을 포함한 형태로 망라적·체계적으로 경영 전략을 정리할 수 있다

이 프레임워크에 관하여 자세하게 설명하겠습니다.

경영 전략 정리를 위한 '7×7 Factors' 프레임워크

그림 3-11 을 보세요. 먼저 파란색 ①~⑦은 기업의 방향성을 정하는 '전략 요소'이며 ①은 고객과 관계성을 맺는 방법, ②는 주주·투자가와의 관계성을 맺는 방법, ③은 사회나 환경과의 관계성을 맺는 방법입니다. 이 세 요소에 대하여 '어떤 가치를 어떻게 제공할 것인가'가 기업 활동의 기점이라고 할 수 있습니다.

그리고 전략 요소 ④~⑦은 그 제공 가치를 실현하기 위한 자사의 이상적인 모습과 매니지먼트에 관한 요소입니다. ④ 사업 도메인/사

그림 3-11 경영 전략 정리를 위한 '7×7 Factors' 프레임워크

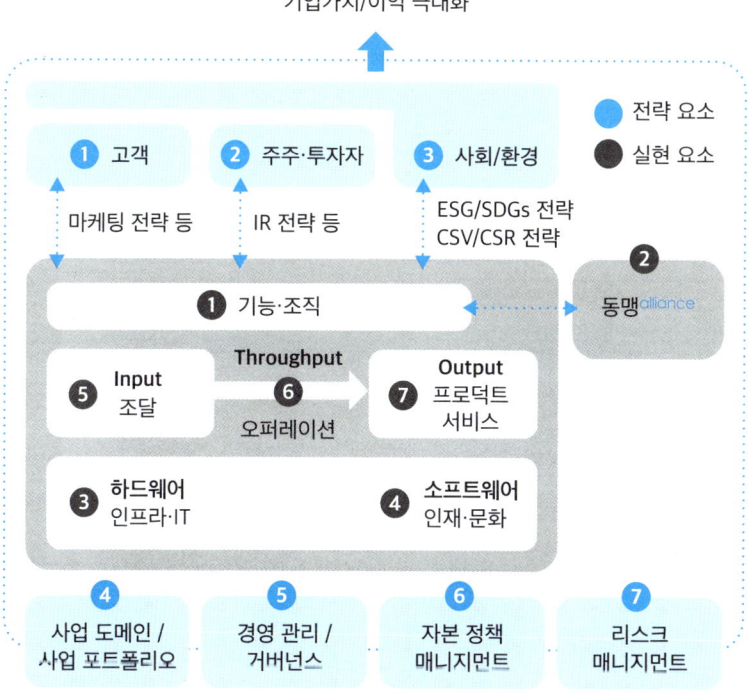

업 포트폴리오는 '어디에서 어떻게 싸울 것인가'의 선택, ⑤ 경영 관리/거버넌스는 기업의 통치·조절 방법, ⑥ 자본 정책 매니지먼트는 자본을 어디에서 조달하고 어떻게 분배·관리할 것인가. 마지막 ⑦ 리스크 매니지먼트는 기업으로서 위험 요소를 어떻게 줄일 것인가, 공격의 위험 요소를 감수할 것인가를 의미합니다.

전략 요소는 대답해야 하는 질문이나 세상에 넘쳐나는 '전략' 중에서 관련된 것을 표로 정리했습니다. 각 요소의 '대답해야 하는 질문'

에 답하며 자사의 전략을 정리해 보세요. 정리의 구체적인 사례는 다음의 [질문 29]에서 나타냈으니 참고하기 바랍니다.

다음으로 이를 실행하기 위한 '실현 요소'도 이것저것 생각해 볼 수 있습니다. 앞에서 소개한 그림으로 말하면 회색의 ①~⑦이 해당합니다. 이쪽도 대답해야 하는 질문을 그림 3-13 에 정리했습니다.

그림 3-12 **전략 요소 7가지**

	요소	대답해야 하는 질문	관련된 '전략' 사례
①	고객	고객에게 어떤 가치를 어떻게 제공할 것인가?	마케팅 전략, 브랜딩 전략 등
②	주주·투자자	주주·투자자에게 어떤 가치를 어떻게 제공할 것인가?	IR 전략, TSR 전략 등
③	사회/환경	사회/환경에 어떤 가치를 어떻게 제공할 것인가?	ESG/SDGs 전략, CSV/CSR 전략 등
④	사업 도메인/ 포트폴리오	어느 영역(고객/기술/기능)에서 사업을 어떻게 전개할 것인가?	사업 포트폴리오 전략, 연구 개발 전략 등
⑤	경영 관리/ 거버넌스	기업을 어떻게 통치·조절할 것인가?	KPI 매니지먼트, 거버넌스 전략 등
⑥	자본 정책 매니지먼트	자본을 어디에서 조달하고 어떻게 조절할 것인가?	재무 전략, 자본 조달 정책 등
⑦	리스크 매니지먼트	위험 요소를 어떻게 통제·활용할 것인가?	ERM(통합형 리스크 관리) 등

그림 3-13 실현 요소 7가지

요소		대답해야 하는 질문
①	기능·조직	자사 내에서 어떤 기능과 조직을 설치할 것인가?
②	얼라이언스(동맹)	자사 외의 자원(제휴처·위탁처 등)을 어떻게 활용할 것인가?
③	인프라·IT	어떤 시스템을 구축할 것인가?
④	인재·문화	어떤 인재와 조직 문화를 만들 것인가?
⑤	조달	기업 활동에 필요한 자원을 어떻게 조달할 것인가?
⑥	오퍼레이션	프로덕트 서비스에 어떻게 부가가치를 올릴 것인가?
⑦	프로덕트 서비스	어떤 프로덕트 서비스를 만들어낼 것인가?

이러한 질문에 대답하면 앞에서 정리한 '전략'을 구체적으로 어떤 과정과 구조, 장치로 실현할 것인지 원리를 정의할 수 있습니다.

인적 자본 경영은 어떤 의미에서 '실현 요소'의 ④ 인재·문화를 취급한다고 할 수 있습니다. 그렇다고 해서 인적 자본 경영이나 공시에서 이 ④만 생각하면 되는 것은 아닙니다.

'실현 요소' 7가지는 기본적으로 '전략 요소'에 따라 그 이상적인 모습이 결정됩니다. 예를 들어 철저하게 낮은 가격을 특징으로 하는 전략이라고 하면 '⑤ 조달'에서는 매입처와 그 방법의 합리화를 추구해야 합니다. 이렇게 전략 → 실현 요소라는 관계성은 당연히 있는데 '실현 요소'끼리도 서로 영향을 줍니다.

이를테면 실현 요소의 '① 기능·조직'은 '④ 인재·문화'에 어떻게 영향을 줄까요?

방수 소재인 고어텍스로 유명한 고어^{GORE}사를 이용해 설명하겠습니다. 이 회사의 종업원 규모는 13,000명[14]이 넘는데도 '매니저'가 존재하지 않는 조직을 구성합니다. 회사가 매니저를 지명하는 것이 아니라 팀에서 인정받은 사람이 리더가 되어 각종 대처를 이끌어 나갑니다.

또한 조직 계층도 존재하지 않으며 개인 간의 소통과 협력으로 일을 진행합니다. 개인끼리 접점이 되어 연결된 점에서 이러한 조직은 '격자^{lattice} 구조'라고 합니다.[15] 이러한 수평적인 조직을 지향하는 경우 '④ 인재·문화'에서는 개인의 주체성과 자율성을 촉진하거나 행동 지침의 책정과 그 침투를 진행하는 것이 중요해집니다.

여기까지 설명한 전략 요소 7가지와 실현 요소 7가지를 정리해 놓으면 경영 전략을 기점으로 한 인적 자본의 공시 스토리를 만들기 쉬워집니다. 정리한 전략 요소·실현 요소를 인사 전략과 어떻게 연결할 것인지 다음의 [질문 29]에서 설명하겠습니다.

Q29 경영 전략과 인사 전략을 어떻게 연결하는가?

7×7의 요소로 인사 전략의 요건을 정의한다

'여러 가지 데이터를 관리해서 다양하게 분석할 수 있는 인사 시스템을 원한다'

인사 시스템 도입을 고려하는 회사에서 사정을 들어보면 이런 말을 자주 합니다. 그러나 실현하고 싶은 일과 목표가 모호한 상태에서는 시스템을 구축할 수 없습니다. 만약에 구축했다고 해도 마음속에 그린 대로 완성되지 않을 것입니다. 실제로 시스템 도입 프로젝트의 가장 큰 실패 원인은 '충분하지 못한 요건 정의'입니다.[16]

또한 시스템 도입은 일반적으로 투자 대비 효과를 확인한 후에 판단합니다.

예를 들어 업무의 효율화가 목표라면 업무 시간이 얼마나 줄어드는지 금액으로 환산해서 도입·운용 비용과 비교해 보고 판단합니다. 하지만 시스템 도입으로 얻고 싶은 효과(목표) 자체가 모호하면 그것도 어려울 것입니다. 그 이유는 '여러 가지 데이터를 관리', '다양한 분석'이라고 해도 무엇을 어디까지 해야 합격이고 투자에 적합한지 판정할 수 없기 때문입니다.

'요망'(실현하고 싶은 상태와 목표)과 이를 실현하기 위한 '요건'을 확실히 알기 쉽게 해놓아야 좋은 구조도 만들 수 있고 투자 대비 효과도 판단할 수 있습니다. 이는 인사 전략에서도 마찬가지입니다.

'우리 회사에서는 인재가 경영 전략을 실현하는 핵심입니다. 따라서 사람의 힘이 최대한 발휘되는 환경을 갖출 것입니다'

이렇게 모호한 표현으로 경영 전략과 인사 전략을 연결해 놓은 사례를 간혹 봅니다. 이러한 설명으로 그치면 인사 전략이나 대처에 대하여 주주·투자자가 이해하지 못할 뿐만 아니라 대처에 관하여 사업이나 경영진에게 동의를 얻지도 못할 것입니다. 경영 전략에 기여하는 인사 전략을 만들 때는 그 목표와 성과를 함께 설명할 수 있어야 합니다.

여기에서 먼저 해야 할 일은 '경영 전략과 인사 전략의 연결'입니다. 앞의 [질문 28]에서 소개한 7×7의 각 요소에 대하여 인사 전략의 요건을 정의합니다. 물론 7×7이 아니라 자사의 프레임워크가 있으면 그쪽을 활용해도 상관없습니다.

7×7의 사례로 세븐일레븐사의 일본 내 편의점 사업 전략 요소를 쉽게 정리해 봤습니다(그림 3-14)[17]. 이 내용을 근거로 해서 인사 전략의 요건을 어떻게 정의하는지 설명하겠습니다.

전략 요소를 정리한 후 요소별로 다음의 세 관점에서 인사 전략의 요건을 정의합니다.

인사 전략의 요건을 정의하는 관점 3가지
(a) 경영 전략을 실현하려면 어떤 의식과 힘을 보유한 사람이 필요한가?
(b) 어떤 행동을 촉진하면 실현되기 쉬워지는가?
(c) 사람의 조달·육성·활약·유지(인재 매니지먼트)에서 파악해 놓아야 할 점이 있는가?

(a)는 2장의 [질문 01 (전략을 실현하려면 어떤 인재가 필요한가?)], (b)는 [질문 02 (어떤 행동을 구현하게 하고 싶은가?)], (c)는 [질문 03 (이상적인 사람·조직(문화)을 만들어내기 위해서 무엇을 중시할 것인가?)]와 각각 연결됩니다(그림 3-15).

그림 3-14 세븐일레븐사의 전략 요소 7가지 (이미지)

	요소	'세븐일레븐'사에서의 간이 정리
①	고객	코비드-19 감염 확대에 따른 소상권화·소비 행동 변화에 입각한 상품 구성·매장 레이아웃 재검토를 진행하는 등 외부 환경 변화를 근거로 한 고객 요구 파악에 주력한다. 넷 컨비니언스(일본 세븐일레븐의 스마트폰 어플 배달서비스 명칭-옮긴이)에서는 실시간 재고를 연계해서 배송 시간을 단축해 편의성을 향상시킨다
②	주주·투자자	1주당 배당금을 안정적·계속적으로 향상시키는 것을 목표로 한 후 프리 CF·주가의 상황을 감안한 기동적인 주주 환원을 지향한다. HPI로서 EPS 성장률 15퍼센트 이상이 목표
③	사회/환경	사업과 관련성이 깊은 중점 과제 5가지를 설정/구체적인 시책·행동에 반영한 후 중장기 KPI를 설정해서 모니터링하는 동시에 대외적인 공표를 통해서 관계한다. 전략 투자를 제외한 총 투자액의 5퍼센트 이상을 환경에 투자한다
④	사업 도메인 사업 포트폴리오	성장성(성장 여지)×효율성(자본 효율)의 두 축에서 각 사업을 평가하고 각 상한에 해당하는 사업이 목표로 하는 방향성·행동이나 경영 자원의 조화에 관하여 명확한 규칙을 마련해 운용한다
⑤	경영 관리 거버넌스	2025년도 재무 목표로서 'EVITDA', 'ROE', 'EPS 성장률'을 주축으로 내세우는 등 특히 CF 창출·주주 시선에 중점을 둔 목표 설정 및 관리를 진행한다. 또한 기업 지배 구조·그룹 지배 구조를 한층 더 강화하기 위해서 각 시책을 실행한다
⑥	자본 정책 매니지먼트	2021~2025년은 창출한 프리 CF를 주로 전략 투자+주주 환원에 충당한다. 전략 투자에서는 미국과 일본의 CSV사업(주력 사업)에 적극 투자하는 등 사업 간에 충분히 조화를 이룬 후 환경 투자에도 약 1,250억 엔(전체의 약 5퍼센트)을 돌린다
⑦	리스크 매니지먼트	'거버넌스 리스크', '업무 리스크', 'B/S 리스크', '사업 리스크'로 분류해서 관리. HD에 리스크 매니지먼트 위원회 등 회의체(6개월에 한 번 개최)를 설치. 그룹 각사에 배치한 리스크 관리 통괄부서에서 정기적으로 보고를 받아 각종 위험 요소 관리·분석·대책을 협의해서 PDCA를 돌린다

그림 3-15 사람과 조직의 요건을 정의하기 위한 관점 3가지

사람과 조직의 요건을 정의하기 위한 관점 3

(a)	경영 전략을 실현하려면 어떤 의식과 힘을 보유한 사람이 필요한가? **질문 01** 전략을 실현하려면 어떤 인재가 필요한가?
(b)	어떤 행동을 촉진하면 실현되기 쉬워지는가? **질문 02** 어떤 행동을 구현하게 하고 싶은가?
(c)	사람의 조달·육성·활약·유지(인재 매니지먼트)에서 파악해 놓아야 할 점이 있는가? **질문 03** 이상적인 사람·조직(문화)을 만들기 위해 무엇을 중시할 것인가?

　예를 들면 세븐일레븐사의 전략 요소 7가지 중 ① 고객의 요소로 생각해 보겠습니다. '소상권화·소비 행동 변화'나 '실시간 재고 연계', '편의성 향상' 등이 키워드였습니다. 이러한 것을 실현하려면 (a)~(c)의 관점에서는 **그림 3-16** 과 같은 요건이 필요해집니다.

그림 3-16 세븐일레븐의 '고객 요소'로 생각한다

전략 요소	사람·조직의 요건 관점	구비해야 하는 요건
① 고객	(a) 의식·능력	디지털 기술과 분석 기술, 변혁 매니지먼트 능력
	(b) 행동	데이터 드리븐/고객 중심의 조직 문화, 민첩한 Agile 조직 문화
	(c) 인재 매니지민드	외부의 아이디어나 기술을 흡수하는 개방적인 인재 조달, 다양성 촉진, 디지털 기술 습득의 리스킬링 실현

이렇게 밝혀내는 작업을 통해 더욱 정확하고 치밀하게 비전·인사 전략 수립 시 갖춰야 할 요건이 구체화됩니다.

또한 가능하다면 실현 요소도 정리한 후 같은 작업을 진행하면 좋습니다. 이렇게 행동으로 반영되는 효과는 인사 전략의 정확도를 높일 뿐만 아니라 인사 전략의 각 요소가 최종적으로 경영 전략에 어떻게 공헌하는지 설명하기 쉬워집니다. 이 점은 다음의 [질문 30]에서 자세히 설명하겠습니다.

인적 자본을 '경영의 의제'로 삼는 구조를 만든다

경영 전략과 인사 전략의 연결은 자칫하면 공시를 위한 작업에만 주목하기 쉽습니다. IR이나 인사 등의 부문 안에서 끝난 논의가 이루어져서 '이것과 이것이 관련되는 것 같다'라는 연상 게임과 같은 작업만 일관하는 사례도 눈에 띕니다.

'인적 자본 가시화 지침'에서도 언급했는데 **'인적 자본이 이사회나 CEO·CxO 수준에서 논의되어 관계되는가'**도 공시를 위한 중요한 포인트입니다. 톱 매니지먼트에서 경영 전략과 인사 제도가 어떻게 연동하는지 인식을 조율해 놓는 것은 인사 전략에 대한 협력과 동의를 얻는 데도 중요합니다.

또한 인적 자본의 공시에는 '거버넌스', '전략', '위험 요소 관리', '지표와 목표'라는 카테고리를 활용하는 방법을 추천하며 이 내용은 '거버넌스'에 관한 내용에 해당합니다. '인적 자본은 이사회나 경영

회의의 의제 중 하나로 삼는다'라는 공시에 그치는 회사도 있는데 가능하면 한층 더 깊이 파고들어야 합니다.

의약품 제조회사인 쓰무라^{Tsumura & Co.}에서는 2022년 '조직·인적 자본 정책 위원회'를 설립[18]했습니다. 이사회의 자문 위원회로서 회사 전체 그룹의 새로운 시책이나 제도 개혁 등의 진척 관리와 적절한 공시를 미션으로 하는 회의체입니다.

이 위원회는 4분기에 한 번 개최되며 CEO와 CHRO도 포함하는 CxO가 인적 자본을 논의하는 자리가 되었습니다. 이러한 상설 회의체를 마련해서 인적 자본이라는 주제에 시간을 제대로 투자하는 자세를 보여주는 것도 좋습니다.

물론 단순히 회의체를 마련하기만 해서는 안 됩니다. 건설적인 논의가 이루어지는 구조가 필요합니다. 이를테면 의약품 제조회사인 아스텔라스^{astellas}에서는 사람·조직에 관한 중요한 데이터를 알기 쉽게 가시화한 'HR Leadership Dashboard'라는 시스템을 구축했습니다.

이 시스템에서는 조직 계층이나 관리직 1인이 관리하는 부하 직원의 수^{span of control}, 인원 구성, 채용·퇴직 경향 등을 확인할 수 있습니다(자료 3-5). 이렇게 중요한 지표를 모니터링하거나 알게 쉽게 눈으로 확인할 수 있는 시스템의 도입도 바람직합니다.

또한 '톱 매니지먼트의 관계'를 촉진한다는 의미에서는 임원 보수(상여나 주식 보수)에 인적 지표를 반영하는 회사도 있는데 TOPIX100인 기업 중 30.9퍼센트에 달합니다.[19] 주요 반영 지표와 기업 사례로는 다음과 같습니다.[20]

자료 3-5

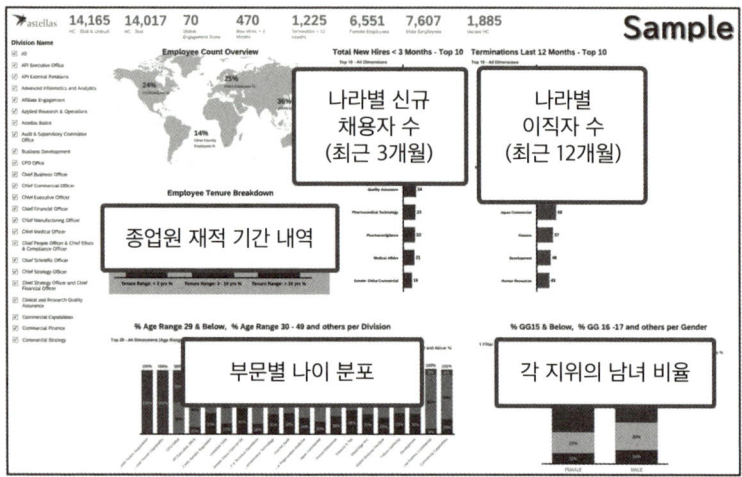

아스텔라스 제약회사 '지속가능성 미팅' 2023.2.17.에서

- 종업원 인게이지먼트 : 오므론OMRON, 후지쯔富士通, 아지노모토味の素 등
- 여성 비율 등 : 시세이도資生堂, 세키스이積水SEKISUI 하우스, 다이와大和증권
- 건강면· 정신 건강 이상에 따른 휴업자 비율 : 기린HDKirin Holdings, 아사히카세이旭化成 AsahiKASEI 등

 여기까지 설명한 '인적 자본의 의제는 기업으로서 어떻게 다뤄야 하는가'는 투자자·주주에게 큰 관심 사항입니다. 또한 인재(채용 후보)에게 '기업으로서 진심으로 대처하는 정도'를 전할 때에도 중요합니다. 따라서 톱 매니지먼트에서 인적 자본에 관하여 논의되는 구조를

정비하는 동시에 그 자세를 적극적으로 공시하는 것이 바람직합니다.

여기까지 [질문 27~29]에 대답하면 '회사의 퍼포스', '그것을 실현하는 전략', '전략을 실현하기 위한 인사 전략의 요소'까지의 스토리가 완성됩니다.

다음의 [질문 30] 이후에서 '대처 결과', 즉 '인적 자본은 전략 실현에 어떻게 공헌했는가'와 '그 실현도를 확인하기 위한 지표'를 연결하는 방법에 관하여 확인하겠습니다.

Q30 인적 자본은 전략 실현에 어떻게 공헌했는가?

투자에 대한 수익을 3단계로 생각한다

'사람에게 투자해서 어떤 수익이 있었는가'

이는 주주·투자가뿐만 아니라 경영자도 가장 알고 싶은 질문이며 인적 자본의 가시화·공시의 핵심이라고 할 수 있습니다. 농가의 가장 큰 관심사가 수확량인 것과 마찬가지로 경영자와 투자자도 사람에 대한 투자를 어떻게 수확했는지 알고 싶어 합니다.

이러한 경영자와 투자자의 관심사에 대하여 이해할 수 있게 설명하려면 '수확량이 좋았습니다'와 같은 모호한 표현으로 일관하는 것이 아니라 수치화와 구체화가 필요합니다. 사람에 대한 투자의 수익을 적절히 나타내는 방법에는 3단계가 있습니다. 어떤 수준을 목표로 하는지 먼저 생각하는 것이 좋습니다. 순서대로 설명하겠습니다.

1단계 : '투자한 인건비에 대하여 이익을 얼마나 냈는가'를 측정한다

먼저 1단계로서 사람에 대한 투자 대비 효과의 기초를 파악하겠습니다. 국제적인 인적 자본 공시 지침인 ISO30414를 근거로 하면 '인적 자본 ROI(투자 대비 효과)'는 다음과 같이 정의합니다.

$$\text{인적 자본 ROI} = \frac{\text{수익} - (\text{경비} - (\text{급여} + \text{복리후생비}))}{\text{급여} + \text{복리후생비}} - 1$$

'수익'은 매출, '경비'는 매출 원가, 판관비입니다. 또 급여는 기본급, 변동급, 인센티브 등이 포함된다고 정의합니다. 중요하지 않은 부분을 무시하면 이 식은 '투자한 인건비에 대하여 이익이 얼마나 생겼는가'를 나타냅니다.

예를 들어 매출(수익) 100억 엔, 경비(매출 원가·판관비) 80억 엔, 급여＋복리후생비 10억 엔인 회사라면 [100억 엔－(80억 엔－10억 엔)]÷10억 엔-1＝2입니다.

ISO30414에 명기되어 있지 않지만 분자에서 '경비에서 인건비를 빼는' 것은 '인건비를 깎으면 ROI가 높아진다'라는 상태를 피하는 것도 목적으로 예상됩니다. 단순히 ROI= 영업 이익÷인건비라는 계산식이라면 분모의 인건비를 줄이면 숫자상 ROI가 높아집니다.

이러한 인적 자본 ROI는 '이익'이라는 시점의 투자 대비 효과입니다. 일단은 가시화·공시의 입문으로 파악해 놓고 가능하면 더 높은 수준도 목표로 해야 합니다.

2단계 : 수익(분자)과 투자(분모)를 확장해서 측정한다

위의 계산식에서 '이익'은 경영자와 주주에게 수익입니다. 그러나 사람에 대한 투자에 따른 수익이 그것뿐일까요? 아닙니다.

1장을 되돌아보면 사람에 대한 투자(인적 자본 경영)는 **인재·고객·경영자·주주 '모두에게 좋은 사이클'을 돌리는 것**이며 사회에도 영향을 줄 수 있습니다.

다시 말해 '사람에 대한 투자에 따른 효과'를 넓게 파악하면 인재와 사회에 미치는 영향까지 측정하는 것을 생각할 수 있습니다. 의약품 제조회사 에자이Eisai는 이러한 넓은 의미의 수익까지 파악해서 수치화했습니다. 이 회사에서는 사람에 대한 투자에 따른 '종업원에게 미치는 영향'과 '노동자 커뮤니티에 미치는 영향'을 수치로 나타냈습니다(그림 3-17).

이 회사의 'Human Capital Report 2023'에 따르면 2019년도에는 269억 엔의 가치를 창출했다고 계산했습니다. 이처럼 종업원·고

그림 3-17 에자이가 공시한 '사람에 대한 투자에 따른 효과'

구분	항목	정의
종업원에게 미치는 영향	자금의 질	연봉에 맞춘 한계 효용과 남녀의 임금 격차
	종업원의 기회	승격 승급에서의 남녀 차
노동자 커뮤니티에 미치는 영향	다양성	일본과 에자이 노동 인구의 남녀 비
	지역 사회에 대한 공헌	지역 실업률·생활 보호 수준 등을 추가

객·환경·사회 등에 대한 기업 활동의 영향을 화폐 가치로 환산하여 재무제표 등에 계산해 넣는 것을 '임팩트 가중 회계^{IWA, Impact-Weighted Accounting}'[21]라고 합니다.

예를 들면 불공정하고 부당하게 적은 임금으로 종업원을 혹사하고 공해를 퍼뜨려서 높은 이익을 올리는 A사가 있었다고 합시다. 한편 공정하고 높은 수준의 임금을 지급하며 이익이 되지 않는 사회 공헌 활동을 적극적으로 하는 저이익의 B사가 있다고 합시다. 지금까지의 재무제표에서는 수치상으로 나타나는 '이익'만 파악했기 때문에 A사는 '우량 기업', B사는 '열등 기업'으로 간주되었을 것입니다.

그러나 이러한 임팩트 가중 회계를 사용하면 종업원이나 사회 등에 정말로 좋은 영향을 만들어내는 기업이 밝혀집니다(**그림 3-18**).

또한 사람에 대한 투자 대비 효과의 분모인 '사람에 대한 투자액'도 직접적인 인건비뿐만 아니라 채용비와 연수비 등까지 포함해서 생각하는 기업도 있습니다. 이렇듯 분자와 분모의 범위를 확장해서 파악하는 것이 2단계입니다.

그림 3-18 임팩트 가중 회계에 따른 효과

A사

금액이 부당하게 적고 공정하지 않은 임금으로 종업원을 혹사하며 공해를 퍼뜨려서 높은 이익을 올린다

B사

공정하고 높은 수준의 임금을 지급하며 이익으로 돌아오지 않는 사회 공헌 활동을 적극적으로 실행한다

| 지금까지의 재무제표 | 수치상에 나타나는 '이익' 등만 보기 때문에 A사는 '우량 기업', B사는 '열등 기업'으로 판단한다 |

| 임팩트 가중 회계 | 종업원이나 사회 등에 정말로 좋은 영향을 만들어내는 기업이 밝혀진다 |

3단계 : '경영 전략 실현의 확실성이 얼마나 높은가'를 설명할 수 있는 상태를 만든다

합리적인 범위에서 확장하는 것은 상관없지만 수치로 파악할 수 있는 것에는 아무리 해도 한계가 있습니다. 또한 '지나친 측정 문제'에서 설명했듯이 수치화에 지나치게 고집한 나머지 잘못된 목표 설정이나 그릇된 행동을 촉진할 가능성이 있습니다.

그러므로 2단계에서 어느 정도 수치화한 후에는 다른 시점에서 생각하세요. 사실 투자자는 인적 자본 공시에서 '인사 전략의 실현으로 경영 전략 실현의 확실성이 얼마나 높아지는가[22]'를 알기 바랍니다. 즉 사람에 대한 투자가 전략 실현에 어떻게 연결되는지 합리적이고 이해할 수 있는 설명을 물어보는 것입니다. 3단계에서는 이 '확실성'에 대한 질문에 대답할 수 있는 상태를 만듭니다.

이를 실현하려면 [질문 29]에서 설명한 '경영 전략과 인사 전략의 연결(요건 정의)'을 신중하게 실행해야 합니다.

히타치 제작소에서는 '경영 목표·KPI', '경영 전략', '인재 전략', 'KPI'가 체계적으로 정리되어 있습니다(그림 3-6).[23] 경영 목표 중 하나를 들자면 '(3) 고객·시장 지향에 따른 매출 확대(글로벌 확대)'가 설정되어 있으며 그와 관련된 인재 전략으로는 '포괄적인 inclusive 조직', '문화 양성' 등을 들 수 있습니다. 이를 측정하는 지표로는 'DEI 추진 상황'이나 '몰입도 조사'가 설정되어 있습니다.

이러한 정성적인 정보까지 섞은 스토리를 만들면 기업 이해관계자가 정말로 알고 싶어 하는 내용을 공시할 수 있습니다.

여기까지의 내용을 정리하겠습니다. 사람에 대한 투자에 따른 수익에는 3단계가 있었습니다.

✱ **사람에 대한 투자에 따른 수익을 파악하는 방법**
  1단계 : '투자한 인건비에 대하여 이익을 얼마나 냈는가'를 측정한다
  2단계 : 수익(분자)과 투자(분모)를 가능한 범위에서 확장하여 측정한다
  3단계 : '경영 전략 실현의 확실성이 얼마나 높아지는가'를 설명할 수 있는 상태를 만든다

자료 3-6

▲ 경영 전략에 연동한 인재 전략의 전체상

Mission	다양한 인재와 공정한 기회, 포괄적인 조직을 통한 사업 공헌
Vision	• 사회 공헌을 지향하는 인재가 모이며 생기 넘치게 활약하는 조직이 되기 위해서 글로벌 시장의 'Employer of choice(선택받는 회사)'를 실현한다 • 변화에 대응하여 '사업'에 공헌하는 '세계 No.1 HR 분야에서의 선구자'가 된다

Pillars	Key Initiatives
People(Talent) 성장을 위한 탤런트(인재/개인의 능력)·인게이지먼트의 최대화	1. 특히 글로벌 리더와 디지털 인재를 확보 2. 히타치 그룹에서 적소적재의 배치(배치)를 가장 적합한 시기에 시행한다 3. 종업원의 웰빙 인게이지먼트 향상
Mindset(Culture) '성장'을 위한 마인드·문화 양성	4. 지속적인 성장을 위해서 히타치 창업 정신을 구현하는 동시에 글로벌 히타치 문화를 양성한다 5. 성장 마인드(리스킬링·업스킬링을 포함한) 계속적이고 주체적인 능력 개발) 촉진 6. 이노베이션과 변혁 촉진: 심리적 안전성 보장과 도전에 대한 지원
Organization '성장'을 위한 부문 간 협동 촉진과 글로벌에서의 생산성·효율성 실현	7. 고객 제공 가치를 향상하기 위해서 조직의 종적 관계를 타파하고 협동한다 8. '새로운 업무 방식' 구축 9. 디지털 기술을 활용하여 더 나은 고급 HR 서비스·솔루션을 제공하는 HR로 변혁한다
Foundation	심신의 건강과 안전 확보, 리스크 매니지먼트(컴플라이언스·사건 사고 방지·재해 등에 대한 대응의 강화·철저

328

3장 인적 자본 경영을 진화시키는 '인적 자본 공시'를 하자

먼저 1단계부터 단계적으로 수준을 높여가면 좋습니다. 단, 사람에 대한 투자 대비 효과가 가시화된 것만으로 만족하면 안 됩니다. 기업으로서 인적 자본의 어느 부분이 강점이 되고 어디가 과제가 되었는지 알아야 합니다.

아웃컴 전에 있는 아웃풋 지표나 기업으로서 통제할 수 있는 인풋 지표가 어떤 상태인지 확인하면 인사 전략의 PDCA 사이클을 돌릴 수 있습니다.

이제부터는 2장에서 그린 사람·조직의 비전과 인사 전략이 '얼마나 실현되었는가'를 확인하기 위한 지표와 그 개선 방법 등을 설명하겠습니다. 먼저 [영역 1]의 질문에 대답해 보세요.

영역 0 인적 자본 경영 실천도 진단

	질문 27 당신 회사의 존재 의의는 무엇인가?	질문 28 가치를 제공하기 위한 전략이 있는가?	질문 29 경영 전략과 인사 전략을 어떻게 연결하는가?	질문 30 인적 자본은 전략 실현에 어떻게 공헌했는가?
5단계	매력적인 목적과 경영 이념이 책정되어 있을 뿐만 아니라 경영 전략과 이어지기도 하며 모든 판단의 중심으로 활용되고 있다	비즈니스 모델·경영 전략은 포괄적·체계적일 뿐만 아니라 외부 환경과 내부 능력의 상황에 따라 신속하게 변화하고 있다	경영 전략의 요소가 인사 전략에 포괄적으로 반영되며 그 연결을 스토리로 이해할 수 있다	경영 전략의 요소별 공헌에 더해서 실적이나 목적 실현에 어떻게 공헌했는지 스토리를 설명할 수 있다
4단계	능력이나 경영 이념에는 공공성·독자성이 있으며 회사 안팎의 다양한 기업 이해관계자도 공감해 준다	비즈니스 모델·경영 전략은 모든 기업 이해관계자에 대한 가치 제공·가치 창조의 방법과 그 실현 방법이 그려져 있다	경영 전략 실현에 필요한 인재상뿐만 아니라 조직의 이상적인 모습이나 인재 매니지먼트에서 중시해야 하는 방침까지 명확화되어 있다	경영 전략 전체의 실현에 어떻게 공헌했는지 스토리를 설명할 수 있다
3단계	목적이나 경영 이념은 명문화되어 있으며 스토리가 명확하다	비즈니스 모델·경영 전략은 목적·경영 이념과 관련이 있으며 기업 이해관계자가 이해하는 스토리로 이루어져 있다	경영 전략 실현에 필요한 인재상의 정의와 이를 근거로 하는 인사 전략 책정이 이루어지고 있다	경영 전략의 각 부분에 관해서는 사람에 대한 투자가 어떻게 전략을 이어받았는지 설명할 수 있다
2단계	목적이나 경영 이념 등은 명문화되어 있지만 내용은 자세히 조사하지 않았고 형식만 남아 있다	경영 전략은 책정되어 있지만 단기적 또는 부분적인 것으로 되어 있다	경영·사업 측의 과제를 인사 시책에 반영하는 형태로 연동을 도모한다	사람에 대한 투자는 경영 전략 실현에 충분히 공헌하지 않는다(또는 공헌이 명확하지 않다)
1단계	목적이나 경영 이념 등이 명문화되어 있지 않다	비즈니스 모델·경영 전략이 책정되어 있지 않다	인사 전략이라는 것이 존재하지 않거나 전혀 연동하지 않는다	측정·파악하지 않는다

영역 1

**'이상적인 사람과 조직의
모습이 실현되었는가?'
지표 검토와 분석·대책**

Q31 어떤 인재가 사내에 모여 있는가?

Q32 이상적인 조직 문화가 정착했는가?

2장의 [영역 1]에서는 '이상적인 사람', '이상적인 조직'과 같은 사람·조직의 비전을 책정했습니다. 이 장의 [영역 1]에서는 그 실현도를 확인해서 인적 자본의 가시화와 공시를 준비합니다.

'어떤 인재가 사내에 모여 있는가?'를 측정하는 지표

이러한 정보는 기업의 경우 인재의 기본 정보로 가시화를 기대할 수 있습니다.

	지표	계산식·비고	게재	개시 등
①	전일제 종업원 수 (또는 비율)	—	ISO	●
②	시간제 종업원 수 (또는 비율)	—	ISO	●
③	평균 연령 (또는 연령별 구성비)	—	ISO	●
④	임원 수 (또는 비율)	—		●
⑤	관리직 수			—
⑥	통제 범위 Span of Control, SoC	관리직 1인당 부하 직원 수	ISO	—
⑦	외부 노동력 수 (또는 비율)	파견 사원이나 외부 위탁 등을 실시하는 노동력의 수	ISO	—
⑧	직종별 구성비 (또는 기능·조직별 인원수)	—	—	

　상장 기업에서는 ①이나 ②의 종업원 수와 ③ 평균 연령을 유가 증권 보고서의 '종업원 상황'에 공시해야 합니다. ④ 임원 수는 '임원의 보수 등'과 관련된 정보로 공시해야 합니다.

　⑥ 통제 범위 SoC는 조직 설계가 적절한지 확인하기 위한 중요한 지표입니다. 예를 들면 아스텔라스 제약에서는 이 SoC를 매우 중시합니다. SoC가 좁으면(관리직 1인이 감독하는 인원수가 적다) 아무리 해도 조직 계층이 늘어납니다. 그렇게 되면 의사 결정이 늦어지거나 조직에서 올라오는 아이디어를 골라내기 어려워집니다. 이 회사에서는 적절한 SoC를 여섯 명, 조직 계층은 6계층 이하로 하는 것을 지향하며 그 지표를 공시합니다(자료 3-7).

자료 3-7

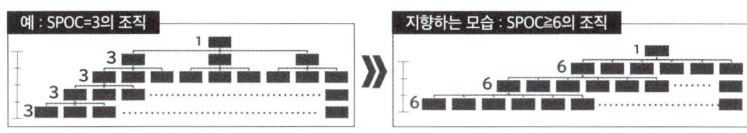

SPOC(Span of Control): 매니저 1인이 관리하는 부하 직원 수
(아스텔라스 제약 코퍼레이트 거버넌스 리포트 2023년 7월 7일 판에서)

또한 ⑧ 직종별 구성비는 '경영 전략상 중요한 인재의 수'를 가시화·공시하는 것도 생각할 수 있습니다.

정밀 기기 제조회사 코니카 미놀타^{KONICA MINOLTA}에서는 '영상 IoT 인재 수'를 현재 800명에서 1,000명으로 증가시킬 계획과 그 수단을 발표했습니다.[24] 그저 단순히 종업원 총수만 나타내는 것보다 경영 전략과 인사 전략이 한층 더 연관되어 있음을 감지할 수 있지 않나요?

분석과 대책

인원수 자체는 어떠한 판단에 직접 활용할 수 없습니다. 그래서 시간의 경과로 나열하거나 그 비율을 확인하거나 다른 지표와 함께 분석함으로써 시사하는 바를 얻을 수 있습니다. 예컨대 몇 년 동안 관리직 비율이 어느 정도 증감했는지 업계의 다른 회사와 비교해 볼 수 있습니다.

또한 기업 규모별 일반 관리직 비율[25]은 그림 3-19 를 참조하세요.

관리직 비율이 악화(증대)할 경우 분자인 '관리직 수'가 지나치게

그림 3-19 관리직 비율

		부장 비율	과장 비율
전체		2.9%	7.2%
종업원 규모	1,000명~	2.6%	7.7%
	500~999명	3.1%	7.2%
	100~499명	3.2%	6.6%

늘어나거나 분모인 '전체 종업원 수'가 줄어드는(관리직의 증가를 따라 잡지 못한다) 것을 생각할 수 있습니다.

따라서 이 분석 결과에 따르기도 하지만 대책법은 분자(관리직 수)의 문제일 경우 인사 평가나 승격 규칙(질문 17), 신진대사의 구조(질문 20) 등을 개선하는 방법을 생각할 수 있습니다. 한편 분모(전체 종업원 수)의 문제일 경우 채용 방법(질문 04~06)이나 인재 유지 방법(질문 16) 등의 개선을 선택할 수 있습니다.

'바람직한 조직 문화는 정착했는가?'를 측정하는 지표

	지표	계산식·비고	게재	개시 등
①	몰입도 조사에서의 조직 문화 확산도 점수	조직 문화와 바람직한 행동의 구현도에 관하여 측정한 점수	ISO 지침	—
②.	밸류 평가 등의 점수	인사 평가 등에서 밸류(행동 규범)에 관하여 평가한 경우의 점수	—	—

③	리더십 스타일의 평가 정보	경영진이나 매니지먼트가 어떤 리더십 스타일을 채용하는지 평가 결과	—	—
④	부정·컴플라이언스 위반 건수	바람직하지 않은 조직 문화가 만연하지 않은지 확인	ISO	—

다음은 [질문 32]에 관한 지표입니다. 조직 문화의 정착은 ① 자기가 채점한 몰입도 조사 등의 점수, ② 상사의 종업원 평가, ③ 외부 기관의 리더층 평가 결과 등에 따라 측정하는 방법을 생각할 수 있습니다. '조직 문화'의 확산도 중 특히 자사로서 중요하게 생각하는 부분에 초점을 맞추는 것이 포인트입니다.

세이스이 화학공업에서는 중기 경영 계획에서 '혁신과 창조'를 키워드로 내세웠습니다. 따라서 몰입도 점수 중에서도 '구체적인 도전 행동을 일으킨다'라는 설문 점수를 중시하며 주요 KPI로 내걸었습니다(자료 3-8).[26]

이처럼 자사의 가치 창조 스토리와 전략을 근거로 했을 때 중요해지는 조직 문화와 행동에 초점을 맞춰서 그 지표를 모니터링하고 공시하는 것이 좋습니다. 이러한 대처를 계속하면 투자자와 입사 희망자가 '이념이 깃든 회사', '새로운 도전에 사원이 똘똘 뭉쳐서 대처하는 회사' 등으로 평가할 것입니다.

자료 3-8

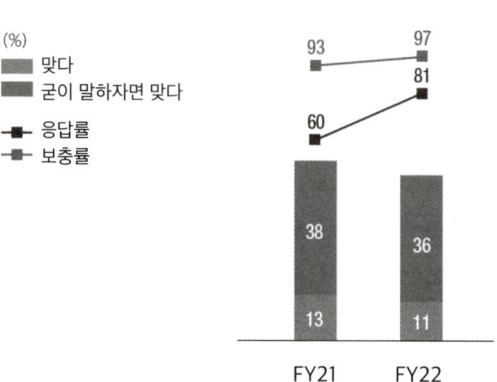

도전 행동 발현도※

장기 비전을 실현하려면 종업원이 각자 기존의 방식에 얽매이지 않고 끊임없이 도전하는 것이 중요합니다. 2022년도 결과에서는 도전 행동을 하려면 도대체 무엇을 해야 하는지 망설이는 종업원이 많다는 사실을 알았습니다.

※ '나는「Vision 2030」을 실현하기 위한 구체적인 도전 행동을 일으킨다'라는 질문에 '맞다'라고 대답한 비율. 2023년도부터 '맞다' 또는 '굳이 말하자면 맞다'라고 대답한 비율

(세키스이 화학공업 종합보고서 2023에서)

분석과 대책

'몰입도 조사 점수는 어떻게 해석해야 하는가'라는 고민에 대하여 자주 상담을 받습니다. 예를 들면 '열정적으로 일하는가'라는 설문이 있었다고 합시다. 그 점수가 '10점 만점 중 5.5점'인 경우 그것이 좋은지 나쁜지는 판단하기 어려운 문제입니다.

다른 회사의 점수와 비교해 주는 서비스도 존재하는데 어디까지나 참고용일 뿐입니다. 이러한 점수는 '그 기업에 존재하는 장애물과 기

대치'에 크게 좌우되기 때문입니다. X사(구 트위터[27])와 같이 일론 머스크가 '주 80시간을 일해야 한다'라는 시간적 장애물을 부과한 기업과 생산성이나 효율성을 중시하는 토요타 자동차와 같은 회사에서는 '열정이 있는가'를 파악하는 방법도 다를 것입니다.

그럼 어떻게 해야 할까요?

다른 회사의 정보를 참고하면서도 마지막에는 **회사로서의 의지를 보여주는 것**이라고 생각합니다. 즉 가치 창조 스토리와 경영 전략을 근거로 했을 때 '이상적인 조직의 모습'은 무엇인가. 이를 목표로 삼고 수치화해서 목표와의 차이를 메울 수 있게 하는 것입니다.

앞에서 소개한 세키스이 화학공업에서는 2025년에 '도전 행동의 구현도'를 60퍼센트로 하는 것을 목표로 삼았다고 합니다. 이는 대충 말하자면 '5명 중 3명이 어떠한 도전을 실행하는 모습'입니다. 이 '이상적인 모습'에 절대적인 정답은 없습니다. 100퍼센트를 목표로 하는 것도 좋습니다. 중요한 것은 회사로서의 의지를 단단히 하고 이를 실현하기 위한 PDCA 사이클을 돌리는 것입니다.

또한 조직 문화의 점수가 목표와 크게 동떨어지거나 개선이 보이지 않을 경우에는 어떻게 해야 할까요?

먼저 2장 영역 **1**의 [질문 02 (어떤 조직 문화를 만들 것인가?)]에서 설명한 어느 영역에 과제가 있는지 특정하세요. 다시 되돌아보면 조직 문화를 만드는 요소는 영역 4가지로 정리할 수 있습니다.

[개인·내면] 개개인의 가치관·성격·경험 등
[개인·외면] 다른 사람(특히 리더)의 말과 행동·피드백 등

[집단·내면] 집단의 가치관·분위기·암묵적인 규칙 등

[집단·외면] 경영 이념·전략·조직 체제·제도·(명시된) 규칙 등

이러한 부감 시점에서 개선책을 검토하면 좋습니다. 몰입도 조사의 개별 항목 분석에서 어느 영역부터 착수해야 하는지 판단하는 것도 효과적입니다.

여기까지 [영역 1]에서는 '이상적인 사람', '이상적인 조직'의 실현도를 확인했습니다. 다음은 [영역 2]에서 '사람을 적절히 조달했는가'의 확인 방법을 생각하겠습니다.

영역 1 인적 자본 경영 실천도 진단

	질문 31 어떤 인재가 사내에 모여 있는가?	질문 32 이상적인 조직 문화는 정착했는가?
5단계	이상적인 인재 포트폴리오에 대하여 현재의 충족도와 그 차이를 늘 알 수 있는 상태다	회사 전체의 이상적인 조직 문화가 정착되어 있을 뿐만 아니라 각 조직·부문의 특성에 적합한 행동을 촉진한다
4단계	계층이나 속성별 등의 인원수뿐만 아니라 경영자 후보와 DX 인재 등 핵심적인 인재의 수도 늘 알 수 있는 상태다	종업원의 말과 행동이나 인게이지먼트 조사 결과를 감안해서 판단하면 회사 전체로서 이상적인 조직 문화가 일정 정도 정착되어 있다고 할 수 있다
3단계	계층별이나 속성별과 같은 기본적인 관점과 부분별 인원수는 늘 파악할 수 있는 상태다	이상적인 조직 문화를 구현하는 듯한 말과 행동이 종업원에게서 드문드문 보이지만 침투도와 구현도에는 편차가 있다
2단계	종업원의 수와 남녀의 속성 등 최소한의 정보는 파악하고 있다	이상적인 조직 문화가 충분히 침투하지 않았다(내세우고 있지만 의식하지 않는다)
1단계	측정·파악하지 않는다	측정·파악하지 않는다

영역 2

'사람을 적절하게
조달했는가?'
지표 검토와 분석·대책

Q33 자사의 매력을 어필했는가?

Q34 필요한 인재(양·질)를 신속하게 확보했는가?

Q35 인재 획득에 적절한 비용을 들였는가?

 2장의 [영역 2]에서는 자사의 매력을 찾는 방법·메시지를 만드는 방법, 발신하는 방법과 인재 조달 수단을 생각했습니다. 이 장의 [영역 2]에서는 그 실현도에 관하여 위의 세 질문을 통해서 확인하겠습니다.

'자사의 매력을 어필했는가?'를 측정하는 지표

 먼저 [질문 33]에 관한 지표를 봐주세요. 매력이 통하는지 측정하

	지표	계산식·비고	게재	개시 등
①	제삼자 기관에 의한 자사의 매력도 평가 (취직·이직 순위 등)	—	—	—
②	채용 페이지 접속 수	—	—	—
③	응모자 수	—	ISO	—
④	채용 신청 수락률(또는 내정 사퇴 비율)	—	—	—
⑤	종업원의 소개자 수 (위탁 채용자 수 또는 비율)	—	—	—
⑥	채용자의 합류 시 평가(또는 몰입도 조사 점수)	—	—	—

는 지표의 대표적인 사례가 ① 제삼자 기관에 의한 자사의 매력도 평가입니다. 그 매력이 실제 효과를 냈는지를 ②~④에서 측정합니다. 또한 [질문 06]에서 설명했듯이 자사의 매력을 높이면 사원의 친구 소개로 이어지기도 쉽습니다. 따라서 위탁 채용 수와 채용 비율을 측정하는 것도 효과적인 수단입니다.

메르카리사에서는 멤버 중 몇 퍼센트가 사원의 소개로 입사했는지 공시했습니다. 2023년에는 26.4퍼센트의 인재가 사원의 소개로 입사했다는 결과가 나왔고 이 회사가 직장으로서 매력이 높다는 것을 짐작할 수 있습니다.

(메르카리사 Impact Report FY2023.6에서)

분석과 대책

분석 방법의 하나로 경력 채용자의 '내정 퇴사율'을 업계의 평균치와 비교해야 합니다. 그 이유는 ① 취직·이직 순위는 외부 환경에 크게 영향을 받는 부분이 있고 ② 채용 페이지 접속 수와 ③ 응모자 수는 프로모션 방법으로 크게 달라져서 '자사의 매력을 어필했는가' 자체의 판단이 조금 어렵기 때문입니다.

이러한 '자사의 매력'에 관한 지표가 바람직하지 않은 경우에는 **매력의 정리와 메시지**([질문 04와 05])**를 개선하기도 해야 하지만 매력 자체를 실현하는 구조**([영역 3~5])**의 개선도 고려해야 합니다.**

또한 ⑥ '채용자의 합류 시 평가'를 확인하는 목적은 매력 어필의 실현도를 검증하는 것에 그치지 않습니다.

[질문 04]에서 다뤘듯이 입사 전에 품었던 이상과 현실의 차이에 따른 '현실 충격reality shock'은 입사 후의 인게이지먼트를 현저하게 떨

어뜨럽니다. 따라서 '어떤 매력을 느껴서 이 회사에 들어왔는가', '들어와 보니 실제로 어땠는가'를 확인해서 현실 충격을 없애는 것이 중요합니다.

'필요한 인재(양·질)를 신속하게 확보했는가?'를 측정하는 지표

	지표	계산식·비고	게재	개시 등
①	채용자 수 (전체 또는 직종이나 신규 졸업자/중도 부분별)	예를 들면 고도 전문직 등의 중요한 부분의 채용 수를 나타내는 것도 생각할 수 있다	지침	●
②	구인 포지션의 충족에 필요한 기간	구인 모집 시작일부터 충족일까지 걸리는 일수 평균	ISO/지침	—
③	중요한 구인 포지션의 충족에 필요한 기간	중요 포지션의 구인 모집 시작일부터 충족일까지 걸리는 일수의 평균	ISO	—
④	중요 직위의 공석률	—	ISO	—
⑤	입사 후 일정 기간의 이직률	예를 들면 입사 1년 후의 이직률. 채용하는 인재의 질적 일치도를 측정한다	ISO/지침	—
⑥	입사 후 일정 기간의 퍼포먼스 (평가)	배속 부서 상사의 평가와 만족도 측정 결과	—	—

다음으로 [질문 34]에 관한 지표를 봐주세요. 먼저 ① 채용자 수를 살펴보면 그다지 알려지지 않았는데 '정규직의 중도(경력직) 채용 비

율'은 상시 고용하는 노동자가 301명 이상인 기업에서는 공표할 의무[28]가 있습니다. 일본에서 2021년 4월부터 시작된 제도이며 공표 방법은 구직자가 쉽게 열람할 수 있으면 무엇이든지 상관없으며 홈페이지 등에서 공표해도 무방합니다. 벌칙은 없지만[29] 최근 3년 치 비율을 연도별로 공표하고 적어도 1년에 한 번은 공표해야 합니다.

또한 충분한 수를 채용했다고 해도 빈자리를 채울 때까지 시간이 필요하면 업무 운영에 영향을 미칩니다. 즉 '적시성'도 중요합니다. 이를 ②~④에서 측정합니다. 또한 적시, 적량의 인재를 채용했다고 해도 인재의 질이 기대한 것과 다르면 의미가 없습니다. 그것을 측정하는 것이 ⑤⑥입니다. 이 뒤에서 설명하겠지만 채용 채널별 이직률이나 퍼포먼스를 분석하는 방법도 효과적입니다.

분석과 대책

예를 들어 '입사 후 일정 기간의 이직률'이 높은 상태일 경우에는 어떻게 해야 할까요?

개선책 중 하나로는 앞에서 언급한 현실 충격의 해결 외에도 **채용 시 판별의 정밀도를 높이는 것**도 효과적인 수단입니다. 자사가 요구하는 능력·특성과 일치하지 않거나 조직 문화에 맞지 않는 인재를 채용하는 것이 조기 이직의 원인일 수도 있기 때문입니다.

확인하는 방법으로 **'구조화 면접'**이 정확도가 가장 높다고 합니다.[30] 이는 구글 등에서도 채택했으며 '같은 직무에 지원한 후보자에게 똑같이 질문하고 똑같은 척도로 평가하는' 방식[31]입니다.

예를 들면 '최근 직면한 큰 과제를 어떻게 대처했습니까?'라는 질문을 설정했다고 합시다. 그 질문에 '자율적으로, 주위를 끌어들여서 움직이면 5점', '팀에서 역할 수행에 협력한 경우는 4점'과 같은 식으로 기준을 설정합니다. 물론 조금 더 구체적인 기준으로 4점은 어떤 상태, 3점은 어떤 상태라고 미리 정의해 놓습니다.

이러한 구조화 면접에 따른 장점은 다음의 4가지를 들 수 있습니다.

① 직무의 퍼포먼스 예견성이 높다
② 시간을 단축할 수 있다 (1회 평균 40분 단축)
③ 다양성의 관점에서 공평하게 평가하기 쉽다
④ 응모자의 만족도가 높다

④는 특히 채용되지 못한 응모자에게서 현저하게 나타납니다. 구조화 면접을 보고 떨어진 응모자는 그렇지 않은 탈락자보다 만족도가 35퍼센트나 높았다는 사실을 알 수 있습니다.[32] 구조화 면담은 후보자에게 질문이 널리 알려질 위험이 있기 때문에 정기적으로 질문을 바꿔야 하는 수고가 드는 것도 사실입니다. 그러나 '부적절한 인재의 채용'에 따른 부정적인 영향을 미루어 보면 비용 대비 효과를 볼 수 있는 대처입니다.

'적절한 인재 비용을 들였는가?'를 측정하는 지표

	지표	계산식·비고	게재	개시 등
①	총 채용 비용 (또는 1인당)	ISO 30414 및 ISO TS 30407 참조. 또한 계층이나 직종별 등으로 산출하는 방법도 생각할 수 있다	ISO/지침	—
②	채용 활동에 투자한 시간	인턴십이나 면접, 각종 활동에 투자한 시간 수	—	—
③	채용 채널별 비용 (또는 1인당)	채용 채널별로 1인당 확보에 필요한 비용	—	—
④	채용 광고 단가	채용 광고비÷채용자 수 (채용 광고로 유입된 인원수)	—	—

여기까지 소개한 지표는 사람의 조달에 관하여 적절한 양, 적절한 시기, 적절한 질이 실현되었는지 확인하는 것이라고 할 수 있습니다. 자칫 잘못하면 채용한 인재의 양에만 초점을 맞추기 쉬운데 시기나 질과 같은 시점에서도 사람의 조달이 잘 되고 있는지 확인하세요. [질문 35]에 관한 위의 지표를 봐주세요.

필요한 인재(양·질)를 신속하게 확보했다고 해도 비용과 시간이 많이 들었다면 시정해야 합니다. ① 총 채용 비용은 채용 담당자·면접자의 인건비와 위탁 채용 인센티브, 인재 소개 회사에 내는 비용, 구인 광고비, 이벤트 비용 등 모든 지출을 포함하는 것이 일반적입니다.

②의 '채용 활동에 시간을 얼마나 투자했는가'도 중요한 지표입니다. '채용 비용'은 어느 정도 낮을수록 좋습니다. 하지만 '채용에 투자

하는 시간'을 극단적으로 줄이면 인재의 판단이나 입사자의 기업 이해가 부족해지기 쉬우므로 각각 파악해야 합니다.

분석과 대책

먼저 ① '총 채용 비용'의 분석입니다. 정규직의 경력자 채용에서 1인당 평균 비용은 그림 3-20과 같습니다.[33] 여러분 회사의 채용 비용과 비교해 보면 좋을 것입니다.

그림 3-20 총 채용 비용의 분석

		유효 사례 수	평균(엔)	중간값(엔)
전체		323	450,817	200,000
종업원 규모	~29명	56	417,874	150,000
	30~99명	85	348,083	214,286
	100~299명	84	714,369	250,000
	300~999명	53	351,053	166,667
	1,000명~	45	311,406	184,615

③에서는 일단 채용 채널에 관하여 설명하겠습니다. 일반적으로는 다음의 여섯 종류가 있으므로 각각 총점과 1인당 단가를 계산하겠습니다.

✱ 채용 채널

- 자사 미디어 (블로그나 자사 사이트)
- 구인 광고
- 인재 소개 (에이전트)
- 다이렉트 리크루팅 (기업이 인재에게 직접 접근)
- 위탁
- 소셜 리크루팅 (SNS 활용)

각 채널에서 입사 후의 이직률이나 퍼포먼스를 분석해도 효과적인 예측을 얻을 수 있습니다. [질문 04]에서 언급했듯이 일반적으로 위탁 채용의 채용 단가와 정착률 등은 다른 채널보다 뛰어나다고 합니다. 하지만 **입사 후의 퍼포먼스 등을 근거로 해서 어느 채널에 시간과 자금을 투자할 것인지 정량적으로 판단하는** 방법이 좋습니다.

여기까지 [영역 2]에서는 '자사의 매력 어필'과 '직시·직질(양·질) 한 인재 조달'의 실현도와 '투자 비용의 적절성'을 확인했습니다. 다음은 [영역 3]에서 '사람을 적절하게 육성했는가'의 확인 방법을 생각하겠습니다.

영역 2 인적 자본 경영 실천도 진단

	질문 33 자사의 매력을 어필했는가?	질문 34 필요한 인재(양·질)를 신속하게 확보했는가?	질문 35 인재 획득 비용을 적절하게 들였는가?
5단계	다른 회사와 매력의 차별화나 독자적인 고용 브랜드를 구축해 놓았으며 수많은 인재가 인지해서 높은 평가를 받고 있다	인재 포트폴리오나 요원 계획에서 필요한 인재의 양·질 모두 충족되어 있으며 앞으로도 충족될 전망이다	채용 시책이나 채용 채널별 비용 대비 효과의 검증·통제가 이루어지고 있으며 철저한 개선을 정기적으로 실시한다
4단계	목표로 하는 인재에게 매력이 전해져서 원하는 인재의 응모 수와 높은 신청 수락 비율로 이어지고 있다	인재 포트폴리오나 요원 계획에서 필요한 인재는 양·질 모두 충족되어 있으며 결원 시에도 즉시 충족된다	채용 시책이나 채용 채널별 비용 대비 효과의 검증이 이루어지고 있으며 인재 확보 비용이 제한된다
3단계	이상형, 또는 이상에 가까운 인재가 일정 정도 응모한다	인재 포트폴리오나 요원 계획에서 필요한 인재의 양은 거의 충족되어 있지만 기대한 만큼의 질(기술·경험)은 부족하다	1인당 인재 확보 비용은 예상대로 또는 예상을 밑도는 수준으로 제한되어 있지만 채용 시책이나 채용 채널별 비용 대비 효과의 검증 등은 실시되지 않는다
2단계	매력 어필을 위한 대처는 이루어지고 있지만 효과가 명료하지 않거나 실감하지 못한다	인재 포트폴리오나 요원 계획에서 필요한 인재의 양이 부족하다	1인당 인재 확보 비용을 확인/관리하고 있지만 예상보다 비용이 더 들어간다
1단계	측정·파악하지 않는다	측정·파악하지 않는다	측정·파악하지 않는다

영역 3

'사람을 적절하게 육성했는가?' 지표 검토와 분석·대책

Q36 전략 실현에 필요한 능력이 있는 인재를 충족했는가?

Q37 전략상 중요한 지위를 담당하는 인재를 적절하게 육성했는가?

Q38 육성 비용·노력을 적절히 들였는가?

2장의 [영역 3]에서는 인재 스펙의 정의, 사람의 정보 가시화, 학습 방법, 탈학습 방법을 생각했습니다. 이 장의 [영역 3]에서는 그 실현도에 관하여 위의 세 질문을 통해서 확인하겠습니다.

강에서 흐르는 물과 바닷물이 서로 섞이는 지점을 기수역이라고 합니다. [질문 36]은 어떤 의미에서 [영역 2]와 [영역 3]이 서로 섞이는 기수역과 같습니다. 필요한 인재를 준비하는 방법은 외부에서 조달하는 방법과 내부에서 육성·준비하는 방법이 있기 때문입니다. 따라서 [질문 34]에서 소개한 지표도 활용할 수 있습니다.

'전략 실현에 필요한 능력·특성을 보유하는 인재가 충족되어 있는가?'를 측정하는 지표

	지표	계산식·비고	게재	개시 등
①	종업원의 요원 계획 충족률	요원 계획을 얼마나 충족했는가	—	—
②	후계자 후보 준비율	중요 포지션에서 필요한 후계자 수가 충족된 비율	ISO/지침	
③	이사의 기술 매트릭스	이사회에 필요한 기술을 분야별로 정리해서 어느 이사가 어느 분야에 지식과 전문성을 갖췄는지를 나타낸 표	—	
④	공모·FA 등의 활용 상황	응모 수와 적용 수, 사내 이동 비율	ISO	—
⑤	사내 인재로 채울 수 있는 포지션의 비율	빈자리 중 사내 이동으로 충족되는 비율 (중요 포지션과의 식별도 생각할 수 있다)	ISO	—

[질문 36]에 관한 지표를 봐주세요. 사람의 육성이나 준비 상황은 종업원 수준과 중요 포지션 수준(임원이나 간부 수준)별로 확인하면 좋습니다. ① 종업원의 요원 계획 충족률을 측정하려면 애초에 요원 계획을 만들어놓는 게 전제입니다. 요원 계획에 필요한 인재가 충분히 모이지 않은 경우, 사업 계획의 달성 자체도 위태롭기 때문에 매우 중요한 지표입니다.

또한 임원이나 간부급의 경우에는 '지금 인재가 갖춰졌는가' 뿐만 아니라 '앞으로 부족해질 걱정이 없는가'라는 점도 중요한 정보가 됩니다. 후계자 육성 계획(승계 계획)에서는 중요한 지위 하나에 대하여

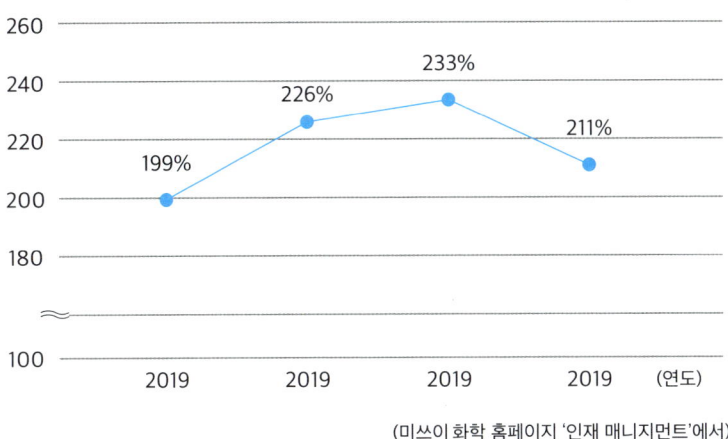

전략 중요 포지션 후계자 준비율

(미쓰이 화학 홈페이지 '인재 매니지먼트'에서)

'언제든지 맡을 수 있는 인재'가 두세 명 정도 있어야 이상적입니다.

종합 화학 제조회사인 미쓰이화학三井化学에서는 전략 중요 포지션의 후계자 준비율을 홈페이지와 통합 보고서에 공시했습니다(자료 3-10). 이 보고서에 따르면 중요 포지션에서는 후계자가 약 두 명 정도 준비되어 있습니다. 즉 사람 면에서 기업의 계속성이 보장된다는 점을 알 수 있습니다.

분석과 대책

사람이 충분히 육성되지 않거나 준비되지 않은 경우 생각할 수 있는 원인은 2장에서도 설명했듯이 다양한 영역에서 찾을 수 있습니다.

[영역 2] 사람의 조달 (매력 어필, 조달 방법) 문제: 질문 04~07
[영역 3] 사람의 육성 (인재의 요건 정의와 학습 방법) 문제: 질문 08~11
[영역 4] 사람의 유지 (인게이지먼트를 높이는 방법) 문제: 질문 16~19

사람이 없을 때는 사람의 조달(채용)에만 눈길이 가기 쉬운데 애초에 사람의 유지가 충분하지 못해서 많은 사람이 빠져나가고 있을지 모릅니다. 또한 내부의 육성이 부족하고 적절히 승격·승진시키지 않았을 수도 있습니다. 대부분은 이러한 복합적인 원인이 얽혀 있습니다. 각 영역에서 지표의 추이와 분석을 통해 어느 부분에 손을 써야 하는지 신중하게 확인하세요.

'전략상 중요한 지위를 담당하는 인재는 적절히 육성되고 있는가?'를 측정하는 지표

	지표	계산식·비고	게재	개시 등
①	연수 시간 수 (또는 1인당)	연수나 프로그램에서 제공하는 총시간	ISO/지침	—
②	연수 참가율	연수나 프로그램의 참가율과 참가 수 (주요 연수별로 계산하는 방법도 생각할 수 있다)	ISO/지침	—

③	리더십의 육성 상황	리더십 프로그램 등에 참가한 리더의 비율(자세한 정보는 ISO 30414 참조)	ISO/ 지침	—
④	멘토링 시간 수 (또는 1인당)	코칭이나 멘토링, 일대일 등의 총시간 (또는 1인당 시간)	ISO/ 지침	—
⑤	육성에 관한 몰입도 조사 점수	사내의 OJT나 연수의 충실도에 관한 대답 점수	ISO/ 지침	—
⑥	컴피턴시(능력·행동) 비율	설정된 컴피턴시를 얼마나 충족했는가 (자세한 정보는 ISO 30414 참조)	ISO	—
⑦	승격·승진률	일정 기간 내에 승격·승진한 인원수의 비율 (계층별로 나타내는 방법도 생각할 수 있다)	—	—
⑧	중요 직위의 내부 육성률	중요 직위의 경우 내부에서 육성(등용)된 비율	ISO	—
⑨	신뢰받는 리더십의 육성	몰입도 조사에 따른 '리더십에 대한 신뢰' 유무의 점수	—	—

[질문 37]도 [질문 36]과 서로 섞이는 부분이 있습니다. [질문 36]은 [육성 결과로서 사람의 준비도](아웃컴)에 초점을 맞췄는데 [질문 37]은 그 과정으로서 '육성에 대한 투자'(주로 인풋)나 '육성 자체의 성과'(주로 아웃풋)에 초점을 맞춥니다.

[질문 37]에 관한 지표를 봐주세요.

①~④가 '육성에 대한 투자'(인풋)입니다.

⑥~⑦이 '육성 자체의 성과'(아웃풋)입니다. 종업원의 능력이 향상되었는가, 그다음 중요 직위의 인재를 배출하거나 리더의 수준이 향상되었는지 확인합니다.

링크 앤드 모티베이션^{Link and Motivation}사에서는 '자회사도 포함한 그룹의 이사·집행임원(사외는 제외)'을 중요 직위로 정의합니다. 또한 내부 등용률이나 공석률, 중요 직위가 채워질 때까지의 평균 일수 등을 상세하게 공시했습니다(자료 3-11).

자료 3-11

직위·등용

	단위	2020년	2021년	2022년
내부 등용률※1	%	68.7	73.1	78.3
중요 직위의 비율※2	%	1.5	1.6	1.7
중요 직위의 내부 등용률※3	%	100.0	100.0	100.0
내부 계승률※4	%	100.0	100.0	100.0
전체 공석 직위 중 중요 직위의 공석률	%	0.0	0.0	0.0
중요 직위가 채워질 때까지의 평균 일수	일	0.0	0.0	0.0

당사 그룹에서는 중요 직위를 '자회사도 포함한 당사 그룹의 이사·집행임원(사외는 제외)'으로 정의하는데 직위에 공석이 생길 경우 그와 동시에 대체할 인재를 등용하거나 대상 직위를 없애기 때문에 공석 직위가 발생하지 않습니다. 그래서 '중요 직위의 공석률' 및 '중요 직위가 채워질 때까지의 평균 일수'는 0입니다.
또한 중요 직위의 등용은 전부 내부 인재가 등용됩니다. 당사 그룹에서 계획적인 후계자 육성이 실현된 결과라고 생각합니다.
※1 공석 직위에 대한 내부 등용자 수÷공석 직위에 대한 (내부 등용자 수+외부 등용자 수)로 계산.
※2 중요 직위 수를 총 직위 수로 나눠서 계산.
※3 1년 동안 발생한 중요 직위에 대한 등용에서의 내부 비율.
※4 연말 시점의 중요 직위에 대한 등용에서의 내부 비율.

(링크 앤드 모티베이션 Human Capital Report 2022에서)

분석과 대책

분석에서는 ⑥~⑨ '육성 자체의 성과'부터 진행하는 방법을 생각할 수 있습니다. 예를 들면 ⑧ 중요 직위의 내부 육성률에서 거슬러 올라가는 방법입니다.

이 수치가 바람직하지 않을 경우, 즉 임원이나 간부층을 밖에서 채용해야 하는 상황이 된 경우 어떤 원인을 고려할 수 있을까요?

먼저 '중요 직위로 승격·승진시킬 만한 인재가 없다'라는 ⑦ 승격·승진율 문제를 생각할 수 있습니다.

그러나 승격·승진율도 결과일 뿐이며 더 큰 원인이 있을 것입니다. 승격률이 좋지 않은 것은 **평가 구조**(질문 17)나 **육성 방법**(질문 10)이 원인일 수 있습니다. 또한 시점을 바꾸면 뛰어난 인재가 승격하기 전에 그만둔다는 [영역 5 (사람의 유지)]에 **문제가 있을** 가능성도 있습니다. 또 그 다음에는 뛰어난 인재를 충분히 채용하지 못했다는 [영역 2]의 **문제와 채용 확인 방법·기준 등의 문제에 이를** 가능성도 있습니다.

다른 질문과 지표에서도 마찬가지라고 할 수 있는데 기본적으로 영역 2~5는 서로 관련되어 있습니다. 따라서 다른 영역도 포함해 원인을 찾아서 포괄적인 수단을 생각하는 것이 효과적입니다.

'육성 비용·노력을 적절히 들였는가?'를 측정하는 지표

	지표	계산식·비고	게재	개시 등
①	총연수 비용 (또는 1인당)	연수에 드는 총비용÷전체 종업원 수	ISO/지침	—
②	총육성 비용 (또는 1인당)	멘토링 OJT의 인건비와 자기계발 지원을 포함해서 계산	—	—
③	육성에 투자한 시간	연수와 OJT에 투자한 시간 수	ISO/지침	—
④	인재 육성 기능의 인원수	인재 육성에 관여한 인원수	ISO/지침	—

[질문 38]에 관한 지표를 봐주세요. 채용과 마찬가지로 이상적인 육성을 했다고 해도 비용이나 시간에 걸맞지 않으면 시정을 검토해야 합니다. 일반적으로 내부 육성은 외부 채용에 비해서 채용·육성 비용이 33퍼센트 정도 낮다고 간주합니다.[34] 하지만 육성 비용이 너무 높으면 외부 채용으로 전환하는 편이 낫다고 판단할 수도 있습니다.[35]

미쓰비시상사三菱商事에서는 구체적인 연수 메뉴의 일람과 그 대상자, 수강자 수, 연수 시간을 자세히 공시했습니다(자료 3-12). 이러한 정보를 공개하면 알찬 교육 제도가 정비되어 있다고 채용 후보자에게 어필할 수도 있습니다.

자료 3-12

각 연수의 수강자 수·연수 시간 (본점 인사부 주최 연수 중 일부를 발췌, 2022년도)

명칭	대상	수강자 수	연수 시간
사업 경영 프로그램 I	국내·해외 사업 회사에서 사업 경영에 관여하는 직원	70명	15시간
사업 경영 프로그램 II	국내·해외 사업 회사에서 간부로서 사업 경영에 관여하는 직원	36명	18.5시간
이노베이션 연수	사업 구상, 디지털 전략, 신규 사업 입안 등 역할 기대를 담당하는 직원	92명	77시간
조직 리더 연수	신임 내부 조직 책임자 (팀 리더 등)	122명	43.5시간
온라인 BS	관리직 승격자	147명	평균 41.2시간
신임 M2 연수	관리직 승격자	151명	36.5시간
인스트럭터(강사) 연수	인스트럭터 (신입사원 지도 담당)	141명	17시간
커리어 비전 연수	입사 6년 차 직원	107명	10시간
비즈니스 어드밴스드 스킬 프로그램	입사 3년 차 직원	124명	73시간
신입사원용 연수	입사 1년 차 직원	121명	184.5시간
커리어 디자인 관련 연수	48세 이상 직원	1,646명	19시간[※1]
A직 커리어 비전 연수	일반 직무	239명	24.5시간
온라인 학습 플랫폼 Udemy	전체 사원	등록자 수 5,596명	평균 시청 시간 10.4시간
MC 기술 향상 강좌	전체 사원 (강좌별 자유 응모)	639명	평균 5.9시간[※2]

※1 종합직 매니지먼트층의 표준적인 수강 시간
※2 총 21강좌의 평균 시간

(미쓰비시상사 홈페이지 '인재 육성·인게이지먼트 강화'에서)

분석과 대책

교육 연수비용에 관해서는 산로종합연구소 SANRO Research Institute, Inc.가 공표한 데이터[36](그림 3-21)를 참고하세요.

기업 규모도 따르지만 대체로 1인당 연간 3만~4만 엔 정도를 투자한다는 점을 알 수 있습니다. 또한 비제조업에서는 제조업에 비해 더 많이 투자하는 경향이 있습니다. 이 데이터에는 다음 항목이 포함되어 있어서 기업에서 집계할 때도 똑같이 하면 비교하기 쉬울 것입니다.

✱ **일반적으로 교육 연수비에 포함하는 것**
- 정규 종업원을 대상으로 한 자사 주최 연수의 회장비·숙박비·음식비
- 외부 강사비
- 교재비
- 외부 교육 기관에 주는 연수 위탁비 및 세미나·강좌 참가비
- e러닝·통신교육비
- 공적 자격 취득 원조비
- 연수 수강자·사내 강사의 일당·수당·교통비
- 사무국비
- 기타 이런 것 이외의 교육 연수에 필요한 비용

여기까지 [영역 3]에서는 [사람의 충족]에 관한 실현도와 '투자하

는 비용의 적절성'을 확인했습니다. 다음은 [영역 4]에서 [사람의 활약을 적절하게 촉진했는가]를 확인하는 방법에 관하여 생각해 보겠습니다.

그림 3-21 교육 연수 비용

구분	집계 회사 수(사)	총액 평균(만 엔)	종업원 1인당 금액(엔)
조사 계	115	7,083	43,261
1,000명 이상	62	11,447	40,048
200~999명	31	2,866	49,452
199명 이하	22	724	43,591
비제조업	44	9,201	36,818
신임 M2 연수	71	5,770	47,254

산로종합연구소 2022년도 교육 연수 비용 실태 조사에서

영역 3 인적 자본 경영 실천도 진단

	질문 36 전략 실현에 필요한 능력이 있는 인재를 충족했는가?	질문 37 전략상 중요한 지위를 담당하는 인재를 적절하게 육성했는가?	질문 38 육성 비용·노력을 적절히 들였는가?
5단계	현재 필요한 자질이 갖춰져 있을 뿐만 아니라 경영진이나 주요 지위를 포함해서 장래의 인재도 충분히 축적되어 있다	인재 육성 방법과 프로그램이 다른 회사에서도 도입되거나 업계의 모범 사례로 인정받고 있다	개별 연수나 육성 프로그램의 비용 대비 효과의 검증·통제되고 있으며 철저한 개선을 정기적으로 실시하고 있다
4단계	경영층이나 사업 리더뿐만 아니라 경영 전략상 주요 지위 등에 관하여 인재의 양·질 모두 충분히 갖춰져 있다	자사에서 육성한 인재가 업계를 이끌어가는 리더가 되는 등 다른 회사에서도 필요한 인재가 되었다	개별 연수나 육성 프로그램의 비용 대비 효과의 검증이 이루어지고 있으며 육성 비용이 제한되어 있다
3단계	경영진이나 사업 리더는 일정 정도의 양과 질을 갖췄다	중요한 지위를 담당하는 인재는 대부분이 사내에서 배출되었다	1인당 육성 비용은 예상대로 또는 예상을 밑도는 수준으로 제한되어 있지만 개별 연수나 육성 프로그램의 경우 비용 대비 효과의 검증 등은 실시하지 않는다
2단계	경영진이나 사업 리더는 충분한 양 또는 질이 부족하다	중요한 지위를 담당하는 인재가 사내에서 배출되지 않고 채용 등에 의지한다	1인당 육성 비용을 확인/관리하지만 비용이 예상보다 더 들어가는 상태다
1단계	측정·파악하지 않는다	측정·파악하지 않는다	측정·파악하지 않는다

영역 4

'사람의 활약을
적절하게 촉진했는가?'
지표 검토와 분석·대책

Q39 활약하는 사원은
　　　 높은 비율로 존재하는가?

Q40 다양성^{DEI}은 확보되었는가?

Q41 개개인이 만들어내는
　　　 가치의 크기는 어느 정도인가?

2장의 [영역 4]에서는 퍼포먼스를 높이는 방법, 사람과 일의 일치, 팀 만들기, 다양성에 관해서 생각했습니다. 이 장의 [영역 4]에서는 그 실현도에 관하여 위의 세 질문을 통해서 확인하겠습니다.

'활약하는 사원은 높은 비율로 존재하는가?'를
측정하는 지표

[질문 39]에 관한 지표를 봐주세요. 먼저 ① 몰입도 조사를 통한

	지표	계산식·비고	게재	개시 등
①	몰입도 조사의 활약도와 도전도에 관한 점수	—	ISO/지침	—
②	컴피던시(능력·행동) 비율	설정된 컴피던시를 어느 정도 충족했는가	ISO	—
③	KPI 달성률과 프로젝트 성공률	조직 또는 개인의 KPI 달성률과 프로젝트 목표를 달성한 비율	—	—
④	사원의 제안 건수	—	—	—

    자기평가에 따른 측정 방법을 생각할 수 있습니다. 조사에서 '활약합니까?', '적극적으로 도전합니까?' 등의 설문을 마련한 경우에는 그 점수로 측정할 수 있습니다.

    자기평가가 아니라 다른 사람의 평가나 객관적인 평가로 활약도를 측정하는 방법도 있습니다. ②가 이에 해당하며 사내에 컴피던스competence(능력이나 행동 등)를 평가하는 제도가 있으면 '충족되었다'라는 기준에 달한 인재가 얼마나 있는지 측정하는 방법도 있습니다. 하지만 이러한 방법은 평가 분포에 따라 조사(이를테면 S평가는 10퍼센트 내외 등)할 경우에는 활용하기 어려워집니다.

    행동이나 능력의 뒤에 오는 성과, 즉 ③ KPI 달성률이나 프로젝트 성공률을 측정하는 방법도 생각할 수 있습니다. 물론 KPI와 목표 수준에 따라 결과를 파악하는 방법이 달라집니다. '모든 직원의 KPI 달성률 100퍼센트'라고 하는 조직이 있다고 해도 목표가 낮을 가능성도 있습니다. 따라서 참고하는 정도로만 취급할 것입니다.

종합상사 소지쓰双日, sojitz에서는 '원활한 의사소통', '창업가 정신', '10년에 두 배로 성장'이라는 사람과 조직의 모습을 지향합니다. 따라서 몰입도 조사에서도 다양성을 살린다·도전을 촉진한다·성장을 실감할 수 있다는 지표 3가지를 주시합니다. 조사에서는 '새로운 발상을 실현하고 싶다', '최근 1년 동안 성장했다고 느낀다'라고 대답한 사원이 80~90퍼센트나 되어서 활약과 성장이 충분히 충족되었음을 알 수 있습니다(자료3-13).

자료 3-13

몰입도 조사를 통해 이해하는 소지쓰다운 문화

2017년부터 시작한 인게이지먼트 서베이(사원 의식 조사)는 당사의 상황을 더욱 정확하게 파악하고 효과적인 인재 전략으로 연결하기 위해 외부 전문가의 감수를 받아 당사의 독자적인 설문을 책정·도입해 결과를 회사 전체에서 분석하며 개선 활동으로 이어지고 있습니다(응답률은 2021년도 91퍼센트, 2022년도 99퍼센트).
또한 2023년 4월부터 2030년의 지향하는 모습을 실현하려고 회사 전체가 함께 하는 '소지쓰다움을 추구하는 프로젝트'를 시작했습니다. 미래와 현재, 회사와 개인 등 다양한 관점에서 현재 상태를 인식하고 더욱 소지쓰다운 기업 문화의 양성을 목표로 합니다.

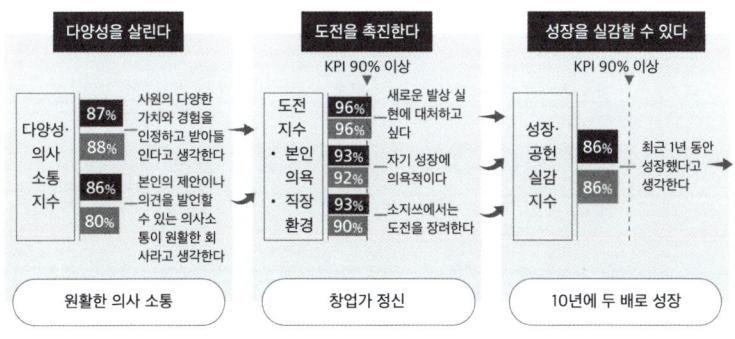

■ 2022년도 / ■ 2021년도
(소지쓰 종합보고서 2023에서)

분석과 대책

몰입도 조사에서 '활약합니까?', '적극적으로 도전합니까?'라는 점수가 낮은 경우에는 먼저 [영역 4] 사람의 활약에 관한 [질문 12~15]를 확인하는 것이 좋습니다.

앞에서도 설명했지만 사람의 활약에는 개인, 일, 동료(팀), 조직이란 4요소가 관련되어 있었습니다. 어디에 문제가 있느냐에 따라 대책이 달라집니다. 예를 들면 다음과 같이 분해할 수 있습니다.

개인 : 육성의 구조(질문 10)나 문화 일치의 문제
일 : 사람과 일의 일치(질문 13) 문제
동료(팀) : 상사의 문제나 심리적 안전성(질문 14·15)의 문제
조직 : 사람을 유지하는 구조(질문 16~19)의 문제

몰입도 조사에서는 이러한 요소와 항목별 충족도를 측정하는 경우도 많으므로 어디에 과제가 있는지 특정하기 쉬울 것입니다.

'다양성DEI은 확보되었는가?'를 측정하는 지표

	지표	계산식·비고	게재	개시 등
①	여성 관리직 비율(이나 여성 임원 비율)	전체 관리직 중 여성의 비율	ISO/지침	●

②	종업원의 여성 비율	전체 종업원 중 여성의 비율	ISO/지침	●
③	장애인 고용률	전체 종업원 중 장애인 비율	ISO/지침	●
④	외국 국적 고용률(이나 국적 비율)	전체 종업원 중 외국 국적의 비율(나라별 비율)	ISO/지침	—
⑤	평균 연령과 근속 연수의 구성비 (남녀별 평균 근속 연수)	20대, 30대, 1~5년 근속, 6~10년 근속 등의 구성 비율 등	ISO/지침	●
⑥	채용자의 다양성	채용자의 남녀, 국적, 연령 등의 비율	—	●
⑦	이사회의 다양성·스킬 매트릭스	이사회 멤버의 배경이나 기술의 다양성에 관해서 나타낸다	ISO/지침	●
⑧	종업원의 스킬 매트릭스(스킬 맵)	스킬 매트릭스의 종업원 버전	—	—
⑨	몰입도 조사의 다양성에 관한 점수	—	ISO/지침	
⑩	DEI에 관한 프로그램 참가자	—	—	—

다음은 다양성의 실현도에 관해서 확인하겠습니다. [질문 15]에서 설명한 '다양성'의 정의를 다시 한번 되돌아보면 다음의 2가지가 있었습니다.

- 표층 수준 : 성별·나이·국적·인종 등의 속성 면에서
- 심층 수준 : 가치관, 관점이나 사고방식 등[37] 인지 면에서

이를 근거로 해서 [질문 40]에 관한 지표를 봐주세요. ①~⑥이 표

층 수준, ⑦~⑧이 심층 수준에 초점을 맞춰서 다양성의 실현도를 측정하는 것입니다. 심층 수준이 중요하기는 하지만 측정하기 어렵거나 표층 수준의 지표는 공시나 공표, 보고의 의무가 있는 부분이 많아서 둘 다 파악해 놓아야 합니다.

예를 들면 ① 여성 관리직 비율은 여성 활약 추진법 등을 근거로 해서 공표하는 상장 회사의 경우, 유가 증권 보고서에 공시가 의무화되어 있습니다. 상장 기업 외에도 여성 활약 추진법을 근거로 해서 상시 고용하는 노동자가 일정 수 이상인 사업주는 ①②⑤(남녀별 평균 근속 연수), ⑥의 공표가 요구되는 경우가 있습니다.

공표하는 곳은 기업 홈페이지 등의 웹사이트나 일본 후생노동성의 전용 사이트 '여성의 활약 추진 기업 데이터베이스' 등을 들 수 있습니다. 또한 43.5명이 넘는 기업은 ③의 장애인 고용율을 공공 직업 안정소에 제출하도록 의무화되어 있습니다. ⑤의 '평균 연령'은 상장 기업에서 '종업원의 상황'으로 유가 증권 보고서에 공시해야 합니다. ⑦은 상장 기업에서 '임원의 상황'으로 유가 증권 보고서에 공시해야 합니다.

분석과 대책

①~⑥의 표층 수준에서 다양성의 상태가 좋지 않은(예 : 여성 비율이 낮다) 경우에는 다음 중 어떤 문제가 있다고 생각할 수 있습니다.

- 인재 확보(채용)에 관한 문제 …… 어느 한쪽의 속성에 치우쳤다
- 인재 육성에 관한 문제 …… 인재 육성의 기회(연수나 성장할 수 있는 기회에 대한 과제)에 편차가 있다
- 인재의 활약·유지에 관한 문제 …… 평가 기준이나 운용에 편차가 없는가·소수에게 일하기 힘든 환경이 만들어졌다

그러나 과제는 좀 더 뿌리 깊은 곳에 존재할 가능성이 있습니다. 그것은 사람이 무의식중에 갖고 있는 선입견, 이른바 '무의식적 편견 Unconscious Bias'입니다. 이를테면 다음과 같은 무의식적인 억측이 무의식적 편견입니다.

- '부모님이 단신부임했다'라는 말을 들으면 남성(아버지)을 떠올린다
- '양산을 선물한다'라는 말을 들으면 여성을 떠올린다

연구[38]에 따르면 남성은 '경쟁 환경에서는 남성이 여성보다 더 높은 퍼포먼스를 올린다'라고 굳게 믿는 경향이 있다는 사실을 알았습니다. 이러한 편견은 채용이나 평가, 승진을 판단할 때 영향을 미칠 수 있습니다.

최근에는 이러한 편견을 연수에서 배제하려고 하는 기업이 늘어났습니다. 그러나 미국에서 700개 사 이상을 대상으로 실시한 조사[39]에 따르면 연수에 따라서는 오히려 편견을 강화하고 흑인과 여성의 승진율이 떨어지는 사례가 있다는 점이 밝혀졌습니다. '코끼리를 생

각하지 마'라고 하면 오히려 코끼리가 머릿속에 떠오르는 것과 마찬가지입니다.

효과적인 무의식적 편견 연수의 진행 방법은 다음과 같습니다.

✱ **효과적인 무의식적 편견 연수 진행 방법**[40]
① 무의식적 편견이란 어떤 것인가, 어떤 영향이 있는가를 매니저층이나 종업원이 이해하게 한다
② 자신의 편견을 인지하는 테스트를 받는다 (IAT 테스트 등)
③ 그 편견이 표출된 상황을 밝혀내서 극복하는 방법을 토론한다
④ 실제 생활에 어떻게 활용할 수 있는지 구체적으로 생각하게 한다

IAT 테스트는 1998년에 개발되었는데 특히 인종, 성별, 종교 등의 잠재적 편향을 측정하는데 유용한 방법입니다. 무료로 할 수 있는 사이트도 공개되어 있습니다. 이러한 근본적인 영역에 접근하는 방법도 검토해 보면 좋습니다.

'개개인이 만들어내는 가치의 크기는 어느 정도인가?'를 측정하는 지표

	지표	계산식·비고	게재	개시 등
①	종업원 1인당 판매액	판매액÷종업원 수	ISO	—

②	종업원 1인당 이익	영업 이익÷종업원 수	ISO	―
③	종업원 1인당 부가가치 (노동 생산성)	부가가치액÷종업원 수	―	―
④	종업원 1인당 EBIT	(수익-비용)÷종업원 수	ISO	―
⑤	종업원 1인당 주식 시가 총액	주식 시가 총액÷종업원 수	―	―
⑥	종업원 1인당 아웃풋	예 : 제품 판매 개수÷종업원 수	―	―

[질문 41]에 관한 지표를 봐주세요. '매출(판매)'과 '이익'은 '만들어내는 가치'로서 가장 알기 쉬울 것입니다. 이러한 수치를 '종업원 수'로 나눠서 1인당 만들어내는 가치를 계산합니다. 또한 이 '종업원 수'는 시간제 종업원 등을 포함하는 것이 일반적입니다. 계산 방법은 시간제 종업원의 노동 시간에 따라 계산해야 합니다. 이를테면 전일세 종업원이 8시간 근무, 시간제 종업원이 6시간 근무일 경우 시간제 종업원이 6시간을 근무하면 시간제 종업원 1인은 6/8인분으로 판단합니다.

③ 노동 생산성은 경제 실태 조사의 업계 평균 데이터[41] 등과 비교해 보면 좋습니다.

분석과 대책

노동 생산성과 같은 1인당 만들어내는 가치가 업계 평균보다 낮은 경우 원인은 여러 가지를 생각할 수 있습니다.

일단 '매출'이나 '이익' 등의 분자가 업계 평균보다 낮은 것입니다. 이에 대한 대응 방법은 이 책에서 다루지 않지만 [질문 28 (가치를 제공하기 위한 전략이 있는가?)]로 경영 전략이나 그 실현 요소를 정리하면 해결의 첫걸음이 될 것입니다.

한편 분모인 '종업원 수'는 양과 질의 문제로 분해할 수 있습니다. 양의 문제는 숫자로서 너무 많을 수 있다는 뜻입니다. 숫자가 너무 많을 경우의 대응책은 [질문 07]에서 설명한 '직접 고용에 한정되지 않는 노동력의 활용'입니다.

예를 들면 외부 위탁이나 기술 공유 등의 방법을 활용해서 종업원 수가 지나치게 늘어나지 않도록 조절합니다. 물론 외부 위탁비가 많이 들어가면 의미가 없으므로 전체적인 노동력 비용의 관리도 중요합니다.

또한 '애초에 사람이 담당해야 할 일인가'를 검토하는 것도 효과적입니다. '일본 노동 인구의 49퍼센트는 AI로 대체할 수 있다[42]'라는 예측도 있었는데 이러한 AI와 시스템 등으로 작업자 수를 줄이는 것도 효과적인 대책입니다. 질의 문제는 [영역 4 (사람의 활약)]의 [질문 12~15]를 확인하고 개개인의 활약도와 공헌도를 더 높이는 방법을 검토하면 좋습니다.

'1인당 만들어내는 가치'는 높은 것이 당연히 좋지만 '사원에게 지나친 부담을 줄' 가능성도 있습니다. 따라서 노동 시간이나 건강 등의 측면(질문 21)도 함께 확인하는 것이 바람직합니다.

여기까지 [영역 4]에서는 '활약 사원의 배출'과 '다양성'에 관한 실현도와 '개개인이 만들어내는 가치'를 확인했습니다. 다음은 [영역 5]에서 '사람을 적절하게 유지했는가'의 확인 방법을 생각해 보겠습니다.

영역 4 인적 자본 경영 실천도 진단

	질문 39 활약하는 사원은 높은 비율로 존재하는가?	질문 40 다양성D&I은 확보되었는가?	질문 41 개개인이 만들어내는 가치의 크기는 어느 정도인가?
5단계	대부분의 인재가 기대치를 뛰어넘는 퍼포먼스를 올릴 뿐만 아니라 새로운 제안과 도전을 많이 실행하고 있다	다양성(속성·심층)의 목표를 달성할 뿐만 아니라 기업으로서 설정한 목적(혁신 등)과도 연결되어 있다	개개인이 만들어내는 가치의 크기는 업계 최고 수준이며 지나친 부담이 발생하지 않고 계속성이 있다
4단계	대부분의 인재가 기대치를 뛰어넘는 퍼포먼스를 안정적으로 올린다	의식·사고방식(심층)까지 생각한 다양성의 이상적인 자세·목표를 일정 정도 달성했다	개개인이 만들어내는 가치의 크기는 업계 상위 수준이며 지나친 부담이 발생하지 않는다
3단계	인재의 퍼포먼스는 대체로 기대한 대로이며 안정적으로 성과를 낸다	속성에 관한 다양성(여성 비율이나 외국인 비율 등)의 목표는 일정 정도 달성했다	개개인이 만들어내는 가치의 크기는 목표 수준에 도달한다
2단계	인재의 퍼포먼스는 기대치에 못 미치며 퍼포먼스가 불안정하다	속성에 관한 다양성(여성 비율이나 외국인 비율 등)의 목표를 충분히 달성하지 못했다	개개인이 만들어내는 가치의 크기(예 : 1인당 매출)가 낮은 수준이다
1단계	측정·파악하지 않는다	측정·파악하지 않는다	측정·파악하지 않는다

영역 5

'사람을 적절하게
유지했는가?'
지표 검토와 분석·대책

Q42 **인게이지먼트는 높은 상태인가?**

Q43 **인재는 정착했는가?**

Q44 **적절한 업무 방식을 실현했는가?**

Q45 **인건비가 적절한가?**

2장의 [영역 5]에서는 인게이지먼트를 높이는 방법, 평가나 대가를 주는 방법, 업무 방식, 기업의 신진대사 촉진 방법에 관하여 생각했습니다. 이 장의 [영역 5]에서는 그 실현도에 관하여 위의 네 질문을 통해서 확인하겠습니다.

'인게이지먼트는 높은 상태인가?'를 측정하는 지표

	지표	계산식·비고	게재	개시 등
①	몰입도 조사의 종합 점수	—	ISO/지침	—
②	eNPS(직장의 추천도)	(상세한 내용은 하단)	—	—
③	인게이지먼트 드라이버 지표 점수	몰입도 조사의 중요 결과 지표를 향상시키는 요소의 점수	—	—

[질문 42]에 관한 지표를 봐주세요. 먼저 ② eNPS에 관하여 설명하겠습니다. 이것은 '내 직장을 다른 사람에게 권하고 싶다'라고 생각하는 정도입니다. 인게이지먼트와 마찬가지로 eNPS가 높은 기업은 실적이나 생산성, 인재의 정착에 뛰어나다는 점이 알려졌습니다.[43]

eNPS의 기원은 원래 세계적 컨설팅 회사의 베인 앤 컴퍼니^{Bain & Company}가 '고객이 제품이나 서비스에 애착을 얼마나 느끼는가'를 측정하기 위해서 개발한 'NPS^{Net Promoter Score}'라는 지표입니다. 이를 애플사가 종업원용으로 사용한 것이 시초가 되었다고 합니다.

측정 방법은 단순한 질문 한 가지로 이루어집니다. '현재의 직장을 친한 친구나 지인에게 얼마나 권하고 싶은가'를 0~10점의 11단계로 묻습니다. 그 응답 결과를 통해 추천하는 사람(10점·9점), 중립인 사람(8점·7점), 비판하는 사람(6~0점)을 설정합니다. 그리고 '추천하는 사람의 비율'에서 '비판하는 사람의 비율'을 뺀 값이 eNPS의 점수입니다. 추천하는 사람이 60퍼센트, 비판하는 사람이 20퍼센트라고 하면 eNPS는 40퍼센트가 됩니다.

일본 이시카와^{石川}현에 거점을 두는 홋코쿠 파이낸셜 홀딩스^{Hokkoku}

Financial Holdings는 이 eNPS를 활용해서 그 수치를 통합 보고서로 공시 했습니다. 2022년에는 eNPS가 －52.4퍼센트라는 결과가 나왔습니다. 추천하는 사람보다 비판하는 사람이 많았다는 수치라서 일반적으로 생각할 때는 '바람직하지 않다'고 여겨 이러한 위험 요소를 숨기고 싶을 수도 있습니다. 그러나 이 회사에서는 일부러 이 수치를 공시해서 개선에 대한 적극적인 의지와 자세를 보여줬습니다.

분석과 대책

사내 인게이지먼트를 높이는 요소는 EVP(종업원에게 제공하는 가치)로 소개한 다음 6가지가 있었습니다.

① 일 …… 일의 내용이나 목적, 재량이나 권한, 보람이나 성취감 등
② 경력 …… 경력 형성 기회와 성장, 교육·연수, 지원 시스템 등
③ 보수 …… 급여, 상여, 복리후생, 인센티브 등
④ 사람 …… 상사의 지원, 적절한 평가, 동료와의 협력관계 등
⑤ 환경 …… 업무 방식의 유연성, 워크 라이프 밸런스, 인원·자원 확충, 다양성 존중, 조직 문화 등
⑥ 회사 …… 회사의 비전, 사회에 대한 공헌이나 영향도, 회사의 안전성, 리더의 매력 등

이러한 요소 중에서 기업별로 인게이지먼트 향상에 효과적인 포인

트가 존재했습니다. 이를 인게이지먼트 드라이버 지표라고 합니다. 인게이지먼트의 분석은 '종합 점수'뿐만 아니라 이러한 '드라이버 지표'나 '항목(요소)별 점수' 등 훨씬 더 자세한 단위로 실행해야 합니다. [질문 16]에서 소개한 통계적인 방법(회귀 분석)을 사용하는 것도 좋습니다.

이러한 조사는 일반적으로 연 1~2회를 실시하며 설문조사도 필요한 '센서스 서베이'라고 하는 방법입니다. 그러나 '조사하고 회수해서 분석했더니 몇 개월은 경과했다'라고 말하는 경우가 자주 일어납니다. 그렇게 되면 아무리 정교하고 치밀한 분석으로 대응책을 짜내도 종업원의 마인드나 환경이 달라져서 이미 벗어난 대책이 되었을 수 있습니다. 또한 자세한 분석 결과가 현장까지 오지 않아서 정작 중요한 '직장별 개선'으로 이어지지 않는 일도 흔합니다.

그래서 설문 수를 좀 더 줄이고 잦은 빈도로 조사와 개선을 시행하는 '펄스 서베이(Pulse Survey)'라고 하는 방법이 주목받고 있습니다. 맥박(펄스)을 확인하듯이 조직의 건전한 정도를 신속하게 측정하는 것을 목적으로 하는 조사입니다.

아디다스사에서는 모바일을 사용해 종업원에게 매달 7~8가지 질문을 합니다.[44] 구체적으로는 '이 회사를 다른 사람에게 추천할 가능성은 얼마나 됩니까?'와 같은 짧은 시간 안에 응답할 수 있는 질문을 정기적으로 냅니다.

이는 바로 앞에서 소개한 eNPS에 관한 질문입니다. 응답 결과는 즉시 매니저가 알 수 있으며 직장의 신속한 개선으로 이어질 수 있는 구조가 되어 있습니다. 이러한 펄스 서베이 등도 활용하면 인게이지먼트를 재빨리 효과적으로 개선할 수 있을 것입니다.

'인재는 정착했는가?'를 측정하는 지표

	지표	계산식·비고	게재	개시 등
①	종업원의 이직률	일정 기간 내 이직자 비율	ISO/지침	—
②	자주적인 이직률 (정년 이직 제외)	일정 기간 내 자주적인 이직률	ISO	—
③	평균 재적 기간	사원의 근속 연수 합계÷사원의 총수	—	—
④	중요한 이직자의 비율	일정 기간 내 자발적인 이직 중 이 이직이 조직에 중요한 경우의 비율	ISO	—
⑤	이유별 이직자 수(비율)	전업, 상사나 보수에 대한 불만, 정년, 가정적 이유, 조직 개편 등	ISO	—

[질문 43]에 관한 지표를 봐주세요. ①의 '이직률'의 경우 말로는 매우 친숙하지만 사실 다양한 정의가 존재해서 조금 까다로운 개념입니다. 일반적인 이직률의 계산은 다음과 같은 계산 방법을 사용합니다.

A : {연도 내 이직자 수÷[(연도 초 종업원 수+연도 말 종업원 수]÷

가} × 100

B : (연도 내 이직자 수÷초기 종업원 수) × 100

C : (1/1~12/31의 이직자 수÷1/1의 종업원 수) × 100

특별히 어느 것이 정답이라는 것은 없습니다. 도요게이자이東洋経済 신문사가 출판하는 〈취직 사계보〉에서는 B를 사용합니다. 일본 후생노동성의 고용 동향 조사에서는 C를 사용합니다.

한편 신규 졸업자 사원의 이직률 등을 계산할 경우에는 다음과 같은 식을 사용할 때가 있습니다.

D : (총이직자 수÷채용자 수) × 100

신규 졸업자 100명을 채용했는데 3년이 지나 20명이 관뒀다면 이직률은 (20÷100) × 100 = 20%가 됩니다. 조사 수치들을 비교할 때 그 조사가 어느 식을 사용했는지 확인한 후에 활용하면 좋습니다.

분석과 대책

먼저 앞에서 설명한 고용 노동 조사 등에서 업계 평균 이직률과 비교해 보세요.

이직률이 업계 평균보다 높은 경우에는 [영역 5 (사람의 유지)]에 관한 [질문 16~19]를 참고하면 좋습니다. 한편 이직률이 그다지 높지 않더라도 뛰어난 인재만 그만두면 매우 문제이므로 ④ 중요한 이직자의 비율도 파악해 놓는 것이 중요합니다. 구체적으로는 높은 평가를 얻는 인재와 간부 후보자 등이 얼마나 이직하는지 모니터링합니다.

이와 반대로 이직률이 업계 평균보다 낮은 경우는 어떨까요? 사람의 유지가 높은 수준에서 실현되고 있는 것은 훌륭한 일입니다. 그러나 그런 회사에서도 고민을 상담하는 사람이 있습니다. 이는 '급여 수준이 어중간하게 높은 탓에 불만이 있는 사람도 전혀 그만두지 않는 회사입니다……'라는 상황입니다.

그런 경우에는 [질문 11]에서 설명한 리스킬링 방법과 [질문 20]에서 설명한 신진대사 촉진 방법을 사용해보는 것이 좋습니다.

'적절한 업무 방식을 실현했는가?'를 측정하는 지표

	지표	계산식·비고	게재	개시 등
①	월간 평균 잔업 시간	종업원의 총 잔업 시간÷총종업원 수(소정 외·법정 외)	—	●
②	연간 평균 노동 시간	종업원의 총노동 시간÷총종업원 수	—	—
③	결근 비율	돌발적인 결근 발생률	ISO	—
④	휴가 보유율	연차 유급 휴가나 육아나 간병 휴가 등의 보유율	—	—
⑤	남성의 육아 휴직 취득률	—	지침	●

⑥	육아 휴직 등에서의 복직률	육아나 간병 휴직에서 복직하는 비율	지침	—
⑦	원격 근무 실시율	원격 근무를 활용하는 종업원의 비율	—	—
⑧	부업 실시 비율	부업을 실시하는 종업원의 비율	—	—
⑨	이직 이유 중 업무 방식에 관한 항목이 차지하는 비율	이직 이유로 '업무 방식'이 원인인 건수÷이직 수	ISO	—
⑩	몰입도 조사의 '업무 방식'에 관한 점수	—	ISO/지침	—

[질문 44]에 관한 지표를 봐주세요. ① 월별 평균 잔업 시간은 여성 활약 추진법을 근거로 해서 상시 고용하는 노동자가 일정 수 이상인 사업주는 공표해야 하는 경우가 있습니다. 또한 공공 직업 안정소에 구인 신청을 할 경우에는 표기가 필요합니다. ⑤ 남성의 육아 휴직 취득률은 여성 활약 추진법 등을 근거로 해서 공표하는 상장 기업의 경우 유가 증권 보고서에 기재하도록 의무화되어 있습니다.

이러한 정보를 공시하는 한 기업을 소개하겠습니다. 토요타 자동차에서는 남녀별 육아 휴직 취득률이나 취득 후의 복직률, 남성의 배우자 출산 직후 법정 외 휴가·유급 평균 취득 일수 등을 상세하게 공시합니다. 복직률은 거의 100퍼센트에 가깝고 직장 복귀를 위한 지원이나 일하기 쉬운(쉬기 좋은) 환경이 정비되어 있음을 엿볼 수 있습니다.

또한 잔업이나 결근이 거의 발생하지 않는 기업이라도 종업원이 업무 방식에 만족하는가 하면 반드시 그렇다고 할 수도 없습니다.

예를 들어 '나에게 걸맞은 유연한 장소와 시간에 일할 수 없다'라는 감정이 있으면 이는 긍정적인 상태라고 할 수 없습니다. 따라서 ⑨~⑩에서 실제 종업원의 의식과 의견을 확인하는 것도 중요합니다.

최근에는 이직할 때 기업의 잔업 시간이나 유급 취득률을 중요시하는 경향이 있습니다. 조사[45]에 따르면 사회인 84퍼센트가 '잔업의 유무와 평균 시간'을 중시해서 이직 활동을 하는 듯합니다. 또 20대의 젊은 사원 중에서 '기업의 유급 소화율을 중시한다'라고 응답한 남성은 77퍼센트, 여성은 85퍼센트에 달합니다.[46] 〈취직 사계보〉 등에도 실리는 정보이므로 채용력을 강화하려면 주시해야 하는 지표입니다.

분석과 대책

먼저 잔업 시간과 유급 취득률은 일본 후생노동성에서 발표하는 업계 평균 데이터와 비교해 보는 것이 좋습니다.

노동 시간(잔업 시간)이 길거나 휴가 취득률이 낮은 경우에는 어떤 원인을 생각할 수 있을까요? 일반적으로는 다음과 같은 원인을 들 수 있습니다.

- 일손 부족 (사람의 조달·유지의 문제)
- 업무 과다·비효율성 (업무 과정·진행 방식과 도구의 문제)
- 업무 번한 (바쁘고 한가할 때의 차이가 심하다·돌발 대응이 많다)
- 조직 문화 (장시간 노동을 좋다고 하는 문화·매니지먼트의 문제)

이러한 원인에 대한 대책은 대부분의 기업에서 이미 하고 있지 않나요? 그러나 다양한 기업에서 업무 방식 개혁을 추진해 온 경험에 비춰 보면 좀 더 근본적인 원인이 존재하는 경우가 대부분입니다. 그 원인은 2가지입니다.

① **사업 계획에 인원이 추가되지 않았다**
　(개개인에게 무리를 강요하는 사업 계획이 되어 있다)
② **인재의 활약을 촉진하는 구조가 정비되지 않았다**

①은 이를테면 '매출 목표는 10억 엔!'이라고 내세운 것은 좋은데 요원 계획이 그에 따르지 않는(또는 만들어지지 않은) 사례입니다. 그렇게 되면 결국 지금 있는 사원에게 큰 부담을 줄 수 있습니다. [질문 41]에서도 언급했듯이 '1인당 매출'이 과도하게 기를 써서 성립한 숫자라면 계속성은 없습니다. 그러므로 [질문 01]에서 설명한 **인재 포트폴리오와 요원 계획을 작성하여 사업 계획의 실현 가능성을 보장해야 합니다.**

②는 먼저 사람과 일의 일치(질문 13) 구조를 정비해야 건전한 업무 방식을 실현할 수 있습니다. 예를 들어 본인의 능력이나 특성에도 일치하지 않는 일을 부여하면 어떻게 될까요? 아마 익숙하지 않은 일에 당황해서 오랜 시간 일을 끌 가능성이 높아질 것입니다.

물론 이런 기회도 성장을 위해서 필요해질 수는 있습니다. 하지만 적어도 **필요한 기술을 습득하게 하는 육성 시스템**(질문 10·11)이 함께 **정비되지 않으면 본인이나 사회에게도 불행한 상태가 됩니다.**

이러한 인재 포트폴리오·요원 계획과 매칭 구조, 육성 시스템까지 깊이 생각하는 것은 일하기 쉬운 환경을 정비하는 데 중요합니다.

'인건비가 적절한가?'를 측정하는 지표

	지표	계산식·비고	게재	개시 등
①	총고용 비용 (총노동 비용)	외부 인재를 포함한 모든 노동에 드는 노동비(보수)	ISO	—
②	외부 노동력에 드는 비용	외부 인재에게 지급하는 보수	ISO	—
③	노동력당 비용	외부 인재를 포함한 모든 노동자에게 드는 노무비÷전체 종업원 수	ISO	—
④	평균 연봉	—	—	●
⑤	판매액 인건비 비율	총인건비 : 매출	—	—
⑥	노동 분배율	총인건비÷부가가치	—	—
⑦	인건비 효율	매출÷총인건비	—	—
⑧	남녀 간의 임금 격차(비율)	남성의 평균 임금과 여성의 평균 임금 차(비율), 직책·직무별로 계산하는 것이 바람직하다	지침	●
⑨	시장 보수 수준과의 괴리	특히 전문 인재나 엔지니어 등에 관한 시장 수준과의 비교	—	—
⑩	정규직·비정규직 등의 복리후생과 임금의 차	—	지침	—
⑪	몰입도 조사의 '보수·처우'에 관한 점수	—	ISO/지침	—

[질문 45]에 관한 지표를 봐주세요. ④ 평균 연봉은 상장 기업의 경우 유가 증권 보고서에 공시 의무 항목이 되어 있습니다. ⑤⑥은 매출이나 부가가치 중 인건비에 어느 정도의 비율을 투자하는가입니다. 이 비율이 높으면 인건비가 이익을 압박할 수 있습니다.

여기까지는 인건비를 지급하는 '기업 측'의 시선에서 적절성을 확인하는 지표입니다. 인건비를 적절하게 투자해도 받는 종업원 측이 '적절한 보수를 받는다'라고 느끼는가는 다른 문제입니다.

[질문 18]에서 말했듯이 높은 금전 보수를 제공했다고 해도 받는 측의 기대치가 높으면 효과가 별로 없습니다. 따라서 ⑪ **몰입도 조사 등에서 종업원이 보수나 처우를 어떻게 받아들이는지 확인하는 것도 좋습니다.**

또한 ⑧ 남녀 간의 임금 격차(비율)는 다양성의 관점에서 국제적으로도 중시되는 지표입니다. 여성 활약 추진법 등을 근거로 해서 공표하는 상장 기업의 경우 유가 증권 보고서에서 공시 의무 항목으로 되어 있습니다. 격차가 있는 경우에는 어떠한 배경·원인이 있으며 어떤 대응책을 마련할 것인지 공시하는 것이 바람직합니다.

분석과 대책

인건비와 관련된 정보는 다른 회사에서 공표하는 재무제표 등에서 얻을 수 있는 것도 많고 정부에서 내놓는 통계 정보도 널리 공표되므로 이러한 데이터를 활용하세요.

먼저 ⑤ 판매액 인건비 비율은 일본 중소기업청의 '중소 기업 실태 기본 조사'에서 확인할 수 있습니다.

다음의 ⑥ 노동 분배율은 총인건비÷부가가치로 계산되는 지표입니다. 만들어내는 부가가치를 인건비에 얼마나 투자하느냐가 중요합니다.

노동 분배율도 기업에서 자주 사용되는데 상여 지급 수준을 결정할 때 참고하는 수치입니다. 부가가치를 계산하는 방법은 공제법(중소기업청 방식)과 가산법(일본은행 방식)이 있습니다.

[공제법 계산식]
부가가치 = 판매액 − 외부 구입 가치(재료비, 구입 부품비, 운송비 등)
[가산법 계산식]
부가가치 = 경상 이익 + 인건비 + 임차료 + 감가상각비 + 금융비용 + 조세 공과

일본 경제산업성의 '기업 활동 기본 조사 확보'에서 업계별 데이터 등을 얻을 수 있으니 분석에 활용해 보세요. 만약에 인건비 수준이나 보수 수준이 업계나 다른 회사와 비교해서 부적절했다고 합시다. 그러나 그 결과로 보수 제도를 당장 바꿀 필요는 없습니다. 보수 수준의 적절성을 검증할 때는 '5C'부터 확인하는 것이 중요합니다.

✦ **보수 제도·수준에서 고려해야 하는 5C**

Competitiveness: 업계·다른 회사와 비교해서 경쟁력이 있는 수준

인가

Consistency: 일이나 능력의 수준에 비추어 볼 때 정당성이 있는 수준인가

Contribution: 공헌도에 따른 처우가 적절한가

Clarity: 알기 쉽고 투명성이 있는 규칙인가

Culture Alignment: 조직 문화와 가치관에 부합하는가

이를테면 외부 수준보다 자사의 보수 수준이 낮았다고 합시다. 그런 경우라도 사내에서 충분히 이해 가능하고 몰입도 조사나 이직률 등에서도 문제가 없으면 대응이 필요하지 않을 수도 있습니다. 인건비는 숫자로 알기 쉬우므로 숫자에서 보이지 않는 '감각·감정'의 영역까지 깊이 생각해서 검토하면 좋습니다.

여기까지 [영역 5]에서는 '인게이지먼트와 정착 상황', '적절한 업무 방식의 실현도' 및 '인건비가 적절한가'를 확인했습니다. 다음은 [영역 6]에서 '사람이 지닌 위험 요소를 적절하게 줄였는가'를 확인하는 방법에 관하여 생각하겠습니다.

영역 5 인적 자본 경영 실천도 진단

	질문 42 인게이지먼트는 높은 상태인가?	질문 43 인재는 정착했는가?	질문 44 적절한 업무 방식을 실현했는가?	질문 45 인건비가 적절한가?
5단계	대부분의 종업원이 회사에 대한 귀속 의식이 높고 활약 의욕도 높은 상태이며 회사의 매력으로 승화되고 있다	이직률이 제한되어 있을 뿐만 아니라 특히 핵심 인재 층의 이직률이 충분히 억제되고 있다	유연한 업무 방식이 충분히 실현·활용되어 인게이지먼트 향상에 공헌할 뿐만 아니라 업계의 모범 사례로 인지되고 있다	인건비에 관한 각종 지표가 적절히 조절되어 있을 뿐만 아니라 인재들도 '적절한 수준'으로 인지한다
4단계	종업원의 과반수가 회사에 대한 귀속 의식·활약 의욕 모두 높은 상태	이직률은 일정 이하로 억제되고 있지만 조직과 맞지 않는 인재의 이탈이 적절한 수준으로 발생한다	유연한 업무 방식이 충분히 실현·활용되고 있으며 채용 경쟁력과 인재의 정착에 일정한 효과를 올리고 있다	인건비나 노동 분배율은 적절한 수준으로 조절되고 있을 뿐만 아니라 임금 격차가 공평하게 되어 있다
3단계	회사에 대한 귀속 의식 또는 활약 의욕은 높은 상태	종업원의 이직률은 일정 이하로 억제되고 있다(업계 평균과 비슷하거나 그 이하)	유연한 업무 방식은 일정 정도 실현되고 있어서 효과가 어느 정도 보인다	인건비나 노동 분배율 등의 지표는 목표 수준에 달했다
2단계	수많은 종업원에게 인게이지먼트는 (회사에 대한 귀속 의식이나 활약 의욕도) 높다고 할 수 없다	종업원의 이직률은 높은 상태다(특히 업계 평균 등과 비교해서)	유연한 업무 방식이 실현되지 않았다	인건비나 노동 분배율 등의 지표는 설정되어 있지만 바람직한 수준은 아니다(특히 업계 평균 등과 비교해서)
1단계	측정·파악하지 않았다	측정·파악하지 않았다	측정·파악하지 않았다	측정·파악하지 않았다

영역 6

'사람이 지닌 위험 요소를
적절하게 줄였는가?'
지표 검토와 분석·대책

Q46 **건강하고 안전한 직장이
만들어졌는가?**

Q47 **컴플라이언스를 위반하는 수는
줄었는가?**

Q48 **사람에 관한 문제 수는 줄었는가?**

2장의 [영역 6]에서는 건강과 직장의 안전을 확보하는 방법, 사람과의 관계에서 일어나는 문제를 방지하는 방법을 알아봤다면 이 장의 [영역 6]에서는 그 실현도를 위의 세 질문을 통해서 확인하겠습니다.

'건강하고 안전한 직장이 만들어졌는가?'를
측정하는 지표

질문 46에 관한 지표를 봐주세요. ①~④는 인재가 건강하게 일할

	지표	계산식·비고	게재	개시 등
①	병결률	사상병私傷病(노동자의 업무상 질환 외 부상과 질병의 총칭-옮긴이)으로 휴직한 종업원의 비율	—	—
②	과중한 노동의 발생 건수 (또는 비율)	36협정의 상한과 월 80시간 (또는 100시간)이 넘는 시간 외 노동의 발생 건수	—	—
③	정신 건강 체크에서 높은 스트레스로 판단된 종업원의 수 (또는 비율)	—	—	—
④	프리젠티즘 손실 비율	(본문 참조)	—	—
⑤	노동 재해 발생 건수·종류 (또는 횟수·비율)	(100만 시간당 노동 재해, 재해 사상자 수)	ISO/지침	—
⑥	노동 재해에 따른 손실 시간 수	100만 시간당 노동 재해로 일하지 못한 시간 수	ISO/지침	—
⑦	노동 재해에 따른 사망자 수	—	ISO/지침	—
⑧	업무상의 건강 및 안전에 관한 연수에 참가한 종업원의 비율	—	ISO/지침	—
⑨	건강 진단(또는 2차 검진, 정신 건강 체크 등)의 검진 비율	—	—	—

수 있는지를 확인하는 지표가 됩니다.

그중 ④ 프리젠티즘 손실 비율에 관해서는 계산 방법 몇 가지가 있습니다. 가장 단순한 방법이 SPQ(도쿄대 1항목 판)라고 하는데 '질병이나 상처가 없을 때 발휘할 수 있는 일의 성과(퍼포먼스)를 100퍼센트로 해서 지난 4주 동안 자신이 한 일을 평가하세요'라고 질문합니다. 그 응답을 원래 일의 성과(퍼포먼스)에서 뺀 값이 업무 효율이 떨어진 비율입니다.

즉 다음과 같이 계산할 수 있습니다.

프리젠티즘 손실 비율＝100％－응답 수치

또한 일본인의 측정값 평균은 15.1이라고 합니다.[47] 즉 모든 종업원이 건강하게 일에 종사하면 생산성이 15퍼센트 이상 높아질 수 있습니다.

이러한 정보를 공시하는 기업으로는 니시마쓰건설西松建設을 들 수 있습니다. 이 회사에서는 스트레스 정도별 프리젠티즘 손실 비율을 공시합니다(자료3-14). 여기까지 생각해서 가시화·공시를 하면 건강에 관한 진지한 태도를 기업 이해관계자에게 전달할 수 있습니다.

자료 3-14

또한 정신 상태가 좋지 않은 사람이 일정 수 발생하는 동시에 스트레스 정도가 높은 사원일수록 프리젠티즘·업센티즘absenteeism※의 손실이 큰 점에서 정신 건강 대책의 더 큰 강화가 필요하다고 생각합니다(④).

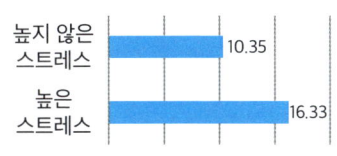

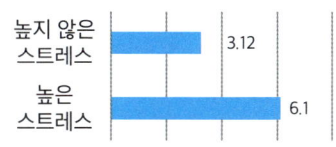

(그림 4 : 높은 스트레스와 프리젠티즘의 관계성)   (그림 5 : 높은 스트레스와 업센티즘의 관계성)

※ 프리젠티즘이란 출근했는데도 몸과 마음의 건강상 문제가 작용해서 퍼포먼스가 오르지 않는 상태를 말한다.

업센티즘이란 몸과 마음의 안 좋은 상태가 원인이 되어 지각이나 조퇴, 근무하기 어려운 결근이나 휴직 등, 업무 자체를 할 수 없는 상태를 말한다. 프리젠티즘 손실 비율은 WHO-HPQ를 이용해서 상대적 프리젠티즘을 계산한다. 업센티즘 손실 일수는 3개월 동안 감기나 컨디션 난조에 따른 휴가 일수를 얻어서 연간으로 환산해 계산한다.

또한 노동력 손실 및 생산성 저하를 방지하기 위해서 암이나 여성 고유의 질환은 조기 발견·대응을 계속하는 것이 중요하다고 생각합니다(②/③).

(니시마쓰건설 홈페이지 '당사의 건강 경영에 관하여'에서)

분석과 대책

사원의 건강에 관한 지표가 바람직하지 않을 경우 어떤 원인을 생각할 수 있을까요? 물론 본인의 생활 습관이나 지병이 원인일 수도 있는데 기업으로서 할 수 있는 일은 [질문 21]에서 설명한 다음의 대처 방법 3가지를 생각할 수 있습니다.

✽ **건강 증진을 위한 대표적인 대처 방법**

    A : 건강 상태를 확인한다 (건강 진단이나 스트레스 체크 실시 등)
    B : 건강 촉진과 계발을 한다 (건강 증진 프로그램 제공 등)
    C : 건강을 해치는 행위를 금지한다 (장시간 노동 방지와 금연 추진 등)

이 방법에 더해서 정신적·사회적으로 건강해지는 직장 만들기까지 깊이 생각해 보는 것이 중요했습니다. 이쪽도 복습을 겸해서 확인해 볼까요?

✽ **정신적·사회적으로 건강해지는 직장 만들기**(와 관련된 문제)

- 업무 진행 방식에 관하여 재량을 부여한다 (질문 13)
- 일하는 장소와 시간의 유연성을 높인다 (질문 19)
- 직장 문제나 개인적 요구에 관하여 대화하고 해결할 자리를 마련한다 (질문 13)
- 인원을 적절히 배치해서 업무량을 알맞게 조율한다 (질문 04~07, 질문 13)
- 동료끼리 협력관계를 구축할 수 있게 한다 (질문 14)

그럼 안전에 관한 상황이 좋지 않은 경우 어떤 원인을 생각할 수 있을까요? 일단 [질문 22]에서 설명한 '실수나 실패가 생기는 5M(원인)'을 확인해 볼 수 있습니다.

단발적인 대상에 대한 원인을 찾아서 대응책을 세워야 하는 것도 당연하지만 대부분의 경우 'Management(구조)'를 정비할 필요성에 다다를 것입니다. 그 이유는 이러한 사고에는 '비드의 법칙'이 존재하기 때문입니다. 이는 175만 건이나 되는 사고 보고의 조사를 토대로 1969년에 Frank E. Bird Jr.가 주장한 법칙입니다.[48]

중대한 사건 한 건의 배후에는 경상을 동반하는 사고 10건, 물적 손해만 있는 사고 30건이 존재한다. 또한 그 배후에는 사고 직전이었던 비정상적 사태(대형 사고로 이어질 뻔한 아찔하고 위험한 상태) 600건이 숨어 있다는 것입니다.

즉 두더지 잡기처럼 표면화한 사고에 대응하는 것만으로는 다람쥐 쳇바퀴 돌듯 아무런 진전이 없으므로 잠재적인 문제도 포함해서 억제하는 구조가 필요해집니다. 대책의 기본은 '노동 안전 위생 매니지먼트 시스템OSHMS'을 구축하는 것입니다. 이는 ILO(국제 노동 기관)와 일본 후생노동성에서도 지침이 책정되어 있습니다.

노동 안전 위생 매니지먼트 시스템을 구축할 때는 먼저 사업자가 안전 위생 방침을 표명한 후 위험과 건강 장애를 방지하는 조치를 결정합니다. 그리고 안전 위생 목표를 설정해서 그 계획을 작성하고 실시하는 순서를 거칩니다.

그중에서도 정기적으로 구조 자체를 확인하고 재검토해서 전체적으로 PDCA 사이클을 돌리는 것이 중요합니다. 이러한 구조를 도입하면 노동 재해 발생률이 30퍼센트 정도 낮아진다는 결과도 나왔습니다.[49]

비즈니스에 종사하는 사람에게 'PDCA 사이클을 만든다'라는 것은 '당연한 일이다'라고 생각할 수 있습니다. 그러나 안전 위생 구조뿐만 아니라 계획되거나 실행되고는 있지만 의외로 C(확인)나 A(개선)가 이루어지지 않습니다. '언제, 누가, 어떤 기준으로, 어떻게, 무엇을 확인할 것인가', '그것을 어떤 행동으로 나타낼 것인가'라는 규칙이 정비되어 있는지 다시 한번 확인해 보면 좋을 것입니다.

자료 3-15

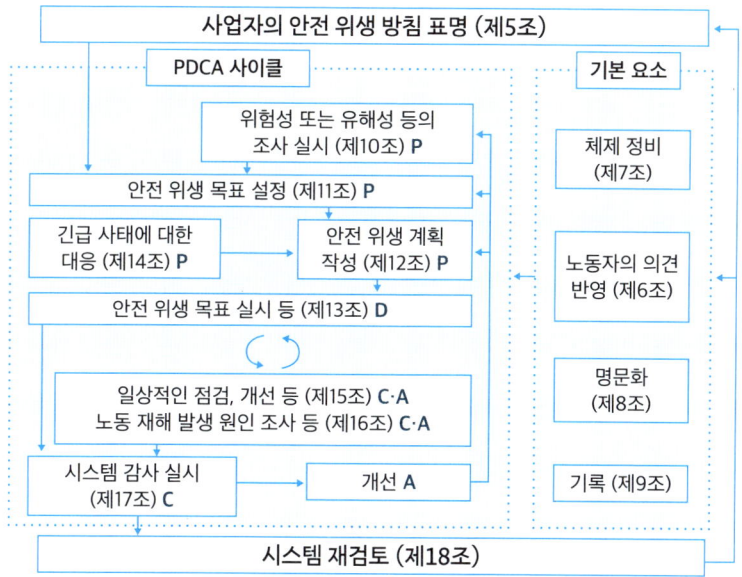

(일본 후생노동성 직장의 안전 사이트)

'컴플라이언스를 위반하는 수는 줄었는가?'를 측정하는 지표

	지표	계산식·비고	게재	개시 등
①	컴플라이언스에 관한 불만 건수 및 종류	—	ISO/지침	—
②	내부 통보(종업원 핫라인) 건수	—	—	—

③	징계 처분(이나 컴플라이언스 위반) 건수와 종류	—	ISO/지침	—
④	인권 등에 관한 불만 건수 및 종류	—	ISO/지침	—
⑤	내부 감사에 따른 지적 수	—	—	—
⑥	외부 감사에 따른 지적 수	노동 기준 감독서(우리나라의 노동청-옮긴이)나 관계 기관의 감사에 따른 지적 수	ISO	—
⑦	인권 문제 건수	—	지침	—
⑧	업무 정지 건수	—	지침	—
⑨	컴플라이언스 연수를 마친 종업원의 비율	—	ISO/지침	—

[질문 47]에 관한 지표를 봐주세요. ①②는 주로 내부 종업원의 의견입니다. 이는 앞에서 소개한 버드의 법칙 중 '대형 사고로 이어질 뻔한 아찔하고 위험한 상태 600건'에 해당한다고 할 수 있습니다. 거기에서 나아가면 ③ 이후의 표면화한 문제로 발전합니다. 그것이 더욱 진전되면 ⑦ 인권 문제와 ⑧ 업무 정지와 같은 더욱 심각한 사고로 이어집니다. 따라서 ①②의 단계에서 어디까지 위험을 감지하고 선행한 대응을 할 수 있느냐가 중요합니다.

② 내부 통보가 많은 기업은 경제지 등에서 해마다 발표됩니다. 예를 들면 2021년도에 내부 통보 건수가 가장 많은 5개 사는 그림 3-22 와 같습니다.

그림 3-22 내부 통보 건수

순위	지표	내부 통보 건수		내부 통보 창구		권리 보호에 관한 규정
		2021년도	2020년도	사내	사외	
1	닛산자동차	1,764	1,166	타	타	●
2	스기홀딩스	1,254	832	●	●	●
3	아이신 Aisin	1,038	850	●	●	●
4	세븐&아이 홀딩스	1,024	1,144	●	●	●
5	히타치제작소	1,023	639	●	●	●

출처: 도요게이자이 東洋経済 온라인 (2023.5.28.)

이렇게 많은 건수는 절대로 부정적이 아니라 개방적이고 건전한 문화가 양성되었다고 볼 수도 있습니다. 기업의 부정이 보고되는 경로의 58.8퍼센트가 내부 통보에 따른 것[50]이며, 큰 사고를 방지하려면 이러한 내부 통보를 효과적으로 활용해야 하기 때문입니다.

일본의 조사에서는 종업원 100명당 1.3건 정도의 통보가 평균값으로 나와 있습니다.[51] 해외의 조사[52]에서도 100명당 1.4명이라는 데이터도 있으며 자사의 통보 수가 많고 적은지를 판단하는 기준으로 활용할 수 있습니다. 이와 반대로 내부 통보 건수가 비정상적으로 적은 경우 조직으로서 은폐하는 구조일 수 있습니다. 이럴 경우에는 불상사가 한 번에 분출될 가능성도 있습니다.

분석과 대책

② 내부 통보는 '광산의 카나리아'처럼 위험을 알려주는 중요한 척도입니다. 그러나 실제로는 통보 건수가 연간 5건 이하의 기업이 47.4퍼센트로 전체 기업의 절반 정도를 차지하며 0건인 기업도 20퍼센트 정도 존재합니다.[53] 당연히 컴플라이언스 위반이 전혀 일어나지 않는 것도 생각할 수 있는데 그렇지 않다고 하면 언젠가는 둑이 터져서 무너지듯 큰 사고로 이어질 수도 있습니다.

그럼 어떻게 해야 할까요? 내부 통보를 방해하는 큰 요인으로는 주로 다음의 3가지를 들 수 있습니다.[54]

- 익명이라도 자신이 통보한 것을 알기 때문에
- 통보하면 그와 반대로 부당한 취급을 받을 듯하니까
- 통보해도 확실히 대응해 주지 않을 것 같아서

물론 공익 통보자 보호법(우리나라의 공익신고자 보호법 – 옮긴이)에 따라 철저한 비밀 유지와 통보자의 보호 등은 이미 기업의 의무가 되었습니다.[55] 그러나 이러한 대응을 해도 여전히 건전한 통보가 되지 않으면 조직 문화 자체(질문 02)나 인게이지먼트(질문 16)에 문제가 있을 수도 있습니다.

이를테면 경영진이나 매니지먼트가 절대적인 권한을 갖고 있어서 멤버가 이의를 주장할 수 없는 문화나 동조 압력이 강한 문화, 범인을 찾으려고 하는 문화가 뿌리내린 경우, 내부 통보 시스템을 아무리 정비해도 활용되지 않을 것입니다.

또한 종업원이 통보하려면 상당한 에너지와 각오가 필요합니다. 회사와 직장에 대한 애착이 없으면 부정이 있다고 해도 '나와는 상관없다', '어차피 곧 그만둘 거니까 괜찮다'라고 생각하며 못 본 척 넘어갈 것입니다. 따라서 조직 문화와 인게이지먼트의 영역까지 깊이 생각해 개선해야 합니다.

'사람에 관한 문제 수는 줄었는가?'를 측정하는 지표

	지표	계산식·비고	게재	개시 등
①	노동 문제에 관한 인사 상담 건수	—	—	—
②	내부 통보(종업원 핫라인) 건수 (특히 노무 문제·괴롭힘에 관해서)	—	—	—
③	징계 처분 건수 및 종류 (특히 노무 문제)	—	ISO/지침	—
④	노동자와의 분쟁 발생 수	—	ISO	—
⑤	파업 발생 빈도	파업 발생 빈도를 시간의 경과로 가시화한다	—	—
⑥	노무 문제 대응이나 커뮤니케이션 연수를 마친 종업원의 비율	—	—	—

[질문 48]에 관한 지표를 봐주세요. 기본적인 구조는 앞에서 소개

한 [질문 47]과 같습니다. 먼저 ①②의 숫자로 잠재적인 문제가 얼마나 있는지 판단할 수 있습니다. 문제가 표면화하면 ③ 징계나 ④ 분쟁, ⑤ 파업 등 중대한 영향을 미치는 사건·사고로 이어집니다.

사람에 관한 문제도 다양합니다. 일본 후생노동성의 '2021년도 개별 노동 분쟁 해결 제도 실시 상황'에 따르면 종합 노동 상담 코너에 들어온 상담 사항 건수는 자료 3-16과 같습니다.

자료 3-16

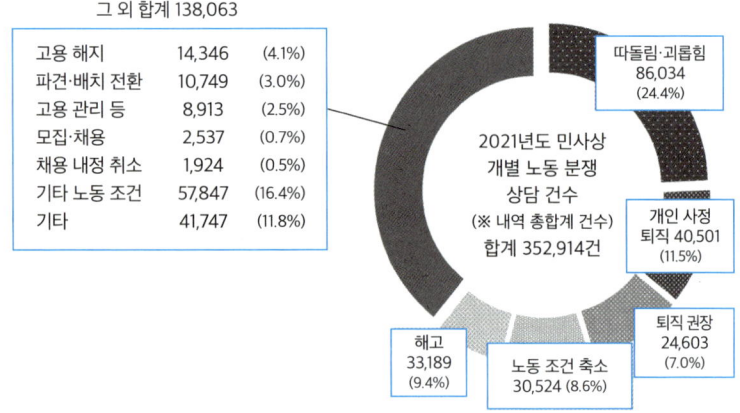

(2) 민사상 개별 노동 분쟁 / 상담 내용별 건수

(일본 후생노동성 2021년도 개별 노동 분쟁 해결 제도 실시 상황에서)

특히 '따돌림·괴롭힘'이 전체의 4분의 1 가까이 차지하며 최근 현저하게 증가하는 경향이 있습니다(전년 대비 8.6퍼센트 증가).

분석과 대책

이러한 문제는 [질문 23]에서 설명한 대로 크게는 '규칙이 없다·부적절'한 일이거나 '(주로 매니저의) 지식·의식이 부족'한 것이 원인으로 발생합니다. 특히 후자인 매니저의 의식에 관해서는 어떻게 대응해야 할까요? 조직 개발 컨설턴트 윌리엄 R. 노넌이 주장한 '인지와 행동의 막힌 고리 blind loop 그림'(그림 3-23)이 그 이해와 해결에 유용합니다.

그림 3-23 인지와 행동의 막힌 고리 그림

이 그림은 인간관계에서 소통이 이루어질 때의 상호 작용을 나타냅니다. 이를테면 매니저(자신)와 부하 직원(상대방) 사이의 대화를 예로 들어보겠습니다.

- 상대방의 행동 : 부하 직원이 지각했다
- 자신의 인지 : 부하 직원의 태만한 의식이 문제라고 생각했다
- 자신의 행동 : 부하 직원을 불러내서 혼냈다
- 상대방의 인지 : 부하 직원은 '어제 사전에 상의했는데…. 뭐 이

런 불쾌한 말이 다 있어. 못 해먹겠네'라고 느꼈다

부하 직원(상대방)의 인지는 다음 행동으로 이어지며 이것이 순환합니다. 그럼 이 네 영역 중에서 자신이 직접 파악할 수 없는(완전한 정보를 얻을 수 없는) 항목은 무엇일까요?

먼저 '상대방의 인지'입니다. 상대방이 어떻게 생각하는지 정확한 정보를 얻기란 어렵습니다.

또 하나는 '자신의 행동'입니다. 중요한 프레젠테이션에서 잔뜩 긴장해서 '아~, 완전히 망했어'라고 생각해도 실제로 다른 사람은 '그렇게 보이지 않았어'라고 말한 적이 있지 않나요? 이처럼 자신의 행동이나 표정은 충분히 인식하지 못합니다. 즉 앞의 그림도 절반은 자신에게 보이지 않습니다.

이에 더해서 '자신의 인지'도 수상합니다. 이 책에서도 여러 번 언급했듯이 인간에게는 마음의 필터(편견)가 많습니다. 이렇게 생각하면 '의사소통'은 절반의 영역에서 막혀 있고 나머지 일부도 왜곡되어 있다는 무서운 상황에서 이루어집니다. 이러한 일을 매니저가 인지하지 않으면 앞에서 든 사례에서 즉시 '직장 내 괴롭힘(갑질)이다'라고 호소할 수도 있습니다. 따라서 [질문 23]에서 소개한 **매니저의 자기 인지**와 **의사소통 훈련**이 중요합니다.

여기까지 [영역 6]에서는 '건강·안전한 상태의 실현도', '컴플라이언스와 사람과 관련된 문제의 억제 상황'을 확인했습니다. 마지막 [영역 7]에서는 '인사 체제를 적절하게 정비했는가'의 확인 방법을 생각해 보겠습니다.

영역 6 　인적 자본 경영 실천도 진단

	질문 46 건강하고 안전한 직장이 만들어졌는가?	질문 47 컴플라이언스를 위반하는 수는 줄었는가?	질문 48 사람에 관한 문제 수는 줄었는가?
5단계	종업원의 건강·안전에 관한 사고는 발생하지 않으며 잠재적인 위험 요소도 포함해서 통제가 잘 되어 있는 상태다	컴플라이언스 위반이나 그에 준하는 사안은 발생하지 않으며 잠재적인 위험 요소도 포함해서 통제가 잘 되어 있는 상태다	인사 노무에 관한 문제는 발생하지 않으며 잠재적인 위험 요소도 포함해서 통제가 잘 되어 있는 상태다
4단계	종업원의 건강·안전에 관한 사고는 최근 1년 이상 거의 발생하지 않았으며 건강·안전이 유지되는 상태다	컴플라이언스 위반이나 그에 준하는 사안은 최근 1년 이상 거의 발생하지 않았다	인사 노무에 관한 문제는 최근 1년 이상 거의 발생하지 않았다
3단계	종업원의 건강·안전에 관한 사고는 발생할 수도 있지만 일정 정도 제어가 되는 상태다	컴플라이언스 위반이나 그에 준하는 사안은 발생할 수도 있지만 일정 정도 제어가 되는 상태다	인사 노무에 관한 문제는 발생할 수도 있지만 일정 정도 제어가 되는 상태다
2단계	종업원의 건강·안전에 관한 사고가 많이 발생한다(통제되지 않는다)	컴플라이언스 위반이나 그에 준하는 사안이 많이 발생한다(통제되지 않는다)	인사 노무에 관한 문제가 많이 발생한다(통제되지 않는다)
1단계	측정·파악하지 않는다	측정·파악하지 않는다	측정·파악하지 않는다

영역 7

'인사 체제를
적절하게 정비했는가?'
지표 검토와 분석·대책

Q49 **인사로서 공헌도가 높은가?**

Q50 **인사 조직으로서의 인원수(생산성)는 적절한가?**

2장의 [영역 7]에서는 인사 체제를 만들고 능력을 높이며 데이터로서의 무기를 확보하는 방법에 관하여 생각했습니다. 이 장의 [영역 7]에서는 그 실현도에 관하여 위의 질문 2가지를 통해서 확인하겠습니다.

> **'인사로서 공헌도가 높은가?'를 측정하는 지표**

	지표	계산식·비고	게재	개시 등
①	인사에서의 경영·사업에 대한 제안 건수	—	—	—
②	사업 전략과 인재 전략, 매니지먼트에 관한 방법론 등의 상담 건수	시간의 경과로 가시화하고 인사 조직의 중요성(신뢰도) 향상을 나타낸다	—	—
③	인사에 대한 기업 이해관계자의 평가 결과(만족도)	경영진과 사업 리더에 대한 설문조사를 통한 조사	—	—
④	인사 관련 대처에 관한 제삼자 기관의 평가(수상 실적)	각종 표창의 수상 실적	—	—
⑤	[질문 30]이나 [질문 31~48] 중에서 중요한 지표			

[질문 49]에 관한 지표를 봐주세요. 인사로서의 공헌도를 가장 잘 나타낸 것은 [질문 30]에서 설명한 인적 자본 ROI와 종업원·사회에 주는 영향, 경영 전략 실현에 대한 공헌입니다. 그리고 지금까지의 질문에서 설명한 모든 지표를 '인사의 통신부'라고 할 수 있습니다.

이러한 정량적인 지표 외에도 ①~③과 같은 정성적 측면에서 공헌도를 측정하는 것을 생각할 수 있습니다. 인사 부문을 포함한 간접 부문에서는 관계자에게 피드백을 받을 기회는 좀처럼 드물지만 인적 자본의 공시와 마찬가지로 '다른 사람에게 노출되면' 건전한 긴장감과 개선 의식이 생깁니다.

분석과 대책

③ 기업 이해관계자의 평가 결과(만족도)를 조사하고 있다면, 거기에 어떤 점에 과제가 있는지 분석해 봅시다. 또한 '인적 자본 경영 실천도 진단'을 경영진과 사업 리더에게 전달해 채점을 요청하는 방법도 좋습니다. 인사 측에서 자체 진단한 결과와 경영·사업 측의 인식 차이가 확실히 드러납니다.

예를 들면 인사로서는 사람의 조달이나 육성이 잘 되어 있다고 인식한다고 합시다. 하지만 경영이나 사업 관점으로 보면 인재의 질적인 면에서 만족하지 못하거나 사업의 본질적인 과제를 해결하는 교육 기회를 제공받지 못했다고 인식할지 모릅니다. '인적 자본 경영 실천도 진단'은 이렇게 사용할 수도 있습니다.

'인사 조직으로서의 인원수(생산성)는 적절한가?'

	지표	계산식·비고	게재	개시 등
①	인사부원 1인당 지원하는 종업원 수	종업원 수÷인사부원 수	—	—
②	종업원 1인당 인사 기능 비용	(인사부원의 인건비+인사 시스템비+외주비)÷종업원 수	—	—
③	업무의 자체 생산화 비율			

인사 조직으로서도 비용 대비 효과(생산성)를 의식하는 것이 중요합니다. 인사로서 사람이 너무 많거나 비용이 필요 이상으로 들면 개선할 필요성이 있습니다.

이를 근거로 해서 [질문 50]에 관한 지표를 봐주세요. ① '인사부원 1인당 지원하는 종업원 수'는 종업원 수÷인사부원 수로 계산합니다. 예를 들어 종업원이 1,000명, 인사부원이 20명이면 1,000÷20=50명이라는 숫자가 나옵니다. 인사부원 1명이 종업원 몇 명을 보살피느냐가 중요합니다.

자료 3-17

본사 인사의 정규직 수 분포

일본계 기업 인사부 관리직 n=480 ※ 알 수 없거나 비정상적 수치 제외

기업규모	0명	1명	2~5명	6~10명	12~20명	21~30명	31~50명	51~100명	101~150명	151~200명	201~300명	300명 이상	평균 수 (어림)	인사 1인당 종업원 수 (어림)
3만 명 이상 (31)					13%	13%	6%	23%	10%	16%	13%	6%	133명	225명
1만 명~3만 명 미만 (47)			2%	2%	17%	19%	15%	26%	9%	2%	4%	4%	82명	245명
5,000명~1만 명 미만 (51)			2%	6%	12%	14%	24%	22%	14%	2%	2%	4%	75명	100명
2,000명~5,000명 미만 (78)			5%	18%	29%	17%	15%	10%	3%	1%		1%	36명	98명
1,000명~2,000명 미만 (73)			10%	22%	33%	21%	10%	4%	1%				21명	71명
500명~1,000명 미만 (109)		1%	28%	30%	25%	8%	6%	1%					13명	59명
300명~500명 미만 (91)	4%	4%	36%	32%	15%	5%	2%						9명	47명

본사 인사 인원수 (정규직)

(퍼솔 종합연구소 '인사부 대연구' (2021)에서)

퍼솔PERSOL 종합연구소의 '인사부 대연구'라는 조사[56]에서는 기업 규모별로 인사부원이 얼마나 있는지 데이터로 나타냈습니다(자료 3-17). 이러한 정보를 활용해 인사부원 수의 많고 적음을 판단해도 좋습니다.

분석과 대책

인사부원이 너무 많거나 러닝 코스트running cost(건물이나 기계를 유지·가동하는 데 드는 비용 – 옮긴이)가 지나치게 드는 경우에는 어떤 원인이나 대응을 생각할 수 있을까요?

일단 정형·정상 업무에 인원이 지나치게 할애되었는지 생각할 수 있습니다.

서대 컨설팅펌 EY사에 따르면 인사 조직이 딤딩하는 업무의 72퍼센트는 AI나 시스템화의 여지가 있다고 합니다.[57]

업무의 복잡성·독자성이 높지 않거나 새로운 일을 만들어낼 필요가 없는 것은 앞으로 AI와 시스템으로 점점 대체될 가능성이 있습니다. 또한 굳이 회사 내 직원이 하지 않아도 되는 업무는 외부에 위탁할 여지도 있습니다. 이렇게 생각하면 중장기적인 관점에서 인사 조직 내에 남는 업무는 매우 한정적일 것으로 생각할 수 있습니다.

인사에 남는 업무 영역 중 하나는 '사람의 마음을 움직이는' 일입니다. 사람과 조직의 변혁을 이루거나 사람의 육성과 코칭을 한다. 이러한 일은 AI나 시스템, 외부 위탁으로 할 수 없습니다. 물론 조직 변혁과 코칭을 위해서 외부 컨설턴트나 경영자 코치 등에게 일부 업무를 위탁할 수는 있습니다. 그러나 사람의 마음을 움직이는 일은 지속적인 상호작용과 상대방에 대한 이해가 중요하며 자체적으로 하는 것이 바람직합니다.

그림 3-24 인사의 역할 변화

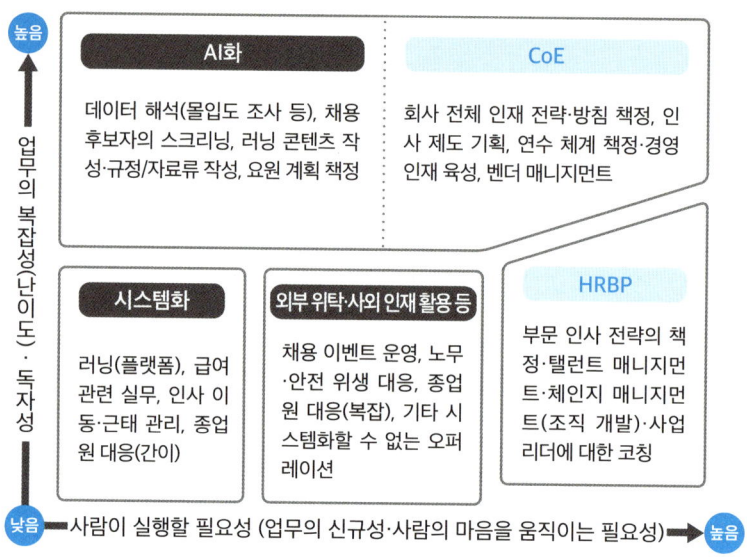

인사에 남는 업무 영역 중 또 하나는 기업의 독자적인 스토리를 근거로 해서 전략이나 방침을 세우는 일입니다. 이는 인사 기획CoE[58]이 담당하게 되는데 이러한 업무는 일 년 내내 발생하는 것이 아니므로 상설 조직일 필요가 없습니다. 따라서 인사 기획CoE은 필요할 때 멤버를 모집해서 조성하는 '프로젝트형 조직'이 되는 것이 예상됩니다.

그림 3-24 는 이러한 생각을 근거로 해서 장래의 인사 업무가 어떻게 될지 정리한 것입니다.

이러한 인사의 미래상과 자사의 인사를 비교해 보면 한층 더 효율화와 고도화를 시행할 수 있는 여지를 찾을 수 있습니다. 인사의 변혁을 통해서 회사 전체로 사람과 조직의 진화 속도를 더해보세요.

여기까지 [영역 7]에서는 '인사로서의 높은 공헌 실현도'와 '인사 조직으로서의 생산성'을 확인했습니다. 마지막으로 지금까지 [영역 0]~[영역 7]에서 정리한 질문에 대한 답과 지표를 정리하겠습니다.

영역 7 인적 자본 경영 실천도 진단

	질문 49 인사로서 공헌도가 높은가?	질문 50 인사 조직으로서의 인원수(생산성)는 적절한가?
5단계	경영이나 사업에서 특히 높은 신뢰를 얻고 있으며 조직 설계와 인재 매니지먼트 등 모든 사항의 상담을 요청받는다	인사로서 필요한 기능을 잘 갈고닦아 놓았으며 최소한의 인원으로 높은 공헌도를 실현한다
4단계	경영이나 사업에서 파트너로 인정받고 있으며 인사에서의 제안에 관하여 건설적으로 논의할 수 있는 관계성을 구축했다	인사 조직으로서 적절한 인원수(양)가 배치되어 있을 뿐만 아니라 높은 질을 보유한 인재가 충족되어 있다
3단계	인사로서 종업원·사업 측·경영진과의 의사소통을 적절한 시기에 실행하며 일정한 신뢰를 얻고 있다	인사 조직으로서 적절한 인원수가 배치되어 있다
2단계	인사로서 종업원이나 경영·사업 측의 신뢰를 충분히 얻지 못한다(실수·실패가 다발·적절한 제안을 못한다)	인사 조직으로서 인원수가 너무 적다·또는 너무 많다
1단계	측정·파악하지 않는다	측정·파악하지 않는다

정리 파트

답을 정리해서 가시화·공시의 지표와 시스템을 만든다

지금까지 영역 **0**에서 **7**의 경우 어떠한 질문에 대답하고 어떤 지표를 활용해야 하는지 확인했습니다.

이 책의 서두에서 설명했듯이 모든 지표를 사용할 필요는 없습니다. 일단 퍼포스 → 경영 전략 → 비전·인사 전략이라는 스토리 중에서 실현도와 진척 상황의 파악이 필요한 중요 포인트를 '지표'로 삼아서 가시화하는 것이 중요합니다.

선택한 지표를 이 책의 특전 '인적 자본 가시화·공시 포맷'에 적용해 보세요. 먼저 영역 **0**에서는 '인적 자본의 공헌'을 측정하는 정량적인 지표를 넣습니다. 아울러 '인사 전략은 경영 전략에 어떻게 공헌했는가'를 정성적으로 문장화해서 정리하세요.

그다음 영역 **1**에서는 '이상적인 사람과 조직이 실현되었는가'를 측정하기 위한 지표와 그 상황(전년 대비나 업계 평균 비교, 다른 회사 비교)을 정리합니다. 그리고 정량적인 분석뿐만 아니라 거기에서 도출되는 예측이나 앞으로의 대응 방침도 언어화하는 것이 좋습니다. 영역 **2**~**7**에서도 같은 작업을 하면 포맷이 완성됩니다.

여기에서 반영한 정보는 경영 회의 등에서 인적 자본의 상황을 확인하고 논의하기 위해서 사용하는 것도 좋습니다. 또한 정보의 범위를 압축한 뒤 인적 자본 공시 자료의 시안으로 활용하는 방법도 생각할 수 있습니다.

특히 공시의 경우 2장의 '인사 전략 포맷'으로 정리한 정보와 함께 나타내는 방법을 추천합니다. 지표와 수치는 어디까지나 결과만 나타내서 '어떤 방침으로 어떻게 대처하여 이러한 결과가 나왔는가'를 보여줘야 정보를 얻는 사람이 잘 이해할 수 있기 때문입니다.

2장과 3장은 어떤 의미에서 인간의 '뇌'와 '오감'의 관계와 가깝습니다. 인간은 눈가리개나 귀마개 등으로 감각기관이 자극을 받아들이지 못하는 상태에 놓이면 2~3일 안에 정신(뇌)이 이상을 일으키거나 환상을 보기도 한다는 사실이 실험으로 알려졌습니다.[59]

인사 전략과 가시화·공시의 관계성도 마찬가지입니다. 인사 전략은 어떤 의미에서 각종 대처의 사령탑이 되는데 피드백이 없으면 머릿속에 그리는 인사 전략이 환상에 가까워질 가능성이 있습니다. 반대로 오감(가시화·공시)으로 얻은 정보를 뇌(인사 전략)에 올바르게 피드백하면 뇌(인사 전략) 자체의 정확도도 높아집니다.

그래서 2장의 인사 전략을 표현하는 것과 마찬가지로 3장의 가시화·공시도 함께 대처해야 합니다. '질문 50가지'에 대답하는 것은 힘든 작업이지만 건전한 사람·조직을 만들고 인재·고객·경영자·주주에게 훌륭한 회사라는 인식을 심어주기 위해서 할 수 있는 일부터 대처하기를 바랍니다.

에필로그

50가지 질문 끝에 있는 것

　인적 자본 경영·공시를 실현하기 위한 '질문을 헤쳐 나가는 여행'은 여기에서 끝납니다. 매우 먼 길이었을 텐데 여기까지 함께 해주셔서 고맙습니다.

　이 여행길을 통해서 '자신만의 해답'을 찾은 질문도 있는가 하면 그렇지 않은 질문도 있을 것입니다. 예를 들면 2장에서는 질문에 답을 내놓기 위한 '대답하는 방법'을 설명했습니다. 그러나 답에 다다르는 과정은 무한하게 존재합니다.

　이 책에서는 제 경험과 지식에서 '대답하는 방법(해결 접근법)'을 만들어냈는데 여러분의 경험이나 지식을 통해 새로운 생각과 방법을 만들어낼 수도 있습니다. 이 책의 아이디어를 발판으로 삼아서 혁신을 창출하는 행위도 지적 자극으로 가득 찬 활동이 될 것입니다.

덧붙여 말하자면 '질문' 자체를 여러분이 만들어낼 수도 있습니다. 사람의 건강과 마찬가지로 사람·조직에서 생각해야 할 점은 수없이 많습니다.

예를 들어 [영역 2]에서 설명한 '사람의 육성'의 대상을 좀 더 한정하면 '경영자(후계자)를 어떻게 육성할 것인가'라는 질문이 생겨납니다. 이처럼 질문의 범위를 좁히거나 방향을 바꾸기만 해도 생각해야 하는 주제가 무한하게 생깁니다.

이 책에서는 사람과 조직을 건강하게 만들기 위해서 '어느 회사에서나 중요한 질문'을 소개했습니다. 하지만 '당신의 회사가 대답해야 하는 질문'은 아마 이 50가지 외에도 존재할 것입니다.

일본 와세다대학교 비즈니스스쿨 교수인 우치다 가즈나리 内田和成는 서서 《질문이 무기가 된다》(이정환 옮김, 한빛비즈)에서 질문에 관하여 다음과 같이 말했습니다.

> 당신이 지금 풀고 있는 문제, 앞으로 풀려고 하는 문제는 옳을까? (중략) 질문을 잘못 설정하면 그 문제를 풀어도 성과는 얻을 수 없다.

다시 말해 '풀어야 하는 문제 자체는 무엇인가'도 물어봐야 합니다. 2장에서 소개한 '사람·조직의 비전과 인사 전략을 만드는 질문 26가지'는 원점을 더듬어보면 7가지의 큰 질문(예를 들면 [영역 2]의 '사람을 어떻게 조달할 것인가?' 등)에 다다릅니다. 그럼 이 질문 7가지를 다시 한번 거슬러 올라가면 어떤 '근원적인 질문'에 도달할까요?

바로 '사람이나 조직을 진지하게 생각하는가?'입니다. 이 책의 질문은 전부 이 근원적인 질문에 대하여 '당연히 진지하게 생각합니다. 그 이유는……'이라고 자신 있게 대답하기 위한 프로그램이기도 합니다.

경영자나 인사 담당자로서 사람이나 조직을 결코 소홀히 생각한 것은 아닐 것입니다. 그러나 지금까지는 사람 만들기와 조직 만들기에 관하여 '무엇을 어떻게 생각해야 하는가', '어디까지 하면 되는가'라는 의문을 판단할 근거가 없었습니다.

또한 사람·조직의 영역은 관련성이 있는 사항이 너무 많아서 무엇부터 손을 대야 효과적인지 알기 어려운 주제입니다. 예를 들면 '퇴직률이 높다'라는 문제가 발생해도 무엇부터 어떻게 생각해야 하는지에 대한 이론은 없었습니다.

이 책의 질문과 해답(해결 접근법)이 이러한 고민을 해결하는 데 도움이 된다면 매우 영광일 것입니다.

인적 자본 경영은 일본을 바꾸는 대처법

인적 자본 경영이 '사람과 조직을 더욱 진지하게 생각하는' 것이라고 합시다. 그럼 이런 대처가 왜 필요할까요?

물론 기업의 경쟁력과 가치를 높이는 것도 목적 중 하나이지만 그 앞에는 나라 자체의 경쟁력과 가치도 향상시킬 수 있습니다.

일본인에게는 '사람을 보물로 소중히 해 왔다'라는 강한 자부심이 있는 것처럼 느껴집니다. 그러나 실제 데이터를 바라보면 그렇다고 할 수도 없는 상황입니다.

각국 인재의 우수성 등을 평가한 IMD(국제 경영 개발 연구소)의 '세계 인재 순위'를 예로 들어볼까요? 2023년의 결과로 일본은 64개국 중 43위였습니다(2024년 기준 우리나라는 26위-옮긴이). 게다가 순위는 해마다 떨어지고 있습니다.

이는 '인재에 대한 극진한 투자 육성', '내외에 있는 인재의 마음을 끌 수 있는 나라로서의 매력', '자국 인재의 높은 능력'을 근거로 해서 순위가 매겨집니다.

인재에 대한 극진한 육성을 자세히 살펴보면 일본은 GDP에 비례해서 0.1퍼센트 정도가 투자됩니다. 한편 미국은 GDP에 비례해서 2퍼센트 정도를 투자하며 20배 이상의 격차가 납니다(그림 4-1).[1]

그림 4-1 인재 투자(OJT 이외)의 GDP 비율

나라	인재 투자(OJT 이외)의 GDP 비율
미국	2.08%
프랑스	1.78%
독일	1.20%
이탈리아	1.09%
영국	1.06%
일본	0.10%

일본 가쿠슈인学習院 대학교 미야가와 쓰토무宮川努 교수의 추계 (일본 후생노동성 〈2018년판 노동 경제의 분석〉에 수록) 2010-2014년 데이터를 활용

이러한 데이터는 자칫하면 '일본은 OJT로 육성한다. 그 교육 투자가 포함되지 않았기 때문이다'라고 반론하는 사람이 있을 듯합니다.

그럼 OECD 여러 나라의 OJT도 포함한 교육 투자액(GVA : 총부가가치액과의 비교)의 데이터[2]를 살펴보겠습니다(그림 4-2). 확실히 OJT에 대한 투자는 여러 나라에 뒤지는 것은 아니지만 종합적인 교육 투자액은 크게 뒤떨어 있다는 결과가 나옵니다. 또한 비공식 학습이란 Off-JT(기업 내 연수), 공식 훈련은 교육 기관에서의 학습입니다.

그림 4-2 OECD 국가들의 기업 내 훈련에 투자하는 금액

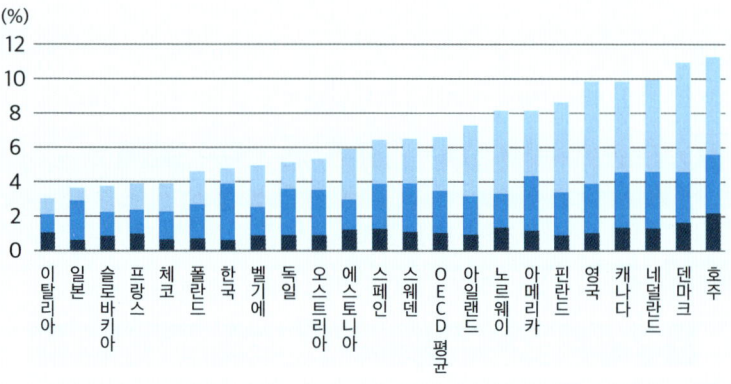

'기업 측에서의 교육 투자'가 충분하지 않다고 하면 '인재 측의 자발적인 학습'은 어떨까요? 사외 학습이나 자기 계발을 하는 사람의 비율을 확인해 보세요. 안타깝게도 이쪽도 결과과 긍정적이지 않습니다. 퍼솔 종합연구소의 조사에 따르면 일본에서 '현재는 자기 투자를 하지 않으며 앞으로도 투자할 예정이 없다'라고 응답한 사람은 42퍼

센트에 달합니다.³ 이는 다른 나라의 몇 배이며 압도적으로 많은 숫자입니다.

그럼 왜 자기 학습을 하지 않는 사람이 많을까요? 사실 학습하지 않는 이유는 딱히 없습니다. 리크루트 웍스 연구소가 '일과 관련된 학습 행동을 하지 않는 이유'를 조사한 결과⁴ 51.2퍼센트가 '적합한 것이 없다'라고 응답했습니다.

이 결과를 보고 '인재 측의 낮은 의식'만 비난할 수 없습니다. [질문 10(인재를 어떻게 배우고 성장하게 할 것인가?)]에서 언급했듯이 성인의 학습에는 '목적과 동기 양성'이 필요합니다.

'배울 필요가 없다'라고 생각한다는 건 직장에서 학습에 대한 목적 의식과 과제 의식을 갖게 하는 구조나 계기가 부족하다는 뜻입니다. 즉 '배우지 않아도 어떻게든 되는' 직장 환경입니다.

조금 이야기가 벗어나는데 2장에서는 질문 26가지에 대한 '해답(해결 접근법)'을 설명했습니다. 사실 이러한 '해답'에는 중심이 되는 생각이 존재합니다. 그것은 '한발 파고들어서 지금까지의 당연함에서 벗어난다'는 것입니다.

걸핏하면 인간은 지금까지의 친숙해진 방식과 환경을 유지하거나 현재의 쾌적한 영역comfort zone에 계속 머물려고 하기 쉽습니다. 하지만 그렇게 하면 앞에서 설명했듯이 사람과 조직 모두 '학습하지 않아도 어떻게든 되는' 상황에 빠지고 맙니다.

그런 상황에서 벗어나 한발 밖으로 나가는(또는 밖으로 내보내는) 구조와 계기를 만드는 것이 인적 자본 경영에서 실천해야 하는 일이 아닐까요?

'사소한 첫걸음'을 거듭하는 것이 사람과 조직을, 또 기업을 진화시킵니다. 최종적으로는 나라의 힘과 매력을 높입니다. 이러한 일을 실현하는 것이 인적 자본 경영에 대처하는 진정한 의의일 수도 있습니다.

감사의 말

이 책을 집필하면서 첫머리를 무엇부터 시작할 것인지 가장 망설였습니다. 자기소개부터 시작해야 할 것인가, 엉뚱한 말을 해서 시선을 집중시킬 것인가, 여러 가지를 썼다 지웠다 썼다 지웠다……의 반복이었습니다.

그런 가운데 클라이언트 기업인 쓰무라와의 미팅에 참석했을 때 한 가지를 깨달았습니다. 그것은 미팅 자리에서 이 회사 사원에게 발언을 요청하자 가장 먼저 반드시 '고맙습니다'라고 말한 후에 이야기를 시작하는 것입니다. 이는 사장, 임원, 관리직을 포함한 모든 사람이 그랬습니다.

감사의 말부터 시작해서 감사의 말로 끝난다. 그런 책을 만들자고 그때 결심했습니다.

먼저 인적 자본 경영이라는 개념을 만들어내고 그 보급과 추진에 몸을 바치신 이토 구니오 伊藤邦雄 선생님께 감사 인사를 올리고 싶습니다. 선생님의 주장이 있었기 때문에 사람과 마주하는 방법에 큰 변화가 생긴 것이 아닐까요? 또한 고베대학교 시절 사람과 조직에 관한 생각의 기초를 철저히 가르쳐주신 가나이 도시히로 金井壽宏 선생님. 깊은 지식을 지금도 활용하고 있습니다. 다음으로 이 책을 출판하는 계기를 만들어주시고 집필할 때도 귀중한 피드백을 해주신 HR 스트래터지의 마쓰모토 도시아키 松本利明 씨. 마쓰모토 씨 없이 이 책은 이 세상에 나오지 않았을 것입니다. 그리고 다면적으로 모든 일을 보는 관점을 알려준 주식회사 이와 크리에이티브의 마쓰다 소우 松田創 씨. 이 책에는 마쓰다 씨가 알려준 에센스가 곳곳에 나타나는 것을 글을 다 쓰고 나서 깨달았습니다. 마지막으로 7개월 동안 함께 달리며 제 보잘것없는 원고를 멋지게 완성해 준 편집자 지바 마사유키 千葉正幸 씨. 진심으로 고맙습니다.

'이 사람 덕택에 이 책을 완성했다'. 이 말은 어떤 의미에서 제가 지금까지 만난 모든 사람일지도 모릅니다.

가족과 친구, 지인, 지금까지 제가 소속한 회사의 상사·동료·사업 파트너 여러분, 모든 분께 감사합니다. 그리고 끝까지 읽어주신 독자 여러분께도 다시 한번 감사 인사를 드립니다. 정말로 고맙습니다.

2024년 1월 길일

【집필 지원 (원고 확인·리서치·도표 작성 등)】

나카가와 유키 中川裕貴 / 오가와 도모야 小川知哉

시미즈 슌 清水駿 / 요시다 유키나 芳田幸奈

사이토 도모야 齋藤友哉 / 히로타 고헤이 廣田晃平

하나타니 모토쓰구 花谷幹継 / 시라이시 도모 白石朋

오카마쓰 쇼타 岡松翔太 / 이시이 아오이 石井葵

야마구치 다카카즈 山口貴一 / 나카오 마도카 中尾円香

가가미하타 미노리 鏡畑美乃里 / 가와시마 쇼 川島菖

야지마 칸 矢島貫

미주

프롤로그

1   Hal Gregersen 《Questions Are the Answer》(2020)

1장

1   OCEAN TOMO. A PART OF J.S HELD, INTANGIBLE ASSET MARKET VALUE STUDY .2020
2   세계 경제 포럼 〈Human Capital asan Asset〉(2020) 보고서 등
3   Crook, T. R., Todd, S. Y., Combs, J. G., Woehr, D. J., & Ketchen, D. J., Jr. (2011). Does human capital matter? A meta-analysis of the relationship between human capital and firm performance. The Journal of Applied Psychology, 96(3), 443-456.
4   2023년 시점 니혼게이자이신문사(日本経済新聞社) 조사 (2023.6.23 기사)
5   니시오카 안누(西岡 杏) 《괴물 같은 기업 키엔스를 배워라》(박선영 역, 더퀘스트, 2023)
6   구체적인 대상으로는 169개
7   PR Times(2022.7.4.) 주식회사 이펙츄얼(Effectual Inc.) '기업의 임원이나 인사 담당자의 부적절한 발언이 채용 활동에 미치는 영향'의 조사에서
8   주식회사 일본종합연구소(JRI, The Japan Research Institute, Limited.).【제1회】인적 자본 경영 개론 ~기존 경영 스타일과의 비교를 통한 이해~. 2022
9   노동 행정 연구소. 인사 제도의 실시·개정 동향. 로세이지호(労政時報). 2022 52.6%는 일반 사원층의 숫자. 관리직 층에서는 40.3%
10   '인적 자본'과 '인적 자산'은 일반적으로 구분되어 사용되고 있지 않지만 무형 자산으로서 사람을 설명하거나 투자처 또는 투자 결과로 생기는 가치를 표현하는 경우 '자

산'으로 표기되는 사례가 많다. 이와 반대로 사람이라는 밑천을 활용해서 기업 가치 등을 만들어낼 때는 '자본'이라는 표현을 사용하는 경우가 많다고 생각할 수 있다. 이 책에서는 기본적으로 '자본'이라는 표현을 사용하지만 앞서 설명한 사례에서 '자산'을 사용하는 편이 좋은 경우에는 인적 자산으로 표기한다

11 Marx, K., Zur Kritik der Politischen Ökonomie(Manuskript 1861/63), Teil 4, MEGA., 2te Abt., Bd. 3, Berlin, 1979.
12 Taylor, F. W. The principles of scientific management. Harper and Brothers, 1911
13 일본 내 프리랜서 1,670만 명 1년에 57% 증가. 니혼게이자이신문. 2021-3-31
14 워크포트(WORKPORT, Inc.) 「경영 이념(미션, 퍼포스」에 관한 설문조사' (2022)
15 에델만 재팬(Edelman Japan) 〈에델만 트러스트 바로미터 스페셜 리포트 : '빌리프 드리븐'〉(2021)
16 리크루트 매니지먼트 솔루션 '청년·중견 사원의 자율적·주체적인 경력 형성에 관한 의식 조사' (2021)
17 일본 후생노동성 '2020년 이직자 실태 조사 개황' (2021)
18 이직 동향 조사 2022년 판 (2021년 실적) 마이나비(mynavi)
19 딜로이트 토마츠 그룹(Deloitte Tohmatsu Group) 'MZ(밀레니얼·Z) 세대 연차 조사 2022' (일본의 결과)

2장

1 일본 경제산업성 '인재판 이토(伊藤) 리포트' 및 '인재판 이토 리포트 2.0'
2 McKinsey Quarterly 「ING's agile transformation」 (2017)
3 글로비스 경영대학원 《MBA 조직과 인재 매니지먼트(MBA組織と人材マネジメント)》 (2007) 2장 내용에서 정리
4 PwC '글로벌 조직 문화 조사 2021'
5 Harvard Business Review '성급한 조직에서는 윤리를 소홀히 하기 쉽다(せっかちな組織では倫理が軽んじられやすい)' (2020.03.19 기사)
6 Jacquie Mcnish 「Losing the Signal: The Untold Story Behind the Extraordinary Rise and Spectacular Fall of BlackBerry」 (2016)
7 코마츠 제작소 홈페이지 '코마츠웨이·인재 육성에 관한 방침'에서
8 Six Seconds White Paper 「The Komatsu Case」 (2020)
9 주식회사 미라이 웍스(Mirai Works Inc.) '기업의 업무 위탁 이용에 관한 실태 조사' (2022)
10 야마토 운수 홈페이지 '인재 육성 방침과 육성 제도'에서
11 Recruit Works Institute Works지 〈전근의 행방(転勤のゆくえ)〉 (2016.02-03)
12 니혼게이자이신문 2023.10.4 기사

13 로세이지호 제4030호 (2022.2.25.)
14 더프 맥도널드(Duff McDonald)《맥킨지(マッキンゼー)》(2013)
15 Netflix JOBS 홈페이지 '넷플릭스의 문화 : 더 높은 곳을 바라며'에서
16 일본 내각부. 관리직의 매니지먼트 능력에 관한 설문조사 결과 개요 (최종 보고). 2017
17 미국 툴레인대학교 지구과학교수 스티븐 A. 넬슨의 확률 계산
18 일본 경제 센서스(국세조사) 2021년
19 어니스트 섀클턴(Ernest Shackleton)《인듀어런스 호 기적의 생환(エンデュアランス号奇跡の生還)》(2001) (국내 출간명《어니스트 섀클턴 자서전 SOUTH》최종옥 역, 뜨인돌, 2004, 절판)
20 Julian Watkins 「The 100 Greatest Advertisements 1852-1958: Who Wrote Them and What They Did」(2012)
21 퍼솔 종합연구소 '취직 활동과 입사 후 실태에 관한 정량 조사' (2019)
22 데이비드 아커(David A. Aaker)《브랜드론(ブランド論)》(2014) (국내 출간명《브랜드 자산의 전략적 경영》이상민 역, 비즈니스북스, 2006, 절판)
23 커리어타스(Career-tasu) 리서치 '취업활동생의 기업 선택과 SDGs에 관한 조사'
24 소니 그룹 'Sustainability Report 2023'
25 인간의 욕구는 하위부터 순서대로 '생리적 욕구', '안전 욕구', '소속과 애정의 욕구', '승인 욕구', '자아실현 욕구'라는 단계로 나뉘며 일반적인 해석으로는 하위부터 충족되기를 바란다고 한다. 하지만 하위가 충족되지 않더라도 상위의 욕구를 바라는 경우도 있다고 한다.
26 주식회사 밸류스(VALUES) 조사 '2022년 웹사이트 방문자 수 순위' (2022)
27 필립 코틀러(Philip Kotler)《코틀러의 마케팅 4.0(コトラーのマーケティング4.0)》(2017)
28 ONE GROUP '기업의 채용 사이트에 관한 의식 조사' (2021)
29 닐슨(Nielsen) 2015년 조사
30 리퍼럴 채용 연구소 '위탁 채용에 관한 해외 학술 연구 – 소개 행동의 요인과 과제란 무엇인가 –' (2021)
31 리크루트 웍스 연구소 '미국의 사원 위탁 채용 구조' (2012)
32 스즈키 다카후미 저《인재 획득 경쟁 시대의 싸우지 않는 채용 '위탁 채용'의 모든 것 (人材獲得競争時代の戦わない採用「リファラル採用」のすべて)》(2023)
33 마이나비 중도 채용 상황 조사 2021
34 리퍼럴 채용 연구소 '위탁 채용에 관한 해외 학술 연구 – 소개 행동의 요인과 과제란 무엇인가 –' (2021)
35 딜로이트 토마츠 그룹 '일본 기업의 해외 M&A에 관한 의식·실태 조사' (2018)
36 니혼게이자이신문 2013.10.8 기사
37 Dachner, Alison and Makarius, Erin. "Follow the trails: A path to systematically

designing corporate alumni programs" (2022). 2022 Faculty Bibliography. 11. (John Carroll University)

38 IT media 비즈니스 온라인 2023.9.6 기사
39 리크루트사 홈페이지에서 (2022년 시점 제도의 이론 수치)
40 BCG 발표 '2019년까지 5년 동안의 기업 가치 창조가 뛰어난 대형 기업 순위' (2020) Top 10에는 NVIDIA, Netflix, Amazon 등이 줄짓는다
41 애플랙 생명보험 2022년 통합 보고서에서
42 히타치 제작소 홈페이지에서 (2022년)
43 KDDI 홈페이지에서 (2022년)
44 Bailey. E. D by "A Review of Telework Research" 2002, Michel. S. J and Kossek. E. E by "Flexible work schedules" 2015, Lautsch. B and, Thompson. R, Kossek. E. E by "Balanced Flexibility" 2011에서 정리
45 IT Leaders 2021.6.28 기사
46 가토 요헤이(加藤洋平)《왜 부하 직원과 원만하지 못할까 '자타 변혁'의 발달심리학 (なぜ部下とうまくいかないのか「自他変革」の発達心理学)》(2016)
47 전체를 제어하는 소프트웨어로 iOS나 안드로이드 등
48 리크루트 커리어사 '취직 과정 조사'에서 신규 졸업자가 취직처를 결정할 때 결정적인 수단이 되는 항목 1위가 '자신의 성장을 기대할 수 있다' (2023년 졸)
49 말콤 노울즈(Malcom S. Knowles) (호리 시게오(堀薫夫)·미와 겐지(三輪建二) 감수 번역) 《성인 교육의 현대적 실천 -페다고지에서 앤드라고지로-(成人教育の現代的実践 - ペダゴジーからアンドラゴジーへ-)》(2002)
50 가토 도시노리(加藤俊徳)《사소하지만 굉장한 어른의 뇌 사용법》(황세정 역, 알에이치코리아, 2023)
51 로밍거의 법칙 사람의 학습은 '직무상의 경험'에서 70퍼센트, '다른 사람'에게서 20퍼센트, '훈련'으로 10퍼센트를 얻는다고 한다
52 모건 맥콜(Morgan W. McCall, Jr.)《하이 플라이어(HIGH FLYERS)》(1998)
53 닛케이(日経) 비즈니스 2023.3.28 기사
54 히타치 제작소 배포 자료 '경영 전략에 연동한 인재 전략의 실행' (2022)
55 IT media 비즈니스 온라인 '무엇을 배워야 할지 모르겠다 사원 3만 명에게「깨닫게 하는」히타치의 대규모 리스킬링' 2023.3.30 기사
56 니혼게이자이신문 '리스킬링, 구호 끝에 성장은 그릴 수 있는가' 2023.7.23 기사
57 일본 경제산업성 'IT 인재 공급 동향 예측' (2016)
58 노무라(野村)종합연구소 '일본의 노동 인구 49퍼센트를 인공지능이나 로봇 등으로 대체할 수 있다' (2015)
59 일반사단법인 재팬 리스킬링 이니셔티브(Japan Reskilling Initiative) 자료
60 세계 경제 포럼에서 발표한 'The Future of Jobs Report 2020'에서도 '종업원 두 명에 한 명은 리스킬링이 필요하다', '그 이외의 종업원도 자신이 보유하는 기술 40퍼센

트를 변화시켜야 한다'라고 예측했다

61 퍼솔 종합연구소 '리스킬링과 언러닝에 관한 정량 조사' (2022)
62 마쓰오 마코토《일의 언러닝(仕事のアンラーニング)》(2021) 및 퍼솔 종합연구소의 조사
63 잭디시 세스(Jagdish N. Sheth)《자멸하는 기업 엑셀런트 컴퍼니를 좀먹는 7가지 습관병(自滅する企業 エクセレント・カンパニーを蝕む7つの習慣病)》(2008) (국내 출간명《배드 해빗》김중식 역, 럭스미디어, 2008, 품절)
64 하부 요시하루(羽生善治)《직관력(直観力)》(2012)
65 니혼게이자이신문 '시세이도, 간부의 지도자는 20대「역 멘토링」으로 유대' (2023.9.14. 기사)
66 Matthew Call 외 "Stargazing: An Integrative Conceptual Review, Theoretical Reconciliation, and Extension for Star Employee Research" (2015) 나 B. Groysberg et al., "Can They Take It with Them? The Portability of Star Knowledge Workers' Performance," Management Science, 2008.
67 FNN 프라임 온라인「작은 일을 거듭하는 것이 엄청난 곳으로 가는 유일한 길」이치로가 준 미래' (2019.3.25 기사)
68 앤절라 더크워스《그릿 – IQ, 재능, 환경을 뛰어넘는 열정적 끈기의 힘》(김미정 역, 비즈니스북스, 2019)
69 앤절라 더크워스《그릿 – IQ, 재능, 환경을 뛰어넘는 열정적 끈기의 힘》(김미정 역, 비즈니스북스, 2019)
70 노무라 종합연구소 '일본인의 생활에 관한 설문조사' (2023)
71 엔 재팬(en Japan) '전근에 관한 조사' (2019)
72 데이비드 시로타(David Sirota) 외《열광하는 사원(熱狂する社員)》(2006) (국내 출간명《열광의 조건》이진원 역, 북스넛, 2007, 절판), 아라이 요시히데(新居佳英)《조직의 미래는 인게이지먼트로 결정된다(組織の未来はエンゲージメントで決まる)》(2018), 스즈키 유(鈴木 祐)《과학적인 적직(科学的な適職)》(2019), 갤럽사의 인게이지먼트 정의 등에서 정리
73 리크루트사 홈페이지 '인사제도·구조'에서 https://www.recruit.co.jp/employment/mid-career/human-resources/
74 다카오 요시아키(高尾義明) 외《잡 크래프팅》(2023)
75 Cort W. Rudolph et al. (2017) Job crafting: A meta-analysis of relationships with individual differences, job characteristics, and work outcomes
76 '심리적 안전성'이라는 말을 만들어낸 하버드 비즈니스 스쿨 교수 에이미 C. 에드먼드슨(Amy C. Edmondson)의 정의 중 하나. "What Is Psychological Safety?" HBR.org, February 15, 2023.
77 Edmondson, A. (1999). Psychological Safety and Learning Behavior in Work Teams.

Administrative Science Quarterly, 44(2), 350-383.과 Duhigg, C. (2016). What Google Learned From Its Quest to Build the Perfect Team. The New York Times Magazine., "Research: To Excel, Diverse Teams Need Psychological Safety," HBR.org, March 17, 2022.에서 정리

78 위에 더해서 에이미 C. 에드먼드슨《두려움 없는 조직 – 심리적 안정감은 어떻게 조직의 학습, 혁신, 성장을 일으키는가》(최윤영 역, 오승민 감수, 다산북스, 2019), 표트르 펠릭스 그지바치(Piotr Feliks Grzywacz)《심리적 안전성 최강의 교과서(心理的安全性 最強の教科書)》(2023)에서 정리

79 에이미 C. 에드먼드슨《두려움 없는 조직 – 심리적 안정감은 어떻게 조직의 학습, 혁신, 성장을 일으키는가》(최윤영 역, 오승민 감수, 다산북스, 2019), 표트르 펠릭스 그지바치《심리적 안전성 최강의 교과서(心理的安全性 最強の教科書)》(2023)에서 정리

80 라쿠텐(楽天) 그룹 홈페이지 「1 on 1 미팅」이 만들어내는 라쿠텐식 컴피던시 개발」

81 가바사와 시온(樺沢紫苑)《정신과 의사가 찾은 세 가지 행복(精神科医が見つけた3つの幸福)》(2021)

82 다카하시 미노루(高橋 德)《옥시토신 건강법(オキシトシン健康法)》(2016)

83 Diversity : 다양성, Equity : 공정성, Inclusion : 포괄성, Belonging : 귀속 의식

84 그룹 싱크(집단의 얕은 생각)라고도 한다. 자신들의 집단을 과대 평가하거나 '우리는 옳다'라고 억측하는 경향이 생긴다.

85 Mariateresa Torchia 외 「Board of Directors' Diversity, Creativity, and Cognitive Conflict: The Role of Board Members' Interaction」 (2015)

86 능력이나 받아온 교육, 경험(직업 경력) 등을 포함할 때도 있다. 그런 경우에는 스킬 다이버시티(기술 다양성)라고 하기도 한다.

87 Mariateresa Torchia 외 「Board of Directors' Diversity, Creativity, and Cognitive Conflict: The Role of Board Members' Interaction」 (2015)

88 Sujin K. Horwitz 외 「The Effects of Team Diversity on Team Outcomes: A MetaAnalytic Review of Team Demography」 (2007)

89 Mumin Dayan 외 「The role of functional and demographic diversity on new product creativity and the moderating impact of project uncertainty」 (2016)

90 Mariateresa Torchia 외 「Board of Directors' Diversity, Creativity, and Cognitive Conflict: The Role of Board Members' Interaction」 (2015)

91 Henrik Bresman 외 「Exploring the Relationship between Team Diversity, Psychological Safety and Team Performance: Evidence from Pharmaceutical Drug Development」 (2022)

92 Xiao-Hua(Frank) Wang 외 「Cognitive diversity and team creativity: Effects of team intrinsic motivation and transformational leadership」 (2016)

93 Lucy L. Gilson 「Unpacking the cross-level effects of tenure diversity, explicit knowledge, and knowledge sharing on individual creativity」 (2013)

94 Sarah Harvey 「A different perspective: The multiple effects of deep level diversity on group creativity」(2013)와 "Data From 3.5 Million Employees Shows How Innovation Really Works," HBR.org, October 09, 2017.
95 OECD의 2022년 조사 결과. 또한 1위는 프랑스의 45.2퍼센트.
96 야마기와 기요코(山極淸子)《기업에서 여성 활약의 저해 요인과 그 해결로 가는 길(企業における女性活躍の阻害要因とその解決への道筋)》(2021)
97 미국에서 가장 권위 있는 조사회사 갤럽의 정의
98 -1에 가까운 것도 중요하다고 볼 수 있지만 EVP의 요소 중에서 마이너스로 작용하는 일은 생각하기 어렵다(예전의 경험상으로도 마이너스가 나올 경우에는 어떠한 실수가 발생하는 사례가 많다). 또한 마이너스였다고 해도 그곳에 대책을 마련하기보다 플러스로 작용하는 요소에서 대책을 찾는 편이 효율적이기 때문에 이런 식으로 표기한다. 또한 원래 통계적인 제도를 보장하려면 질문의 신뢰성이 있는가(크론바흐의 알파 계수로 검증), 샘플 수가 충분한가(속성이 한쪽으로 치우치지 않았는가), 강한 상관이 있는 항목이 너무 많지 않은가(다중공선성 확인), 결과적으로 유의성이 있는가(P값으로 검증) 등 다양한 확인이 필요하다.
99 다카하시 기요시(高橋 潔)《인사평가의 종합 과학》(2010)
100 평가의 이해성과 공평성은 '분배적 공평', '절차적 공평', '대인적 공평', '정보적 공평'이 있다고 한다. Colquitt, J. A. (2001). On the dimensionality of organizational justice: A construct validation of a measure. Journal of Applied Psychology, 86(3), 386-400. 이 책에서는 '대인적 공평', '정보적 공평'의 중요성을 다뤘다.
101 BIG GLOBE 실시 '승인 욕구에 관한 의식 조사' (2023)
102 Schultz, W., P. Dayan, and P.R. Montague: Science 275(5306): 1593-1599, 1997
103 로세이지호 제4031호 (22.3.11)
104 로세이지호 제3925호 (17.2.24)
105 마이나비 라이프 커리어 실태 조사 2023년판
106 미국 기업 Envoy에서 1,000명을 대상으로 실시한 조사 (2021)
107 "5 Challenges of Hybrid Work - and How to Overcome Them," HBR.org, February 15, 2022.
108 미네타키 가즈노리(峰滝和典)〈재택 근무의 효과에 관한 실증 연구〉(2020)
109 Perez, M., Sanchez, A. de Luis Carnicer, P., & Jimenez, M. 2005. The differences of firm resources and the adoption of teleworking. Technovation, 25(12): 1476-1483.
Turetken, O., Jain, A., Quesenberry, B., & Ngwenyama, O. 2011. An Empirical Investigation of the Impact of Individual and Work Characteristics on Telecommuting Success. IEEE Transactions on Professional Communication, 54(1): 56-67.
Vlčková, M., Frantíková, Z., & Vrchota, J. 2019. Relationship between the

Financial Indicators and the Implementation of Telework. Danube: Law and Economics Review, 10(1): 45-66.

Tripathi, P., & Burleson, W. 2012. Predicting creativity in the wild: Experience sample and sociometric modeling of teams. CSCW '12: Proceedings of the ACM 2012 conference on Computer Supported Cooperative Work.

110 로세이지호 제4023호 (21.10.22)
111 퍼솔 종합연구소 '제2회 부업의 실태·의식에 관한 정량 조사' (2021)
112 다니다 센리(谷田千里) 《타니타의 업무 방식 혁명(タニタの働き方革命)》 (2019)
113 도쿄쇼코(東京商工)리서치 2023년 조사
114 보스턴 컨설팅 그룹 '체인지 몬스터' (2002)
115 미국의 뇌 진화학자 폴 맥린(Paul D. MacLean)이 주장한 '삼위일체 뇌 이론'을 근거로 한다
116 대니얼 카너먼(Daniel Kahneman) 《생각에 관한 생각》 (이창신 역, 김영사, 2018)
117 누마가미 쓰요시(沼上 幹) 외 《조직의 〈무게〉(組織の〈重さ〉)》 (2007)
118 닛케이 비즈니스 '성공 방정식의 키워드 4' (2018.10.26 기사), 다이아몬드 온라인 '호시노(星野) 리조트 경영으로 이해하는 드러커' (2017.3.3 기사)에서
119 메이지야스다(明治安田) 생명 '건강에 관한 설문조사' (2022)
120 도쿄대학교 정책 비전 연구 센터 건강 경영 연구 유닛 (2016) 일본 경제산업성 2015년도 건강 수명 연장 산업 창출 추진 사업 '건강 경영 평가 지표의 책정·활용 사업' 도쿄대 WG 보고서
121 Lipton RB, Stewart WF, Diamond S, et al. (2001) [Prevalence and burden of migraine in the United States: data from the American Migraine Study II.] Headache, 41:646-657
122 유나이티드 헬스 커뮤니케이션사 2018.6.20 발표문에서. 항스트레스자 : 일본 후생노동성 업무성 스트레스 간이 조사표 기준의 상위 10퍼센트에 해당하는 자
123 일본 경제산업성 '기업의 「건강 투자」에 관한 정보 공시에 관하여' (2014)
124 신코(心幸) 홀딩스 '기업의 건강 경영에 대한 이미지 조사' (2022)
125 존슨 앤드 존슨사가 그룹 250개 사, 11만 4천 명에게 건강 교육 프로그램을 제공한 결과의 수익을 계산 (2011)
126 로손 '건강 백서'에서. 또한 2019년 이후에는 기재가 없으며 제도로서의 계속성이 명확하지 않다.
127 히타치 유통의 홈페이지 '피로에 따른 사고 위험을 생체 데이터를 통해 실시간으로 예측하는 기술을 개발'의 공개에서 (2022.3.24)
128 WHO 헌장의 건강에 관한 정의에서
129 "7 Strategies to Improve Your Employees' Health and Well-Being," HBR.org, October 12, 2021.
130 일본 후생노동성 '직장의 안전 사이트'에서

131　퍼솔 종합연구소 '기업의 부정·불상사에 관한 정량 조사' (2023)
132　퍼솔 종합연구소 '기업의 부정·불상사에 관한 정량 조사' (2023)
133　Gremlin사 주최 'Chaos Conf 2019'에서 Dave Rensin 씨(구글 사)의 강연에서
134　일본 후생노동성 '민사상 개별 노동 분쟁 상담 건수' (2023)
135　KEIYAKU-WATCH 2023.5.9 기사
136　야시로 나오히로(八代尚宏)《인사부는 더 이상 필요 없다(人事部はもういらない)》(1998)
137　Danny Ferron《경험과 가치를 연결하는 의도가 되는 조직·인사 변혁이란(エクスペリエンスと価値をつなぐ意図になる組織・人事変革とは)》(2020)
138　퍼솔 종합연구소 '인사부 대연구' (2018)
139　퍼솔 종합연구소 '인사부 대연구' (2018)
140　HRBP라는 개념을 주장한 데이브 울리치(Dave Ulrich) 씨도 CIPD 'Are HR business partners a dying breed?'의 인터뷰 기사에서 중앙집권적인 조직의 HRBP 필요성에 관하여 회의적인 발언을 했다 (2015)
141　일본의 인사부 HR 어워드 2022 수상자 인터뷰 기사 (2022.12.20)
142　미디어파크 조사 '인사에서 일하는 20대 100명의 일에 관한 고민, 경력 불안' (2011)
143　야노(矢野)경제연구소 '2023 인사·총무 관련 업무 아웃소싱 비즈니스 조사 리포트'
144　Grand View Reseach「Human Resource Management Market Size, Share & Trends Analysis Report By Component, By Software, By Service, By Deployment, By Enterprise Size, By End-use, By Region, And Segment Forecasts, 2023-2030」
145　Gartner사의 애널리틱스 단계를 근거로 하는 정리
146　Reuters「Amazon scraps secret AI recruiting tool that showed bias against women.」(2018.10.10)
147　모든 응모자에게 같은 질문을 하고 같은 척도로 응답을 채점해서 사전에 정해진 요건을 근거로 하여 채용을 결정하는 방법. 응모자의 입사 후 퍼포먼스를 측정하는 정확도라 뛰어나다고 한다
148　리크루트 매니지먼트 솔루션즈 '인사 데이터 활용에 관한 실태' (2023)
149　조너선 로젠버그(Jonathan Rosenberg)《구글은 어떻게 일하는가 - 에릭슈미트가 직접 공개하는 구글 방식의 모든 것》(박병화 역, 김영사, 2014)
150　게슈탈트 법칙

3장

1　퍼솔 종합연구소 '인적 자본 정보 공시에 관한 실태 조사' (2022)
2　Gov.UL「Statutory guidance Who needs to report」(2023)
3　테크니컬센터 '회계 정보' Vol.560/2023.4
4　일본 금융청 '기업의 내용 등의 공시에 관한 내각부령의 일부를 개정하는 내각부령

	(안)에 대한 의견 공모 절차의 개요 및 의견에 대한 금융청의 생각' (2022)
5	닛케이비즈니스 2023.9.22 기사
6	일본 문부과학성 과학 기술·학술 정책 연구소 '미국의 연구 개발 동향 – 공개 정보 스캐닝에서의 추출 –' (2016)
7	도요게이자이(東洋経済) ONLINE 2015.10.17 기사
8	제리 Z. 멀러(Jerry Z. Muller)《지나친 측정 퍼포먼스 평가는 왜 실패할까?(測りすぎ なぜパフォーマンス評価は失敗するのか?)》(2019)
9	LinkedIn 조사 (2022년)
10	2023년 6월 말 시점 블랙 록 홈페이지에서
11	Harbard Business Review '조직의 존재 의의를 디자인한다' (2019. 3월호) 및 사소 구니타케(佐宗邦威)《경영 이념 2.0(経営理念2.0)》(2023)
12	"Creating a Meaningful Corporate Purpose," HBR.org, October 28, 2021.
13	에가미 다카오(江上隆夫)《The Vision 그 기업이 세계에서 성장을 이루는 이유(The Vision あの企業が世界で成長を遂げる理由)》(2019)
14	2023년 시점 고어사 홈페이지에서
15	고어사 홈페이지 및 DIAMOND online '일하는 보람이 있는 혁신적 기업을 만드는 방법' (2017.9.29 기사)
16	일반사단법인 일본 정보 시스템 이용자 협회 '기업 IT 동향 조사 보고서 2023'
17	주식회사 세븐&아이 홀딩스 '중기 경영 계획 2021-2025' 발표 자료, 이 회사의 IR 정보 '사업 등의 위험 요소'에서 정리
18	쓰무라사(Tsumura & Co.) 2023.6.29. 기업 지배 구조(Corporate Governance)에 관한 공개에서
19	퍼솔 종합연구소 '임원 보수 설계를 통해서 나타내는 인적 자본 경영에 대한 약속' (2023)
20	윌리스 타워스 왓슨(Willis Towers Watson) '임원 보수의 KPI로서 ESG 지표를 채용하는 기업 상황 등의 조사' (2022)
21	2019년에 하버드 비즈니스 스쿨 교수, 조지 세라핌(George Serafeim) 교수 등이 주장
22	투자가 포럼 '투자가 포럼 제27·28회 회합 보고서' (2021)
23	히타치 제작소 공표 자료 '경영 전략에 연동한 인재 전략의 실행' (2022)
24	코니카 미놀타 통합 보고서 2023 '기술 전략'
25	일본 후생노동성 '임금 구조 기본 통계 조사' (2018)에서
26	세키스이(積水)화학공업 통합 보고서 2023
27	Bloomberg 2022.11.11 기사
28	개정 노동 시책 종합 추진법
29	2023년 10월 시점
30	Willi H. Wiesner「A meta-analytic investigation of the impact of interview format and degree of structure on the validity of the employment interview」(1988)

31 Google re:Work '구조화 면접을 실시한다'
32 Google re:Work '구조화 면접을 실시한다'
33 아이뎀(AiDEM) '정규직 중도 채용 활동에 관한 설문 조사' (2019)
34 DDI Global Leadership Forecast 2014-2015 「Ready-Now Leaders: Meeting Tomorrow's Business Challenges」
35 스위스 취리히 대학교 토머스 케일 등의 연구에 따르면 내부 승격의 톱 매니지먼트가 외부 초빙보다 ROA의 악화 리스크가 5~6퍼센트 낮은 것으로 나타나서 단순히 채용·육성 비용으로 비교할 수 없는 면도 존재한다
36 산로 종합연구소 2022년도 교육 연수 비용 실태 조사
37 능력이나 받아온 교육, 경험(직업 경력) 등을 포함할 때도 있다. 그런 경우에는 스킬 다이버시티(기술 다양성)라고 하기도 한다.
38 Klarita Gërxhani 「Status ranking and gender inequality: A cross-country experimental comparison」 (2020)과 Arthur Schram 「Social-status ranking: a hidden channel to gender inequality under competition」 (2019)
39 이스라엘 텔아비브대학교 교수 알렉산드라 칼레브(Alexandra Kalev), 하버드대학교 교수 프랭크 도빈(Frank Dobbin), 매사추세츠공과대학교 교수 에린 켈리(Erin Kelly)가 700개 사 이상을 대상으로 실시한 2006년의 조사
40 미국 위스콘신대학교 매디슨 캠퍼스 교수 파트리샤 디바인(Patricia Devine) 등이 개발한 접근법
41 일본 총무성 통계국 '2012년 경제 센서스 - 활동 조사의 분석 사례①'
42 노무라 종합연구소와 영국 옥스퍼드대학교의 공동 연구에 따른 2015년 발표
43 By Jon Kaufman, Rob Markey, Sarah Dey Burton and Domenico Azzarello 「Who's responsible for employee engagement?」 (2013)
44 Qualtrics사 홈페이지에서
45 엔 재팬(en Japan) '잔업에 관한 조사' (2023)
46 UZUZ '유급 휴가에 관한 의식 조사' (2017)
47 도쿄대학교 미래 비전 센터 'SPQ의 특징'
48 일반적으로는 하인리히의 법칙(1:29:300)이 유명한데 분석의 양이나 새로움의 관점에서 '버드의 법칙'을 채용
49 일본 후생노동성 '대규모 사업장의 안전 관리 체제 등에 관계되는 자주 점검 결과' (2004)
50 일본 소비자청 '2012년도 민간사업자의 내부 통보 제도 실태 조사 보고서'
51 마크로밀(MACROMILL) 조사 '내부 통보 제도의 현상 조사' (2021)
52 NAVEX GLOBAL 「Regional Whistleblowing Hotline Benchmark Report」 (2019)
53 마크로밀 '내부 통보 제도에 관한 현상 조사' (2021)
54 주식회사 에스피 네트워크 종합연구실 '내부 통보 제도를 기능하게 하기 위해서 ~리스크 핫라인의 통보 사례에서~' (2014)

55	종업원 301명 이상인 법인
56	퍼솔 종합연구소 '인사부 대연구' (2021)
57	EY사 '경험과 가치를 잣는 실이 되는 조직·인사 변역이란?' (2020)
58	Center of Expertise (전문가 집단)
59	Schults, D.P, 1965 Sensory restriction. Academic Press, New York

에필로그

1	일본 가쿠슈인(学習院)대학교 미야가와 쓰토무(宮川努) 교수의 추계 (일본 후생노동성 〈2018년판 노동 경제의 분석〉에 수록) 2010-2014년 데이터를 활용
2	Squicciarini M., L. Marcolin and P. Horvát(2015) "Estimating Cross-Country Investment in Training: An Experimental Methodology Using PIAAC Data," OECD Science, Technology and Industry Working Papers.
3	퍼솔 종합연구소 '글로벌 취업 실태·성장 의식 조사' (2022)
4	리크루트 웍스 연구소 '일본 전국 취업 실태 패널 조사' (2018)

회사는 어떻게 사람에게 집중하는가
: 최고의 조직을 만드는 인적 자본 경영의 시작

1판 1쇄 인쇄 2025년 6월 13일
1판 1쇄 발행 2025년 6월 24일

지은이 오카다 코지
옮긴이 박재영

발행인 양원석 **편집장** 권오준
디자인 신자용, 김미선 **영업마케팅** 조아라, 박소정, 이서우, 김유진, 원하경

펴낸 곳 ㈜알에이치코리아
주소 서울시 금천구 가산디지털2로 53, 20층 (가산동, 한라시그마밸리)
편집문의 02-6443-8830   **도서문의** 02-6443-8800
홈페이지 http://rhk.co.kr
등록 2004년 1월 15일 제2-3726호

ISBN 978-89-255-7351-9 (03320)

※ 이 책은 ㈜알에이치코리아가 저작권자와의 계약에 따라 발행한 것이므로
   본사의 서면 허락 없이는 어떠한 형태나 수단으로도 이 책의 내용을 이용하지 못합니다.
※ 잘못된 책은 구입하신 서점에서 바꾸어 드립니다.
※ 책값은 뒤표지에 있습니다.